"Tristemente nuestra era es una de
acerca del matrimonio. Robert y Gloria Stella han escrito una obra clara,
lúcida y práctica acerca del fundamento básico de la Sociedad y lo han
hecho evadiendo la trampa de la religión pomposa y condescendencia
presumida. Le recomiendo este libro a todo aquel que espera hacer
funcionar su matrimonio en medio de una cultura confundida y rebelde."

-DR. MARK RUTLAND

Fundador de Global Servants y El Instituto Nacional de Liderazgo Cristiano

Ex Presidente, La Universidad Oral Roberts y La Universidad Southeastern

Autor del éxito de ventas del New York Times *Relaunch*

"El conocimiento tradicional del matrimonio se está extinguiendo
lentamente. Nuestra cultura está impregnada de ideas acerca de como
deben funcionar las relaciones en el Siglo XXI, pero nuestra unidad
familiar está más desordenada ahora que nunca. Robert y Gloria llevan a las
parejas de regreso a lo básico en *Matrimonio ContraCultura*, restableciendo
la autoridad de Dios en el matrimonio y haciendo que los matrimonios
felices sean una opción posible."

-MARK COLE

CEO, John Maxwell Enterprise

"En *Matrimonio ContraCultura*, Robert y Gloria retan las normas culturales
que invaden a los matrimonios actuales. Con historias personales y las
escrituras, presentan el argumento para llevar el matrimonio de la manera
que Dios dice. Si estás buscando algo más dentro de tu matrimonio, te
animo a que leas este libro. Creo que tu matrimonio será bendecido al
leerlo."

-MARCUS MECUM

Pastor Principal, 7 Hills Church

"¿Donde había un libro como *Matrimonio ContraCultura* hace 31 años cuando Donna y yo estábamos recién casados y nos acabábamos de graduar de la secundaria? Cinco hijos después y la carrera de ratones que ofrece el mundo como evangelio, nuestro matrimonio ha sobrevivido por la gracia de Dios. Desafortunadamente, muchas otras parejas han sufrido pérdidas y devastación debido a la cultura que tienen como ejemplo ante sí. A través de este libro, Robert y Gloria enseñan principios bíblicos sólidos para construir un matrimonio duradero y cómo contrarrestar lo que ofrece la cultura. Brillantemente escrito, *Matrimonio ContraCultura* es una imagen de transparencia relacional, a través de ejemplos de la vida real."

-CHIP WOODALL

Pastor Principal y fundador, Christwalk International Ministries, Inc

"*Matrimonio ContraCultura* es para las parejas de hoy. Con conceptos fáciles de entender que están relacionados con los problemas que enfrentan los matrimonios en la actualidad. Robert y Gloria entienden la cultura, pero lo que es más importante, ¡el plan de Dios para el matrimonio!"

-ANDY BRENT MS, LPC

Director de Consejería, Free Chapel

"Si has estado buscando un libro de matrimonio fresco e innovador, ¡NO BUSQUES MÁS! después de servir en el Ministerio Matrimonial durante muchos años, he revisado innumerables libros sobre matrimonios. Los autores, Pastor Robert y Gloria Stella, recibieron el don de comprender los desafíos de las parejas casadas hoy en día, en este mundo saturado de información y las redes sociales. Este libro es informativo, divertido y eficaz para lograr un cambio duradero en el hogar donde se apliquen los principios."

-REBECCA KEENER

Presentadora de televisión, "Always More" y co-presentadora, "The Christian View"

Autora, *La Locura Maravillosa de la Maternidad*

PREFACIO POR JENTEZEN FRANKLIN

ROBERT & GLORIA STELLA

ENCONTRANDO #FELICESPARASIEMPRE EN UN MUNDO DE #ELMATRIMONIOAPESTA

MATRIMONIO

CONTRA CULTURA

#cosaslegales

Matrimonio ContraCultura
Encontrando #felicesparasiempre en un mundo de #elmatrimonioapesta

Publicado por Edifi Publishing
3446 Winder Highway
Suite M195
Flowery Branch, GA 30542

info@edifipublishing.com
www.edifipublishing.com

Traducido por Alejandra Salas
Editado por Hannah Price y Ruth Woodson
Portada & Diseño por Gloria Stella
Foto de portada por Amanda Hamlin Photography

ISBN: 978-1-7339305-7-4

Impreso y encuadernado en los Estados Unidos de América

10 9 8 7 6 5 4 3 2 1

Este libro está dedicado a todas las parejas que han experimentado el dolor y la insatisfacción de vivir la vida según las reglas de nuestra cultura actual- y se atreven a creer que la vida y el matrimonio son más que simplemente sobrevivir.

ÍNDICE

RECONOCIMIENTOS

A nuestros hijos- Uriah, Samuel y Liayah: cada uno de ustedes nació representando un aspecto diferente de las promesas de Dios y nos condujo a tres etapas diferentes de nuestra vida. Oramos para que, al haber influido en las masas, incluso cuando eran bebés, nuestros hombros les sirvan de punto de partida. Los amamos increíblemente.

A los padres de Robert- Paul y Merrie Brundage: Gracias por su apoyo inigualable en todas nuestras actividades. Te extrañamos papá y somos bendecidos de tenerte en nuestras vidas mamá. Te amamos.

A los padres de Gloria- John y Sarah Meyer: gracias por mostrarnos cómo es el compromiso en un matrimonio y por permitirnos superar nuestras luchas en lugar de rescatarnos incluso cuando quisieron hacerlo. Nos hemos hecho más fuertes y los amamos por eso.

A nuestros Pastores- Jentezen y Cherise Franklin: Gracias por animarnos a soñar sueños y seguir a Dios con pasión. Gracias por creer en nosotros y tomar posesión de lo que Dios nos ha llamado a hacer. Nos han predicado a través de todos los altibajos que hemos experimentado. Los amamos a los dos.

A nuestro Pastor ejecutivo- Tracy Page: gracias por tu liderazgo y orientación a lo largo de este proceso y por tomarte el tiempo para brindar comentarios invaluables sobre las palabras escritas en estas páginas.

A nuestros mentores- Chip y Donna Woodall: Gracias por llevar a dos adolescentes al llamado de Dios en sus vidas. ¡Amamos a todo el clan Woodall!

Para nuestra mayor tutora- Becky Keener: Gracias por empoderarnos para influir en los matrimonios. Fuiste tú quien nos dio el título "Matrimonio ContraCultura" en el 2008 y continuamente nos empujaste a desarrollar la idea en cada fase hasta que finalmente se convirtió en este libro. Este libro no existiría sin ti".

A nuestros primeros maestros de matrimonio- Bert y Malissia Sasser, el Dr. y la Sra. Tsai y los grandiosos Ben y Fran Thigpen: Cuando fuimos los primeros adolescentes del grupo universitario en casarnos, ustedes dieron un paso al frente y se comprometieron a enseñarle a los matrimonios jóvenes las clases de Escuela Dominical, incluso cuando muchas veces, éramos los únicos que asistían. Su fidelidad produjo fruto.

A nuestro primer colaborador- James Glutting: Gracias por tu increíble amistad y gracias por ser la primera persona en contribuir económicamente a este ministerio.

A nuestros editores- Ruth Woodson y Hannah Price: gracias por las interminables horas que dedicaron a editar estas palabras, haciéndolas menos complicadas y más relevantes, reestructurando párrafos y eliminando tantas palabras innecesarias. Este libro es más agradable de leer gracias a ustedes.

El grupo de jóvenes casados alrededor del 2008 al 2013- Ustedes saben quiénes son: el grupo central que sirvió como conejillos de indias al inicio del estudio ContraCultura y ofreció muchos comentarios y un gran apoyo a medida que continuamos en esta jornada.

A nuestra traductora y buena amiga Alejandra Salas: Gracias por tu visión de ver este libro traducido al español y por todo tu arduo trabajo para llevar el mensaje de Matrimonio ContraCultura a una plataforma internacional. ¡Ustedes son increíbles y estamos muy agradecidos de llamar a Ronal y a ti amigos!

A nuestro Señor y Salvador- Dios, Jesús y el Espíritu Santo: No hay palabras para expresar nuestra gratitud. Gracias por tu Palabra la cual ha sido nuestro fundamento. Gracias por orquestar nuestras vidas permitiéndonos simplemente disfrutar de la jornada. Sobre todo, gracias por tu amor incondicional que nos lleva a través de cada temporada, cubre todos nuestros fracasos y es responsable de todos nuestros éxitos. Oramos para que nuestras vidas sirvan como un sacrificio vivo para ti y nunca dejemos de darte toda la Gloria.

PREFACIO

Uno de los mayores desafíos para los matrimonios en el siglo XXI es poder resistir el reto del tiempo. Incluso llegaré a decir que los matrimonios saludables y duraderos son el pegamento que mantiene unidas a las familias y brindan estabilidad, no solo al hogar, sino también a una nación. Las ruinas producidas a raíz de los hogares destruidos sirven como un recordatorio de que debemos cuidar, proteger y nutrir nuestros matrimonios en una época en la que todo es aceptable. Tenemos que mantenernos firmes y constantes en la santidad del matrimonio con el compañero de vida que Dios nos dio, si queremos ver el propósito de Dios cobrar vida.

Matrimonio ContraCultura es todo lo que dice el título. Vivimos en una cultura que no solo fomenta la separación y la experimentación. Sino que valora la ganancia personal sobre el compromiso y el sacrificio. Muchos matrimonios terminan divorciándose y la cultura les dice que esa es la nueva normalidad. Pero nunca ha sido algo normal para Dios. Existe una mejor manera.

En toda situación matrimonial hay esperanza. He aconsejado a muchas parejas donde parecía que la reconciliación era imposible solo para ver a Dios tomar dos corazones dispuestos y abiertos y hacer un milagro. Pero también he visto cómo terminan matrimonios por las circunstancias más insignificantes. La diferencia fue que los matrimonios que permanecieron juntos tenían un plan; un mapa para pasar de los lugares oscuros hacia la luz. *Matrimonio ContraCultura* es ese mapa, ya sea que estén comenzando y quieran navegar lejos de las rocas o si su barco se está hundiendo sin esperanza.

Quiero animarte a que leas cada capítulo elaborado cuidadosamente y estés abierto a todo lo que Dios tiene para decir. Si permites que el Espíritu Santo te guíe a través de las siguientes páginas, Él te hablará, iluminará los lugares oscuros y te mostrará un mejor camino.

No conozco ninguna bendición más grande que un matrimonio feliz donde hay fuerza para las batallas, ánimo para los desafíos y consuelo para las tormentas de la vida. El matrimonio se creó porque dos son mejor que uno, y porque hay una gran alegría en unir tu vida con otra persona y encontrar un propósito común. Y no sé de ningún maestro más grande que la palabra de Dios. *Matrimonio ContraCultura* te mostrará las verdades en la palabra de Dios que han resistido la prueba del tiempo en diferentes culturas, en cada siglo y en cada lengua.

-JENTEZEN FRANKLIN
Pastor Principal, Free Chapel
Autor del éxito de ventas del New York Times, *El Ayuno*

INTRODUCCIÓN

INTRODUCCIÓN

El matrimonio es algo bueno. Sin embargo, la gran mayoría de las películas, los programas de televisión, los tabloides y el contenido de las redes sociales presentan algo muy diferente.

Al principio de nuestro matrimonio, solíamos pasar muchas noches abrazados en el sofá, disfrutando de las últimas comedias familiares. Nos reíamos de los personajes, las situaciones ridículas que afrontaban y sacudíamos nuestras cabezas ante la dinámica aparentemente exagerada de sus matrimonios. Pero no nos llevó mucho tiempo darnos cuenta de que los matrimonios representados en esos programas no eran tan ridículos como pensábamos. De hecho, poco después de involucrarnos en el ministerio de Matrimonios, nos quedó claro que la mayoría de los matrimonios, incluso dentro de la iglesia, reflejaban muchos de los mismos estereotipos negativos que veíamos en la televisión.

Generalmente, tendemos a absorber lo que vemos y escuchamos en los medios y lo aplicamos inconscientemente como pautas en nuestra propia vida. Como resultado, muchas parejas viven en el estereotipo falso, de que el matrimonio no es más que una trampa que te lleva a vivir en días aburridos, privados de sexo, y que nos impide vivir la vida que realmente queremos. Pero, el matrimonio, tal como Dios lo diseñó, es una noción hermosa que nos libera para estar seguros de quienes somos, nos inspira a soñar en grande y nos satisface en cada área de nuestras vidas (sí, incluso en el área sexual). Afortunadamente, Dios no nos pone a adivinar. Él nos da pautas claras en las Escrituras para mostrarnos cómo llevar el matrimonio tal como Él lo diseñó.

Sin embargo, cuando comenzamos a enseñar estos conceptos a otras parejas jóvenes, nos encontramos con cierta resistencia. Seamos realistas, la forma en que Dios quiere que hagamos las cosas suele ser opuesto a lo que tiene sentido para nosotros. Pero, realmente creemos que si te esfuerzas por vivir de acuerdo con estas pautas que Dios ha provisto, incluso por un corto período de tiempo, te sorprenderás de la gran diferencia que pueden hacer. Hemos encontrado que incluso las parejas no cristianas que siguen estas pautas basadas en la Biblia (ya sea que sepan que lo están haciendo o no) también logran tener un matrimonio más feliz y saludable.

"Felices para siempre" no es algo que un autor dice para poner fin a un cuento de hadas. Es algo que puede existir en la "vida real". Por otro lado, "felices para siempre" no es necesariamente el significado de la perfección. En nuestro propio matrimonio, como verán desplegarse de manera transparente en este libro, hemos pasado por dificultades increíbles al "vivir en un mundo real". Hemos tenido que trabajar a través de la sanidad de temporadas de desamor auto infligido y fracasos personales. Incluso hoy, todavía tenemos nuestra buena medida de altibajos.

Después de todo, somos humanos defectuosos y esta es la vida real en un mundo real lleno de otros humanos defectuosos y dificultades injustas (y a veces auto infligidas). Si estás buscando un libro que te entregue "felices para siempre" en una bandeja de plata, envuelto con un lazo de promesa de nunca derramar otra lágrima, este no es el libro para ti. Sin embargo, si estás buscando una manera de hacer que "felices para siempre" sea la esencia de lo que encarna la cultura de tu matrimonio, incluso en medio de las pruebas y tribulaciones de la vida real, continúa leyendo.

Mateo 7: 24-27 cuenta la historia del "hombre sabio que construyó su casa sobre la roca: y cayó la lluvia, vinieron las inundaciones, y los vientos soplaron y golpearon esa casa; y no cayó, porque se fundó en la roca." No se trataba de si vendrían las inundaciones, se trataba de si la casa aún estaría en pie cuando las aguas retrocedieran. Si esperas hasta que tu matrimonio esté en problemas antes de decidir construirlo sobre la roca, un golpe inesperado podría ponerle fin a todo. Pero si te tomas el tiempo para construir un matrimonio fuerte ahora, incluso cuando los vientos comiencen a atacar, tu victoria podría ser más fuerte que tu contratiempo.

En este libro, hemos traducido, en un lenguaje culturalmente relevante, lo que significa construir tu matrimonio "sobre la roca" con la esperanza de que lo lleves a su destino final, un matrimonio fundado en Dios, donde la felicidad matrimonial, la aventura , la alegría, la paz y el propósito permanecen constantes a pesar de las circunstancias, un matrimonio feliz y para siempre.

EL NEGOCIO DEL MATRIMONIO

#amistad

cultura • El matrimonio es una lista interminable que te priva de la felicidad
contra-cultura • El matrimonio es una amistad infinita que alimenta la felicidad

uno

EL NEGOCIO DEL MATRIMONIO

Para muchos de nosotros, cuando nos sumergíamos por primera vez en una relación seria de citas con nuestro cónyuge, lo hicimos porque disfrutábamos de su compañía. Disfrutábamos tanto de su compañía que nos entusiasmó la posibilidad de convertirlos en nuestro esposo o esposa. Ese es un compromiso bastante serio y dice mucho de cómo nos sentimos acerca de esa relación a nivel social. Muchos de nosotros hubiéramos afirmado que nuestro cónyuge era nuestro mejor amigo.

Luego, cinco, quince o más años después, miras a tu cónyuge y piensas que realmente ya no lo conoces ni disfrutas de su compañía. Son más como compañeros de cuarto ... un compañero de cuarto con el que te has comprometido toda tu vida a compartir tu espacio personal. Desde el día en que comenzaron a planificar su boda o el día en el que el primer bebé entró a la casa, sus vidas giraron de repente en torno a una lista de tareas pendientes que crece enormemente en torno a sus hijos, las finanzas, las carreras y los cientos de otras cosas que tienden a surgir. La vida y el matrimonio se convierten en una especie de negocio y es cierto que en algún momento, pudiste haber perdido la amistad que tenías con tu cónyuge cuando comenzaron su relación. ¿Y quién puede culparte? Apenas tienes tiempo para darte una ducha, olvídate de tener tiempo para socializar con la gente. ¿No es por eso que amamos tanto los mensajes de texto? Es rápido, al punto y puedes omitir el "hola, ¿cómo estás?" y otras tonterías ... ¡después de todo, cada segundo cuenta!

Aunque esta mentalidad acelerada es excelente para nuestra productividad (la mayoría de las veces), ciertamente no hace mucho por nuestro matrimonio. Casi todos los aspectos de nuestro matrimonio se basan en nuestra capacidad de mantenernos conectados con nuestro cónyuge.

FIRME EN ESTA LÍNEA

El matrimonio no es un contrato que firmaste el día de tu boda y no es un compromiso que estás obligado a cumplir por temor a ser excomulgado de la iglesia Cristiana. Tu matrimonio es un pacto, un compromiso que cumples a través de tu relación con alguien. Mientras que los contratos y los compromisos pueden ser con alguien con quien tienes muy poca o ninguna relación, un pacto es alimentado a través de una relación. Necesitamos hacer un esfuerzo adicional para garantizar que nuestra relación con nuestro cónyuge se vea impulsada por nuestro amor por ellos y no solo por nuestra obligación legal o religiosa para con ellos.

Nadie quiere perder esa conexión especial que alguna vez tuvo con su cónyuge y, sin embargo, en nuestra cultura, ese tipo de conexión se ha reducido a una sola etapa en el matrimonio la cual se espera que se desvanezca hasta que solo quede un contrato vinculante.

LA ETAPA DE LA LUNA DE MIEL

Para los propósitos de este libro, definamos la "Etapa de Luna de Miel" como el momento en que nos casamos y disfrutamos de estar juntos y estábamos realmente interesados en los sueños y necesidades de nuestro cónyuge. Este fue el momento en que nuestra relación con nuestro cónyuge se trataba más de disfrutar el uno del otro en lugar de solo manejar la logística de una vida juntos.

Cuando tú y tu cónyuge comenzaron a salir y se enamoraron, lo más probable es que hubiera un aire de emoción y un interés genuino en quiénes eran. No podías tener suficiente. ¿Cuál es su color favorito? ¿Cuál es su película favorita? ¿Qué música escucha ella? ¿Cuáles son sus mayores sueños? ¿Qué la impulsa hacia adelante? ¿Qué lo detiene? ¿Cómo es su familia? Querías saber todo acerca de esa persona.

No solo querías saber sobre tu cónyuge, querías estar con él cada segundo de cada día. No estabas tan preocupado por que las circunstancias fueran perfectas, no importaba, lo que importaba era que estabas en su presencia.

Yo (Robert) recuerdo cuando Gloria y yo estábamos saliendo (con escasez económica) que siempre encontrábamos una excusa para estar juntos. Nos contentábamos al sentarnos en un automóvil en el estacionamiento del restaurante Sonic Drive-In sin hablar de nada. Incluso hablábamos por teléfono durante horas ... de nuevo, generalmente sobre nada.

Tal vez tú y tu cónyuge fueron de la misma manera en un momento dado, y ahora, parece que, si no pueden encontrar el dinero para salir de la casa a una cena y una película, simplemente no hay ningún punto en "conectarse". Después de todo, ambos viven en la misma casa y se ven todo el tiempo. Pero recordemos que hay una gran diferencia entre estar cerca el uno del otro y realmente conectar.

Conectar con el cónyuge es algo que parece perderse en la rutina de la vida. Es por eso que nuestra cultura ha decidido que la "etapa de la luna de miel" es solo una fase temporal. Sin embargo, ¿qué pasa si decimos que la fase de la luna de miel solo termina cuando uno lo permite?

Al igual que cuando llegas a conocer a Jesús como tu Señor y Salvador personal, cuando das ese gran paso y tomas esa decisión que cambia tu vida, todo cambia y tienes celo y pasión por conocer y acercarte a Dios. Pero si miras a la comunidad cristiana, notarás que la mayoría de las personas que se han mantenido fieles a su fe, que inicialmente estaban "en llamas" por Dios, parecen haber caído en un estilo de vida rutinario y religioso en vez de permanecer en una relación apasionada y creciente con su Señor y Salvador. Creo que todos podemos estar de acuerdo en que no es la intención de Dios que sus seguidores caigan en una rutina religiosa cuando se trata de su relación con Él. Y, sin embargo, así sucede. Principalmente porque nosotros mismos lo permitimos.

Lo mismo sucede en nuestros matrimonios. Nos resulta muy difícil creer que Dios unió a dos personas y les dio celo y pasión el uno por el otro solo para que esa conexión desapareciera después de unos años. Dios quiere que nos mantengamos conectados y genuinamente intrigados e interesados en nuestro cónyuge durante todo nuestro matrimonio.

La luna de miel no debería dejar de existir. Esto ciertamente no significa que la vida será sol y rosas todos los días. Esta es la vida real y en la vida real hay listas abrumadoras de tareas pendientes, problemas, desacuerdos y tragedias. Pero sí significa que es posible mantenerse conectado con tu cónyuge durante esas temporadas difíciles. Es posible sentirse atraído por tu cónyuge veinte, treinta o más años después y es posible sentirse conectado y enamorado incluso cuando el matrimonio ya no es nuevo.

VUELVE A: CONECTAR

Reconectarse con tu cónyuge es un proceso que implica un esfuerzo logístico. Cuando se nos asignan prioridades o plazos de fuentes externas, tendemos a tomarlos en serio porque generalmente hay consecuencias inmediatas. Sin embargo, cuando se trata de nuestros matrimonios, es fácil postergarlo porque las consecuencias de un matrimonio que se descuida se presentan gradualmente. Para ser cumplidos en nuestro matrimonio, y en nuestra vida, tenemos que decidir hacer de nuestro matrimonio una prioridad y hacer los arreglos logísticos necesarios para que así sea.

Vuelve a: Aprender

Los estudios nos muestran que cambiamos drásticamente durante nuestra vida. Nuestros gustos, disgustos, sueños, intereses y nuestras personalidades[1] cambian constantemente. La gran mayoría de las células en nuestro cuerpo se reemplazan por completo en el transcurso de pocos días a varios años[2], de modo que quienes éramos biológicamente hace varios años es casi completamente diferente de lo que somos ahora.

Algo tan simple como el odio hacia los espaguetis puede convertirse fácilmente en un favorito atesorado siete años después. Una persona que solía ser pasiva y tranquila puede volverse impulsiva y ser el alma de las fiestas varios años más adelante. Entonces, aunque podamos sentir que aprendimos todo sobre nuestro cónyuge hace varios años, necesitamos estar en un estado constante de reaprendizaje sobre ellos para mantenernos conectados.

Desde los 16 años, yo (Robert) soñé con subir la escalera corporativa en la industria de los concesionarios de automóviles. Obtuve mi primer trabajo en un concesionario Toyota que detallaba autos cuando tenía 18 años y luego pasé los siguientes años trabajando en una serie de puestos de concesionario hasta que finalmente llegué al mundo de las finanzas corporativas de automóviles en Capital One. Entonces las cosas comenzaron a cambiar. Avancé un par de años más y me encontré sumergido en el ministerio tiempo completo y dejando atrás mis días honestos como vendedor de autos usados (#sarcasmo). No solo cambió mi ocupación, sino que también cambió quien yo era. Con eso, mis sueños cambiaron y mis intereses también.

Ahora imagina si Gloria y yo hubiésemos dejado de conectarnos y hubiésemos perdido el deseo de conocernos después de los primeros meses. Cuando Gloria y yo nos casamos, fue un sueño que ambos compartíamos de que algún día seríamos dueños de una cadena de concesionarios de automóviles. Si diez años después cruzara las puertas y le dijera que me iba de la industria automotriz y que me dedicaría al ministerio tiempo completo, creo que se estaría preguntando qué le sucedió al tipo con el que se casó y sentiría que ya no me conocía.

Desafortunadamente, ahí es donde terminan muchas parejas casadas. Pero si hacen un esfuerzo por mantenerse conectados y "charlar" regularmente sobre sus opiniones, sueños e intereses, siempre habrá algo interesante y nuevo que aprender el uno del otro y cuando hagan cambios importantes, estos no los tomarán desprevenidos.

De hecho, puedes aprender el valor de esto bastante rápido con un ejercicio muy sencillo. Simplemente hazle algunas preguntas abiertas a tu cónyuge: ¿Cuéntame algo interesante que sucedió hoy? ¿que harías con un millón de dólares? ¿Cuáles son las vacaciones de tus sueños? ¿Qué es algo que desearías saber hacer? Nunca sabes a dónde te llevarán esas conversaciones, pero te ayudarán a reconstruir la amistad dentro de tu matrimonio.

Así como hacer algunas preguntas puede abrir un mundo de posibilidades de conversación, encontrar tiempo para volver a conectar y volver a conocer a tu cónyuge no tiene que ser un evento importante programado en el calendario. Si hacemos de esto algo complicado, estaremos ejerciendo presión sobre nuestros cónyuges para que propongan algo "nuevo e interesante" que contar sobre ellos mismos y esto se convertirá en otra tarea en la lista de tareas pendientes que debemos cumplir para que nuestros matrimonios se cumplan. En cambio, estamos sugiriendo un ajuste de estilo de vida.

Hablen regularmente sobre cosas casuales: cosas que no tengan nada que ver con las finanzas, los niños, los trabajos, etc. Hablen sobre cuánto aman o no aman la estación o el clima actual o hablen sobre un automóvil que se encuentren en el camino el cual realmente les guste o muéstrale a tu cónyuge el video de la última tecnología descubierta la cual llamó tu atención.

¿Por qué nos reservamos estos intereses personales? Si algo te interesa, díselo a tu cónyuge. Por otro lado, si algo le interesa a tu cónyuge, permítele decirte con entusiasmo y participa en la emoción con ellos.

Vuelve a: Comprometerte

La mente es algo poderoso y si realmente quieres, puedes optar por desarrollar un interés en lo que le interesa a tu cónyuge. Deja de lado la mentalidad de que "no soy yo" o "eso es realmente tonto". Con el tiempo, nos convertimos en las personas con las que más nos asociamos[3], y al final desarrollamos los mismos hábitos e intereses. Podemos facilitar ese mismo crecimiento con nuestro cónyuge. Disponte a explorar cosas que tu cónyuge ama con la intención de hacer crecer esos intereses similares.

Yo (Gloria) no crecí en una casa deportiva. Mi papá es un completo nerd informático (y se enorgullece de serlo). Lo más cerca que estuve de ver un juego de deportes fue cuando tuve que asistir a los juegos de fútbol en la escuela secundaria porque era parte del cuerpo de banderas en nuestra banda de marcha ... e incluso entonces, solo estaba presente, en realidad no vi el juego. Robert, por otro lado, es un gran fanático de los deportes ... Ver el fútbol Americano de los Huracanes de Miami es su pasatiempo deportivo favorito.

Durante varios años no intenté participar en sus actividades futbolísticas, se convirtió en algo que despreciaba y de lo cual sentía celos porque creía que estaba dedicando demasiado tiempo y energía al fútbol en lugar de dedicarse a mí. Un dicho popular dice: "si no puedes vencerlos, únete a ellos" y finalmente decidí dejar de luchar contra su interés en el fútbol y hacer un esfuerzo genuino para unirme a su entusiasmo por él.

Me encanta aprender, ser cuestionada y curiosear. Así que una noche que salimos, Robert pasó un par de horas contándome todo sobre los mejores jugadores, entrenadores y la historia del fútbol de los Huracanes de Miami. Después pasó algún tiempo preguntándome sobre dichos hechos. El pensó que era una idea cursi, pero yo la disfruté. Luego pasamos algunas semanas yendo esporádicamente de compras al centro comercial para comprarme la camisa y la gorra más linda de los Huracanes de Miami que pude encontrar.

En ese momento, Robert no era un gran fanático de las compras (aunque eso ha cambiado drásticamente desde entonces), pero disfrutaba de esas salidas y yo disfrutaba pasar tiempo con él. Luego, varios años después, los niños y yo nos divertimos mucho haciendo réplicas de las cadenas que usan los jugadores y nos las poníamos durante los juegos. Y cuando llegó el momento de completar las planillas de Marzo, decidí hacer una propia. Por supuesto, la mía se basó en las mascotas que más me gustaron pero ese año en particular ganaron los Blue Devils- Así que no hace falta decir que mi planilla estaba un poco fuera de lugar.

Diré que mi pasión por el juego en realidad no aumentó mucho, pero aprendí a entender el juego y encontré mis propias formas genuinas de conectarme con Robert a través de su fascinación por los deportes y esto facilitó una mayor atmósfera de amistad dentro de nuestro matrimonio. El fútbol se convirtió menos en un punto de disensión y más en una forma de divertirnos juntos. Y cuanto más se divertía Robert conmigo, más se interesaba por lo que a mi me gustaba hacer y más nos conectábamos como amigos.

Estos temas pueden parecer triviales, especialmente si tú y tu cónyuge tienen peces más grandes para freír, pero si uno de esos peces es la sensación de que has perdido (o estás perdiendo) esa conexión con tu cónyuge, la cual alguna vez tuvieron, es posible que te sorprendas de lo eficaz que puede ser la conexión en asuntos tan importantes y que aún puede ayudarlos a un nivel más profundo. Las conversaciones casuales y amistosas suelen profundizarse en conversaciones más íntimas y serias.

Volver a: Tener Citas

Las citas son un aspecto fundamental para mantenerse conectado y permanecer siendo amigos. Después de todo, no es probable que seas amigo de alguien con quien no te gusta pasar tiempo y al contrario de la creencia popular, las citas no tienen que equivaler a gastar dinero.

Uno de mis recuerdos favoritos (Gloria) de citas es durante una de esas temporadas en las que estábamos en bancarrota. Colocamos una mesa plegable al lado de nuestro árbol de Navidad Charlie Brown y puse el juego Scrabble mientras Robert nos cocinaba dos tazones de fideos Ramen. Pusimos buena música y pasamos la noche hablando y riendo. Era una temporada muy estresante en nuestras vidas, pero poder encontrar el momento para tener una "cita" fue rejuvenecedor.

Incluso sin una niñera ni dinero, hay formas de crear una cita si estás dispuesto a pensar de manera innovadora. Es mas una cuestión de convertirlo en una prioridad en tu vida.

Volver a: Soñar

Nunca dejes de soñar y nunca dejen de soñar juntos. Dios nos ha llamado a cosas más grandes y a un propósito más grande que solo casarnos y repoblar la tierra. Nos ha dado a cada uno de nosotros un propósito y un sueño como individuos y como parejas. Lo que podemos lograr por nuestra cuenta es mínimo en comparación con lo que podemos lograr cuando estamos unidos con nuestro cónyuge en el propósito que Dios ha puesto en nuestras vidas.

Mi propósito (Robert) reside en el ministerio a tiempo completo, mientras que Gloria es llamada a la industria del entretenimiento. Aunque nuestros sueños pueden parecer estar en dos facetas del mundo completamente diferentes, nos llevará a los dos soñar juntos para que Dios logre por medio de nosotros lo que nos ha llamado a lograr.

Dios nunca te llamará a un propósito que te separe de tu cónyuge. Nunca debes ver tu propósito o sueño como solo "tu" sueño o simplemente el sueño de "tu cónyuge". El tiempo de Dios es perfecto y la mayoría de las veces, Él obra a través de las estaciones en formas más allá de lo que podemos comprender. No es una competencia de quién trabaja más para su propósito individual. Hay temporadas en las que Gloria pasa la mayor parte o todo su tiempo de trabajo comprometida con nuestro sueño en el ministerio. Luego hay temporadas en las que gastamos gran parte de nuestra energía mental, emocional y física comprometida con un proyecto cinematográfico.

Al igual que Gloria y yo, tú y tu cónyuge pueden tener sueños y ser llamados a propósitos en dos industrias completamente diferentes. Soñar juntos no significa necesariamente que tengan que tener el mismo sueño, sino que sus llamados individuales y únicos se fusionen en un solo propósito. No solo apoyo y animo a Gloria en su propósito, sino que adopto su sueño como parte de mi propio sueño. Su visión se convierte en parte de mi visión. Su propósito se convierte en parte de mi propósito y viceversa.

Como parejas, debemos aprender a trabajar juntos para lograr el propósito que Dios ha puesto en nuestras vidas durante esa temporada y nunca conformarnos con una existencia rutinaria.

AMI·ENE·MIGOS

Podemos estar haciendo esfuerzos para volver a conectarnos con nuestro cónyuge y al mismo tiempo estar saboteando esos esfuerzos. Si queremos hacer un progreso real, no solo tenemos que hacer lo correcto, sino que debemos dejar de hacer lo incorrecto.

¿Muy Tenso?

Hay momentos en los que puedes decir que alguien está tan tenso que simplemente intentan no explotar. Yo (Gloria) los llamo "mamás temperamentales", pero pueden ser papás, esposos, dueños de negocios, etc., No tienen que decir una palabra, pero la vibra que emiten es una sobrecarga de agotamiento.

Esto es especialmente cierto con las parejas que entran a la iglesia y obviamente estaban peleando. No hay afecto ni sonrisas reales. Podrían entrar a la iglesia a un par de metros de distancia, pero mas les hubiese valido haber entrado a diferentes edificios. Algunas veces el esposo intentará agarrar la mano de la esposa para tratar de relajar la situación o disimular el hecho de que estaban peleando, pero ella rápidamente se la arrebata.

Un Domingo por la mañana, yo (Gloria) recuerdo haber entrado en la iglesia tan enojada que ni siquiera podía fingir una sonrisa. Esa mañana, probablemente todos los que pasaron por mi lado pensaron que estaba enojada con ellos. Estaba tan decidida a aferrarme a mi ira que me era imposible adorar, pero las lágrimas comenzaron a correr por mi rostro. Sé que cualquiera que me haya visto debió haber pensado, "oh wow, mira a Gloria, está tan enamorada de Jesús que no puede contenerse". Pero la verdad es que estaba tan enojado con Robert que no podía contenerlo y toda esa ira no tenía otro lugar a donde más ir excepto a las lágrimas … especialmente porque no podía gritarle en medio de una canción de adoración ni salirme de la iglesia.

Ni siquiera recuerdo de qué se trató esa pelea, pero sinceramente, es probable que no fue un gran problema. Fue algo momentáneo, y si me hubiera permitido relajarme, me hubiera dado cuenta de que con facilidad lo podría haber dejado a un lado y disfrutar de mi familia esa mañana.

Particularmente para las mujeres (o al menos para mí), es tan fácil entrar en un modo de tensión una vez que comenzamos por ese camino. Podemos terminar acercándonos a todos y a cada situación con una actitud descontenta y atacar a cualquiera que se cruce en nuestro camino, sin importar si realmente lo merecían o no. No todo lo que tu cónyuge hace mal es un gran problema. No son perfectos y tú tampoco.

Puedes optar por reprender a tu cónyuge cada vez que no saque la basura en el momento en que lo solicitaste o puedes agradecerle por recordar haberlo hecho antes de que llegara el carro de la basura. Aun si no sacaron la basura a tiempo, eso no es gran cosa ... la basura volverá la próxima semana. No es el fin del mundo. Puede tomar un poco de esfuerzo, pero podemos elegir ser menos tensas con las pequeñas cosas para que podamos disfrutar más. Tu cónyuge no querrá estar cerca de ti si todo lo que haces es gritarle por algo. Y esto puede ir en cualquier dirección, para esposos y esposas.

Entendemos que no todo es risas ni color de rosas, pero hay muchas cosas positivas y si aprendiéramos a sonreírle a las situaciones, sería mucho más fácil conectarnos con nuestro cónyuge.

Por ejemplo, el que tu hijo de 3 años derrame la leche por todo el piso de la cocina porque quería prepararse una bebida no pone en peligro su vida. Sí, probablemente sea un poco frustrante y podría costarte unos buenos 5-10 minutos de limpieza, pero puedes optar por enojarte por eso o recordar que tu hijo no será así de precioso para siempre y que esta será una historia para contar dentro de veinte años cuando estés escribiendo tu primer libro.

Lo mismo aplica para tu cónyuge. ¿Cuál es el mejor momento para reírte? ¿Qué tal durante una discusión intensa sobre nada? Algunos argumentos realmente no son motivo de risa, pero la mayoría de las veces, puedes discutir y discutir durante tanto tiempo que ni siquiera recuerdas por qué estabas discutiendo en primer lugar.

Date permiso a ti mismo y a tu cónyuge para reírse si sucede algo divertido durante una discusión. No te rías de tu cónyuge. Eso no estaría bien. Pero muchas veces encontrarán algo ridículo en medio de su argumento. Tal vez estás gritando más rápido de lo que tu cerebro puede mantener el ritmo y en serio fallas al pronunciar una palabra. Tanto tú como tu cónyuge dejan de gritar porque ambos saben que fue cómico, pero ambos tienen miedo de reírse porque quieren aferrarse a su ira. No hagas eso. Deja de tomártelo tan en serio y ríete un poco.

"El corazón alegre es una buena medicina,
pero el espíritu quebrantado consume las fuerzas."
-Proverbios 17:22 (NTV)

En lugar de salir corriendo por la puerta o dejar que la situación se apodere de ti, intenta permitirte reír en algunas situaciones y relajarte. Cuanto más crítico y descontento te enfrentes a la vida, más débil te volverás y las cosas parecerán más difíciles.

Calificando & Comparando

Al principio, cuando te casaste con tu cónyuge, probablemente estabas muy feliz con quien era. Esperamos que no hayas tomado nota de todas las otras opciones disponibles. Tu cónyuge era tu mejor opción e ibas a casarte y a permanecer hasta el fin.

Muchas veces, podemos comenzar a ser críticos cuando nos fijamos en lo que otras relaciones están haciendo o como se ven y funcionan otros matrimonios. Especialmente en esta era de las redes sociales donde las personas solo publican las cosas buenas, es fácil para ti comenzar a obsesionarte acerca de cómo tu cónyuge o tu matrimonio podrían ser mejores.

No hay nada malo en que tu quieras mejorar o en que quieras que tu matrimonio mejore. De hecho, eso es lo que esperábamos cuando comenzamos a escribir este libro. Madurar, mejorar y avanzar es una señal de crecimiento, pero cuando se convierte en una obsesión, puede eliminar la alegría y la amistad dentro de tu matrimonio.

Una cosa es hacer una evaluación honesta de tu posición y la de tu matrimonio, querer ir a clases, leer libros y obtener asesoramiento. Otra cosa es obsesionarse con la perfección, y que sea lo único que tú y tu cónyuge hagan.

Si descubres que pasas la mayor parte de tu tiempo calificándote a ti mismo y a tu matrimonio en función de lo que ves hacer a otras parejas o de lo que lees en los numerosos artículos de matrimonio en línea, es posible que estés perdiendo el punto. Los libros de autoayuda son geniales, los libros acerca del matrimonio son beneficiosos, pero si todo lo que estás haciendo es tratar de que tú, tu cónyuge y tu matrimonio sean perfectos, te perderás la parte "feliz" de un matrimonio feliz. Puedes leer todos los libros matrimoniales que quieras, pero puedes pasar fácilmente tanto tiempo tratando de perfeccionar tu matrimonio que terminaras olvidándote de disfrutarlo. Si no puedes aprender a disfrutar, y pasar el rato con tu cónyuge sin marcar "reconectarse" de tu lista diaria de tareas, puede ser que te falte un largo camino hacia la felicidad.

Desbalanceado

Tu matrimonio no es como el matrimonio de todos los demás. Sus personalidades individuales son diferentes, su química es diferente, su cultura es diferente. El consejo y el enfoque que encuentras en muchos recursos matrimoniales pueden ser útiles, pero no intentes forzar una estrategia o método para tu matrimonio si no encaja.

Por supuesto, hay fundamentos bíblicos que deben aplicarse para un matrimonio exitoso, pero la logística de cómo llegar allí o los detalles de cómo se aplican pueden variar de un matrimonio a otro. Tómate el tiempo para dialogar sobre las perspectivas que aprendes con tu cónyuge y descubre lo que funciona para tu matrimonio.

Por ejemplo, Gloria y yo (Robert) tenemos una cita muy definida una vez por semana. Rara vez se cancela y nos aseguramos de salir de la casa durante ese tiempo. Eso es algo que funciona para nosotros y nos mantiene conectados. Sin embargo, dudaría en afirmar que "cada matrimonio debe tener una cita una vez por semana para tener éxito". Tu cónyuge puede trabajar fuera de la ciudad durante toda la semana, por lo que sería necesario tener 2-3 noches de cita en un fin de semana para mantenerse conectado. Por otro lado, puede haber una pareja sin hijos y tener la oportunidad de conectarse en una cena pacífica y amigable en casa todas las noches, por lo que una "noche de cita" oficial puede no ser absolutamente necesaria cada semana. Encuentra lo que funciona para tu matrimonio.

> *"Más vale una mano llena de descanso que dos*
> *puños llenos de trabajo y correr tras el viento."*
> *–Eclesiastés 4:6 (LBLA)*

El equilibrio es clave para todo en la vida. Cuando se trata de recibir consejos matrimoniales de las personas con las que te encuentres, te sugerimos que apliques lo que es bíblico, usa consejos que sean alcanzables y archiva lo que no es aplicable en ese momento. Cuando pases por épocas estresantes en tu vida, aprende a reír y a descansar.

Cuando es Unilateral

Entonces, ¿qué haces cuando eres el único que parece querer tomar medidas para mejorar el aspecto de amistad de tu matrimonio? Haces lo que puedes. Comienza a interesarte por los intereses de tu cónyuge. Empieza a adoptar sus sueños. Empieza a conectarte con ellos. Empieza a relajarte. Incluso si sus acciones no son recíprocas, estarás plantando semillas y tu cónyuge comenzará a darse cuenta.

Solo uno de ustedes necesita tener la esperanza de un matrimonio mejor o más feliz para que la pelota ruede. Puede que no suceda de la noche a la mañana, pero sin lugar a duda, si haces lo que puedes hacer, Dios se encargará de lo que no puedes hacer.

REMOVIENDO EL ESTRÉS

El estrés se ha convertido en una especie de palabra de moda en nuestra cultura. La cantidad de recursos de aprendizaje, medicamentos y curas disponibles para combatirlo son irreales. Es difícil hablar de entablar una amistad con tu cónyuge cuando la vida parece tan estresante que todo lo que podemos hacer es sobrevivir un día a la vez. Ser capaz de reavivar una amistad con nuestro cónyuge no se trata solo de traer "diversión" al matrimonio. Reavivar la amistad también nos proporciona un equilibrio en la relación y nuestra perspectiva sobre el estrés de la vida.

Una Perspectiva Nueva

Si estás atrapado en un proyecto o estás experimentando un estrés debilitante, es un remedio popularmente aceptado alejarse de ese proyecto y hacer algo más para poder volver a ese proyecto con una nueva perspectiva[4]. Creemos que lo mismo es cierto para nuestros matrimonios.

Al igual que la mayoría de las parejas, Robert y yo (Gloria) vivimos una vida acelerada. Durante una temporada específicamente estresante, ambos estábamos en un punto de quebrantamiento. Robert trabajaba más de 60 horas a la semana en un ministerio de alta demanda y estaba haciendo malabarismos con cinco proyectos diferentes, desde proyectos de producción y diseño de películas hasta un proyecto de consulta comercial contratado a tiempo completo. Agrega dos niños pequeños y un recién nacido lactante y nuestros niveles de estrés estaban más allá de nuestra capacidad. Cada interacción que tuvimos durante varias semanas estuvo ligada a una hostilidad intensa entre nosotros. Y casi todas las actitudes hostiles se convirtieron en una gran pelea. Estábamos constantemente pendientes de lo que hacía mal el otro, lo cual solo aumentaba el estrés de esa temporada.

Finalmente, suficiente fue suficiente. Durante un colapso final, ambos sabíamos que todos los demás plazos de alta demanda debían ponerse en pausa y que nuestro matrimonio debía ser una prioridad. Habíamos llegado al punto de que no podíamos soportar estar cerca el uno del otro. En lugar de apoyarnos durante esa temporada tan estresante, nos estábamos usando como sacos de boxeo verbales. Habíamos creado una cultura en nuestro matrimonio de tener que "aguantarnos el uno al otro" en lugar de unirnos en este viaje llamado vida.

Comenzamos a forzar un tiempo de calidad en nuestros horarios semanalmente, ya fuera pasar toda la noche charlando después de que los niños se fueran a la cama o alejándonos durante varias horas solos los dos. Realmente no podíamos permitirnos perder más tiempo para dormir o tomarnos un tiempo libre en la cima de los plazos de nuestras carreras, pero eran esas demandas externas o nuestro matrimonio. Teníamos que tomar una decisión.

Afortunadamente, casi de inmediato notamos la diferencia. Cuando comenzamos a pasar unas pocas horas a la semana enfocándonos exclusivamente en "divertirnos" juntos, invitamos un ambiente de amistad a nuestro matrimonio. Entonces, incluso cuando volvíamos a las mismas situaciones estresantes durante la semana, no estábamos atrapados en un ciclo de actitudes hostiles entre nosotros. Dejamos de vernos como enemigos y comenzamos a interactuar como si estuviéramos del mismo lado. En lugar de luchar entre nosotros por cada problema que surgía, encontramos una manera de unir fuerzas y trabajar juntos para combatir los problemas.

Las circunstancias de nuestra vida no cambiaron. Los factores de estrés se mantuvieron intactos. Los niños todavía tenían sus berrinches, los plazos no se detenían y todavía teníamos que encontrar el dinero para pagar las cuentas. Pero nuestras perspectivas cambiaron. Los estreses que solían ser montañas inamovibles de acuerdo al estrés de la vida que nos consumía, se convirtieron en problemas temporales que sabíamos que pasarían. Habíamos encontrado una manera de recordarnos que había más en la vida que problemas y tensiones. Había cosas que nos gustaban el uno del otro y, a la luz de los más de 80 años que planeamos vivir en esta tierra, los problemas que enfrentamos durante esa temporada parecían pequeños en comparación.

Esa es la belleza de un cambio de perspectiva. Cuando nos acercamos a nuestro pequeño espacio y tiempo de existencia, eso es todo lo que podemos ver y a todo se le da mucha más importancia de la que realmente debería dársele. Pero cuando te alejas y ves el mundo entero y la línea de tiempo de la humanidad en comparación con el tiempo y el espacio que ocupamos, nos damos cuenta de que las cosas que nos estresan son insignificantes la mayor parte del tiempo.

Confiar en Dios

¿Qué pasaría si la clave para manejar el estrés fuera no tenerlo? Sabemos que eso suena casi imposible, pero la intención de Dios es que hagamos lo que sabemos hacer y que confiemos en Él para llenar los vacíos ... eliminando así la necesidad de estar estresados.

Es demasiado fácil para nosotros estar consumidos con todo lo que sucede a nuestro alrededor hoy y preocuparnos por todo lo que podemos imaginar que ocurrirá dentro de diez años. Tenemos que recordar que todo lo que Dios realmente requiere de nosotros es que nos mantengamos enfocados en nuestra relación con Él y en las tareas que nos ha encomendado completar el día de hoy y Él se encargará de los resultados.

> *"Por tanto, no os preocupéis, diciendo: «¿Qué comeremos?» o «¿qué beberemos?» o «¿con qué nos vestiremos?». Porque los gentiles buscan ansiosamente todas estas cosas; que vuestro Padre celestial sabe que necesitáis de todas estas cosas. Pero buscad primero su reino y su justicia, y todas estas cosas os serán añadidas. Por tanto, no os preocupéis por el día de mañana; porque el día de mañana se cuidará de sí mismo. Bástele a cada día sus propios problemas."*
> *—Mateo 6: 31-34 (LBLA)*

Lo que este versículo no dice es que podemos hacer lo que queramos y porque afirmamos que Jesús es nuestro salvador, todo nos saldrá bien. Al contrario. Debemos hacer que nuestra relación con Dios sea una prioridad: entregarle a Él todos los aspectos de nuestras vidas, vivir un estilo de vida que siempre busque complacerlo. Si hacemos eso, no necesitamos preocuparnos tanto por las soluciones a nuestros problemas. Cuando recibimos la revelación de que la obediencia depende de nosotros y los resultados dependen de Dios, nuestro estrés y la presión para ejecutar inmediatamente comienza a disminuir.

Necesariamente esto no significa que solo saltaremos felices a través de un campo de flores y pretendamos que la hierba no está en llamas y que nos quema los talones. Gloria y yo (Robert) hemos pasado por algunas temporadas muy difíciles en nuestra vida, algunas de las cuales se centraron en grandes desgracias financieras. Entendemos que fingir que no existe una factura no significa que los cobradores no vengan a tocar la puerta. Pretender que el diagnóstico del médico es una mentira no significa que la enfermedad desaparezca. Sin embargo, este versículo ha demostrado ser cierto en nuestras vidas ante todas las circunstancias.

Tu primer pensamiento ante cualquier situación estresante debe ser llevado de regreso a Dios y orar por claridad y dirección. Asegúrate de que tu perspectiva esté en línea con la palabra de Dios con respecto a tu situación.

En segundo lugar, todavía tienes que manejar la logística de la vida a lo mejor de tu conocimiento. Dialoga un plan de acción con tu cónyuge. Encuentra una solución para el peor de los casos, dados los recursos disponibles que tienes hoy. Dios nos dio cerebros para que podamos pensar en las cosas por nuestra cuenta y sabiduría para que podamos pensar en las cosas de manera correcta. Afortunadamente para nosotros, nunca hemos tenido que llevar a cabo nuestro plan del peor de los casos, porque en algún lugar, de alguna manera, Dios nos da una idea brillante en medio de la noche o deja dinero en nuestros parabrisas (literalmente) o nuestro "peor de los casos" termina siendo una bendición en lugar de una maldición. Creer que al final de todo Dios tiene el control no significa que no tengamos que seguir adelante con lo que Él ya ha puesto a nuestra disposición. No significa que no tengamos que solicitar empleo si de repente nos encontramos desempleados o no recibir el tratamiento si nos diagnostican una enfermedad. No podemos limitar la manera cómo Dios elige proveer.

Hace muchos años, escuchamos una historia sobre un pueblo que se vio amenazado por una inundación destructiva. Los funcionarios locales enviaron una advertencia de emergencia dando a todos los residentes tiempo para evacuar sus hogares. Hubo un hombre en la ciudad que decidió quedarse, creyendo sinceramente que Dios lo salvaría.

Cuando las aguas de la inundación comenzaron a filtrarse en su casa, un vecino con una camioneta se detuvo y se ofreció a llevar al hombre a un lugar seguro, pero el hombre se negó, afirmando que Dios lo salvaría. Las aguas de la inundación obligaron al hombre a sentarse en su techo donde eventualmente pasaría un bote y le ofreció llevarlo a un lugar seguro. Nuevamente, él se negó diciendo que Dios lo salvaría. Finalmente, el nivel del agua dejó al hombre flotando sin una base. Un helicóptero de rescate pasó volando y bajó una escalera para que el hombre pudiera subir a su lugar seguro, pero nuevamente se negó, aún creyendo que Dios lo salvaría. Finalmente este hombre murió.

Cuando llegó al cielo, le preguntó a Dios por qué no lo había salvado. Después de todo, él creía con todo su corazón que Dios sería fiel. Dios respondió que le había enviado al hombre una advertencia para evitar la situación por completo. Luego envió una camioneta, un bote y un helicóptero y el hombre los rechazó a todos.

Esta historia nos recuerda que Dios provee, pero no podemos limitar la provisión de Dios a lo que vemos como un "milagro" en nuestras mentes. Si tú y tu cónyuge tienen dificultades financieras, es genial creer que Dios es capaz de poner unos pocos miles de dólares en su buzón, pero no piensen que es imposible que Dios les brinde la oportunidad de reducir sus gastos. Si está batallando con un adolescente al borde de la rebelión, puede orar y creer que Dios lo protegerá de las decisiones e influencias equivocadas y evitará que experimente un camino rebelde, pero lo que puede suceder es que Dios lo proteja del daño permanente. y los traiga de regreso a Él con un espíritu de humildad y una pasión renovada por el propósito que Dios tiene para su vida.

El punto es que la vida está llena de circunstancias inesperadas y eso es especialmente cierto para una vida vivida en Cristo. Tenemos que recordar que no podemos enfocarnos solo en la imagen final o forzar que algo sea un éxito. Lo que podemos hacer es crecer en nuestra relación con Dios, creer que Él ordena todos nuestros pasos, utilizar los recursos que tenemos, centrarnos en lo que debe manejarse hoy y Él se encargará del resultado final. Si podemos grabar eso profundamente en nuestros corazones, liberaremos gran parte del estrés que sentimos en nuestras vidas y en nuestros matrimonios.

ENCUÉNTRENSE EN EL VALLE

Si consideras el paisaje de un valle, notarás que la naturaleza pura del valle se reduce a un punto. Si tú y tu cónyuge permanecen en la cima de cada montaña, están expuestos a las muchas preocupaciones, oportunidades y problemas del mundo presente y distante y será fácil perderse de vista y de Dios. Sin embargo, cuando ambos están en el valle, lo único que pueden ver es lo que esta inmediatamente frente a ustedes, quien esté inmediatamente a su lado y lo que esté inmediatamente sobre ustedes.

Dios puede usar un valle, y es posible, que llegaste allí, para acercarte a Él y a tu cónyuge. La clave es no pelear entre si, tratando de salir, sino trabajar juntos. A veces podemos ser como cangrejos en una olla de agua hirviendo. Aunque es posible que un cangrejo escape, sus compañeros cangrejos nunca lo permitirán porque cuando comience a progresar, lo agarrarán y lo derribarán.

Hay excepciones, pero en la mayoría de los casos, tu cónyuge no está tratando de arruinar tu vida. Tu cónyuge no está tratando de tomar las decisiones equivocadas. No está tratando de hacerte sentir mal a ti y a toda la familia. Si fuese así, entonces ese sería un tema completamente diferente y recomendaríamos asesoramiento. Ambos, fundamentalmente van tras el mismo objetivo. No permitas que el enemigo te haga luchar contra tu cónyuge en situaciones de alto estrés. Como señalamos anteriormente, cambiar tu perspectiva puede hacer que las estaciones difíciles de la vida los acerquen más. No debería ser tu contra tu cónyuge, sino tú y tu cónyuge contra el problema.

TOMATE EL TIEMPO

Si nos tomamos el tiempo para volver a conectarnos con nuestro cónyuge de diferentes maneras, proponiéndonos a evitar las cosas que pueden disuadir a nuestro cónyuge de poder conectarse con nosotros y confiar en Dios con las realidades de la vida más allá de nuestro control, podemos construir un matrimonio con una atmósfera de alegría y paz, sin importar lo que la vida nos presente.

LO QUE EL/LA QUIERE

#respeto #seguridad

cultura • Los hombres solo quieren sexo y las mujeres quieren el control absoluto
contra-cultura • Los hombres quieren ser respetados y las mujeres
quieren sentirse amadas y seguras

dos

LO QUE EL/LA QUIERE

¿Qué quieren las mujeres y los hombres? Cuando nos enfrentamos a esta pregunta, ciertamente podemos responder con una infinidad de respuestas que van desde el nuevo producto más popular en el mercado hasta nuestro deseo de ser significativos. Nuestras respuestas pueden ser diferentes, pero aún así completamente precisas. Sin embargo, en lo profundo de nuestro ser estamos creados con una necesidad básica: y esta es diferente para hombres y mujeres.

Aunque podemos estar temporalmente satisfechos del cumplimiento de deseos más superficiales; Para que podamos sentir una sensación de satisfacción más permanente, esta necesidad básica debe ser satisfecha. Esto explica por qué la gran mayoría de nuestros comportamientos pueden rastrearse hasta estas necesidades. Comprender estas necesidades, de dónde provienen y cómo afectan nuestro comportamiento es vital para el éxito de nuestro matrimonio.

¿QUE QUEREMOS DE VERDAD?

Si tomáramos nuestras notas de la cultura en la que vivimos, las comedias de televisión y las películas nos dirían que las esposas quieren estar a cargo y que los esposos quieren sexo sin responsabilidades. Aunque parece haber algo de verdad en la superficie, estas cosas solo traen satisfacción temporal y no nos darán una vida ni un matrimonio profundamente satisfactorio. De hecho, creemos que si las mujeres reciben una porción desmedida e interminable de control, eventualmente se sentirán infelices e inseguras. Del mismo modo, si a los hombres se les da una porción interminable de sexo sin sentido y se les libera de cualquier responsabilidad, eventualmente se sentirán irrespetados y fracasados. Irónicamente, lo que los hombres y las mujeres realmente necesitan para sentirse profundamente satisfechos en sus vidas y matrimonios es precisamente lo que se les quita cuando se les da lo que la cultura dice que quieren.

En lo profundo de su ser, los hombres necesitan ser respetados, profundamente admirados, estimados y honrados por lo que pueden lograr. Otra forma de decir esto es que los hombres necesitan sentirse exitosos. Ten en cuenta que el solo hecho de tener éxito no es suficiente, él necesita sentirse exitoso. Para sentirse exitoso, no solo tiene que ser respetado por quienes lo rodean, sino también respetarse a sí mismo.

Las mujeres, por otro lado, deben sentirse seguras, seguras de ser amadas y apreciadas por quienes son, protegidas de daños (espirituales, emocionales y físicos) y libres de miedos y dudas. Para las mujeres, no es suficiente ser amada, necesita sentirse segura en ese amor. No es el hecho de nunca enfrentar desafíos: es el hecho de que necesita saber que hay alguien que "la respalda" cuando enfrenta desafíos. No es suficiente tener éxito: necesita sentirse segura de su valor además de lo que pueda lograr.

En pocas palabras, los hombres necesitan sentirse exitosos al ser respetados por lo que pueden hacer y las mujeres necesitan sentirse seguras de que son amadas y valoradas por quienes son.

Dados estos deseos y sus definiciones, es fácil argumentar que son intercambiables: que las mujeres también quieren sentirse respetadas y los hombres también quieren sentirse seguros a veces. Es cierto que todo ser humano quiere ser respetado y sentirse seguro, y a medida que profundizamos en estos dos deseos, no estamos negando ese hecho. Sin embargo, creemos que el deseo de un hombre de ser respetado y el deseo de una mujer de sentirse segura resuena más profundamente con el respectivo género.

26

Por ejemplo, si se le miente a un esposo o esposa, ambos se sentirán heridos y ofendidos. Sin embargo, si se comienza a profundizar en los motivos principales por los que se sienten heridos, generalmente se obtendrán respuestas ligeramente diferentes. La esposa puede hacer una declaración como "Ya no puedo confiar en él", indicando que su seguridad en esa persona ha sido dañada. Mientras que un esposo puede decir algo como "¿Cómo se atreve a mentirme?", indicando que el esposo creía que él tenía más respeto de parte de ese individuo como para que considerara mentirle.

Siempre hay excepciones a la regla, pero en general, la mayoría de la gente estaría de acuerdo con estas declaraciones. Estas necesidades específicas de género no solo se eluden en los estudios realizados por el Dr. Emerson Eggerichs[1], sino que, lo que es más importante, se basan en las Escrituras.

Cristo y la Iglesia

"Por esto dejará el hombre a su padre y a su madre, y seunirá a su mujer,
y los dos serán una sola carne. Grande eseste misterio;
mas yo digo esto respecto de Cristo y de la iglesia."
—Efesios 5: 31-32 (RVR1960)

Bíblicamente hablando, el esposo representa a Cristo y la esposa representa a la iglesia. Nuestros matrimonios deberían reflejar esta misma estructura. Jesucristo es nuestro Señor y salvador, no solo nuestro salvador. Todos queremos un salvador porque eso nos brinda seguridad. No muchos de nosotros deseamos un SEÑOR porque eso trae consigo la idea de autoridad, pero nuestra relación con Cristo solo florece cuando ambos componentes están activos en nuestras vidas.

"Porque de tal manera amó Dios al mundo, que ha dado
a su Hijo unigénito, para que todo aquel que en él cree,
no se pierda, mas tenga vida eterna."
—Juan 3:16 (RVR1960)

"El temor del SEÑOR es un baluarte seguro..."
—Proverbios 14:26 (NVI)

Dios nos amó tanto que proveyó para la necesidad más básica del mundo al proporcionar la seguridad de la salvación a través de la muerte y resurrección de Cristo. Una vez que el mundo cree y se compromete con Cristo, recibe esa seguridad eterna y se convierte en "la iglesia". Estar eternamente seguro es excelente para "la iglesia", pero para cumplir con nuestra relación con Dios, Dios quiere que le demos algo a cambio, nuestro respeto como lo demuestra la sumisión a Él.

Esta sumisión a Dios es un acto que comunica nuestra confianza en su capacidad para operar con éxito como nuestro Señor y no solo como nuestro Salvador. Por lo tanto, en términos muy básicos, Cristo proporciona seguridad a la iglesia porque nos ama y la iglesia respeta a Cristo porque continuamente prueba su éxito como nuestro Señor.

Si siguiéramos este ejemplo, un hombre ofrecería seguridad y compromiso a través del matrimonio. Una vez que una mujer acepta esa oferta, se convierte en su esposa. Para que su relación sea plena, la esposa respeta a su esposo al someterse a su autoridad, lo cual demuestra que confía en su esposo como un líder exitoso y no solo como una obligación contractual. En pocas palabras, idealmente el esposo recibiría el respeto que necesita a través de la disposición de su esposa a someterse y la esposa recibiría la seguridad que necesita a través del amor sacrificial de su esposo por ella. Idealmente.

Como humanos imperfectos, tenemos serios defectos y, por lo tanto, la analogía presentada en las Escrituras no siempre se lleva a cabo como debería ser. Sin embargo, nos da un ejemplo a seguir y un modelo de cómo Dios quiere que funcionen los matrimonios. Y así, como con todas las cosas que Dios nos comunica a través de las Escrituras, lo que nos pide puede ir en contra de cada fibra de nuestro ser carnal, pero finalmente, Él nos creó y sabe lo que nos traerá verdadera alegría y paz, incluso cuando no lo hace. Ya que inicialmente muchas veces no tiene sentido.

LAS MUJERES QUIEREN: SEGURIDAD

Lo primero en lo que piensan la mayoría de las personas cuando imaginan la seguridad en el matrimonio es en lo financiero.

Especialmente cuando se trata de las responsabilidades del esposo en el matrimonio. El modelo anticuado muestra a un esposo que trae el pan a casa después de un largo día de trabajo, se quita los zapatos y se sienta en el sofá esperando a que su esposa le sirva la cena, satisfecho de que haya brindado "seguridad" a su familia y, por lo tanto, logró todo lo necesario para alcanzar ser buen esposo y padre.

Sin embargo, brindar seguridad a su esposa va mucho más allá de la seguridad financiera. Puede o no incluir que el hombre sea el principal ganador de pan de la familia, aunque esa es la escuela de pensamiento generalmente aceptada en la cultura actual. Pero, bíblicamente hablando, es posible que la esposa traiga a casa la mayor parte de los ingresos financieros y que el esposo aún mantenga su posición como cabeza de familia y también brinde seguridad total a su esposa.

La necesidad de que una mujer se sienta segura tiene mucho menos que ver con la protección física o financiera, y tiene mucho más que ver con sentirse amada sin medida, segura sin duda, cuidada sin ser minimizada, valorada sin compromiso, impulsada sin peligro, alentada sin crítica y segura sin limitaciones. La capacidad de un esposo para proporcionar seguridad a su esposa es una tarea difícil y abarca tres partes: seguridad espiritual, seguridad emocional y seguridad física.

Seguridad Espiritual

En primer lugar, la forma más importante en que un hombre puede proporcionar la mayor seguridad para su esposa es demostrando que ama a Dios, confía en Dios y es obediente a Dios. Decimos "demostrar" estas cosas para enfatizar que un esposo no solo debe amar, confiar y obedecer a Dios, sino que su esposa necesita ver que él ama, confía y obedece a Dios a través de su estilo de vida. Entonces, si un esposo dice que ama, confía y obedece a Dios, pero se comporta de tal manera que contradice el carácter de Dios, no sólo NO está brindando seguridad, sino que está causando inseguridad a su esposa a través de la inconsistencia en sus palabras frente a sus acciones.

Cuando una esposa puede ver que su esposo, aunque defectuoso, ama a Dios de verdad y desea ser obediente a Dios, puede sentirse segura espiritualmente en su matrimonio. Esto no significa que su esposo sea perfecto, o que él siempre actuará piadosamente o que nunca tomará una decisión equivocada, pero sí asegura que la brújula que sostiene su esposo apunta en la dirección correcta. y por lo tanto, es la dirección en la que puede sentirse segura al seguirla.

Seguridad Emocional

En segundo lugar, un esposo brinda seguridad emocional a su esposa de dos maneras principales: demostrando que es confiable y protegiendo su corazón.

La primera parte de esta declaración es bastante sencilla: un esposo nunca debe mentirle a su esposa. Ella debería poder confiar en lo que él dice. Incluso las infracciones más pequeñas pueden alterar su seguridad.

Es posible que hayas visto o experimentado una discusión entre un hombre y una mujer en la que el hombre le dice a la mujer una mentira aparentemente inofensiva y no entiende por qué la mujer está tan molesta con él. La mujer generalmente responde que "no se trata de la mentira, se trata de que te atreviste a mentirme."

Cuando se dice que algo es seguro, se puede pensar en una fortaleza con paredes de piedra de varios pies de ancho y varios pisos de altura. Se supone que una fortaleza es impenetrable. Proporciona seguridad a sus habitantes porque pueden confiar en que nada derribará esos muros y nadie podrá entrar para dañarlos.

Del mismo modo, las palabras de un hombre deben ser igual de confiables: manteniendo a su esposa en el centro. Debería sentir que cuando su esposo dice algo, no hay nada que demuestre que sus palabras son falsas y no hay nada oculto en esas palabras que luego la perjudiquen física o emocionalmente. Al ser siempre honesto con su esposa, un esposo le proporciona la mejor forma de seguridad emocional.

Y al igual que una fortaleza de piedra, si alguna vez se descubre que las palabras de su esposo son falsas, incluso una vez y sin importar cuán importantes sean, hará que empiece a cuestionar todo lo que él diga a partir de ese momento. Su fortaleza, que alguna vez fue sólida, ya no se sentirá tan segura como antes, ya no confiará en ella tan fuertemente como antes y, en consecuencia, no la respetará ni la admirará tanto como antes. El respeto y la admiración de una mujer por su esposo se deriva de su capacidad de sentirse segura con él. Un esposo que le miente a su esposa, no solo perjudica su capacidad de sentirse segura, sino que le cuesta una gran parte del respeto y la admiración que tanto desea de ella.

Entonces, esposos, la próxima vez que su esposa le pregunte si le gusta cocinar, puede considerar cuidadosamente su respuesta a la luz de lo que la verdad significa para ella. Cómo respondes y cómo responde ella es un tema completamente diferente que cubriremos más adelante en este libro.

La segunda parte de la seguridad emocional, proteger el corazón de tu esposa, se verá diferente para cada matrimonio individual. La única forma de proteger el corazón de tu esposa es conocerla y comprenderla realmente a un nivel más allá de lo que se requiere para mantener la logística superficial de un matrimonio.

En nuestro caso, yo (Gloria) soy muy sensible cuando se trata de películas de miedo o tristes. Ni siquiera puedo ver un comercial de la película sin que me asuste por completo o me tire de las cuerdas del corazón tanto que me detenga en ese tema durante todo el día. Supongo que se podría decir que me conmueve fácilmente la influencia emocional de una película, lo que explicaría mi pasión por el poder de las películas.

Al ser consciente de esta sensibilidad, Robert puede ser proactivo y protegerme. Cada vez que sabe que un comercial o anuncio está a punto de mostrarse que me va a sacudir emocionalmente, me da una advertencia para que pueda cerrar los ojos y silencia el televisor para que yo no pueda escucharlo. Es algo tan pequeño y algunas personas pueden verlo como una tontería, pero se dice que "son las cosas pequeñas las que cuentan". Para mí, esta es una de las muchas pequeñas cosas que Robert hace por mí que me hace sentir segura con él. Es sólo otro recordatorio de que no solo está allí para defenderme cuando algo me está atacando, sino que también está siempre atento a cualquier cosa que pueda causarme daño o angustia.

En cierto modo, él está modelando cómo Dios nos protege. Dios no solo nos defiende cuando el enemigo encuentra su camino en nuestro territorio, sino que también dice que " Yo iré delante de ti y enderezaré los lugares torcidos" (Isaías 45:2). Eso es lo que los esposos deberían hacer por sus esposas. Estar siempre alerta, adelantándose a las emociones de sus esposas para protegerlas.

Tal vez tu esposa no sea sensible a ciertos comerciales de películas, pero tal vez cada vez que se acerca a tu madre se tensa y dice algo por lo que luego se castiga. Es una oportunidad perfecta para estar alerta cuando todos están juntos y "salvarla" de decir algo de lo que se arrepentirá más tarde. Tal vez tu esposa tiene la costumbre de trabajar demasiado hasta el punto de derrumbarse. Esa es una gran oportunidad para atraparla antes de que llegue a ese punto e insistir en que tome un descanso de algún tipo. Tal vez tu esposa se sienta increíblemente insegura al buscar una nueva oportunidad en la vida y tu puedes brindarle la seguridad emocional que necesita al aumentar su confianza y apoyarla.

La manera en que proteges emocionalmente a tu esposa será única para lo que le causa angustia emocional. Si no sabes qué la pone emocional, ese podría ser un gran punto de conversación. Es difícil proteger a alguien cuando no sabes contra que está luchando y las emociones de una mujer pueden ser un lugar muy misterioso. La comunicación es clave.

Seguridad Física

En tercer lugar, un esposo debe proteger a su esposa de amenazas físicas. Afortunadamente, proporcionar seguridad física es una tarea mucho menos misteriosa. Desde protegerla de ser robada en un callejón oscuro hasta sostenerla económicamente, asegurarse de que ella sepa que su esposo nunca la dejará y protegerla de amenazas verbales. Todas estas son formas de proteger físicamente a una esposa.

Por ejemplo, si la madre o la hermana de un esposo atacan verbalmente a su esposa, es su responsabilidad protegerla de ese abuso verbal. Lo peor que puede hacer un esposo en esa situación es dejar que se las arregle por sí misma; eso destruye su capacidad de sentirse segura y confiar en que su esposo la protegerá. No estamos diciendo que la defiendas siendo irrespetuoso. Sin embargo, hay muchas maneras respetuosas de hacerle saber a alguien que no está bien seguir atacando a tu esposa. A veces, simplemente saber que su esposo está dispuesto a defenderla será suficiente.

La seguridad física puede proteger a la esposa de las amenazas internas, así como de las amenazas externas. Cuando yo (Gloria) estoy trabajando en un proyecto, me resulta increíblemente difícil interrumpir mi enfoque con algo tan insignificante como comer. Hubo más de una ocasión en que Robert me preparó una comida y se paró a mi lado mientras estaba sentado frente a mi computadora, dándome cada bocado de mi cena para asegurarse de que me mantuviera con vida. Y por mas que quiero que se le olvide, Robert también me persigue todos los días para que me tome mis vitaminas, tal como lo hacía mi padre cuando yo era niña.

Murmuro y me quejo casi cada vez que me pregunta si he comido o cuando veo esas vitaminas en su mano. Pero en el fondo, me hace sentir segura de que puedo confiar en Robert para protegerme físicamente de esa manera, incluso cuando soy negligente conmigo misma.

Una vez más, cada matrimonio tiene su propia dinámica única. Conocer y comunicarse con tu esposa es la mejor manera de comprender cómo proporcionarle seguridad física.

Seguridad en Dios

Los medios de comunicación en nuestra cultura han hecho un gran trabajo al vendernos la idea de que las mujeres no quieren ser protegidas y que pueden arreglárselas completamente por sí mismas. Aunque es cierto que muchas mujeres son tan capaces, si no más capaces, de protegerse contra los ataques físicos como sus homólogos masculinos, el debate no es si las mujeres PUEDEN protegerse a sí mismas. El debate es si una esposa necesita o no sentirse segura de que su esposo está dispuesto a sacrificarse para protegerla a fin de que su matrimonio sea exitoso.

Lo que se muestra en los medios de comunicación puede ser la realidad para muchas mujeres: que no hay nadie de quien puedan depender, excepto ellas mismas. Lamentablemente, esto lleva a una vida muy estresante e insatisfecha para muchas de esas mujeres. Desafortunadamente, debido a que estas mujeres carecen de otras opciones, sus puntos de vista no se pueden descartar fácilmente.

Cuando un esposo falla en brindar seguridad a su esposa, Dios es el proveedor final. Debemos recordar que las esposas no deben poner su seguridad en sus esposos en lugar de Dios, sino más bien depositar su confianza en sus esposos como un acto de sumisión a Dios. Finalmente, nuestra confianza debe estar en Dios mismo.

Las mujeres son fuertes y pueden cuidarse solas si es necesario. Pero en un matrimonio fuerte, la idea es que no se les exija manejar todo por sí mismas. Idealmente, deberían poder confiar en sus esposos para protegerlas espiritual, emocional y físicamente y tener plena confianza en que su seguridad está en buenas manos.

Auto-Sacrificio

Cristo se sacrificó para proporcionar seguridad a la iglesia, porque era lo mejor para la iglesia, no lo mejor para Él. Lo que tuvo que pasar fue terrible, pero lo hizo por su novia, la iglesia. Cuando los esposos comienzan a tratar de proteger a sus esposas, tiene que hacer lo que es mejor para la esposa, no para ellos mismos.

Necesitamos entender que la seguridad provista por Cristo fue provista por amor. Simplemente proporcionar seguridad a tu esposa, independiente de la razón, no es suficiente. Hay muchas maneras en las que los esposos pueden proporcionar una "seguridad-falsa" la cual proviene de un espíritu manipulador. El objetivo es que los esposos brinden verdadera seguridad a sus esposas debido a su amor por ellas, al igual que Cristo brindó seguridad a la iglesia debido al amor de Dios por la humanidad.

LOS HOMBRES QUIEREN: RESPETO

Dado que hemos pasado tanto tiempo hablando de cómo los esposos pueden ser mejores esposos, es justo que cambiemos de rumbo y abordemos cómo las esposas pueden ser mejores esposas. Aquí es donde realmente comienza a dar miedo. Seamos honestos, es casi normal que el mundo critique a un hombre por todas las cosas que podría estar haciendo mejor. ¿Pero comenzar a hablar sobre todas las cosas que una mujer podría estar haciendo de manera diferente? Ahora esto si que es otro animal. Sin embargo, abordaremos esta bestia y oraremos para que ustedes (mujeres) procedan con un corazón abierto, y que ustedes (los hombres) eliminen esa sonrisa antes de que su esposa los vea.

Dar Admiración

Ya hemos establecido que los hombres en última instancia desean respeto para sentirse exitosos. Pero, ¿de qué maneras puede una esposa hacer que su esposo se sienta respetado? Comencemos por admirarlo realmente.

Una esposa debe insistir en las cualidades admirables de su esposo. Aquí es donde la esposa piensa en broma ... "¿Qué cualidades?" Ciertamente hay al menos una o dos cosas que su esposo hace exitosamente. Seamos honestos, te casaste con él, y cuando te casaste con él, probablemente no viste nada más que cualidades admirables. De hecho, es posible que tu familia y amigos hayan hecho todo lo posible para señalar todos sus defectos y, sin embargo, aún así elegiste concentrarte en todas sus cualidades admirables y casarte con él de todos modos. Más que seguro, al menos algunas de esas cualidades admirables aún existen. Tu perspectiva sobre esas cualidades puede haber cambiado, pero aún existen.

Una de las cosas que más tiende a frustrarme (Gloria) acerca de Robert es la facilidad con la que se frustra con las pequeñeces y me hace saber cada vez que hago algo frustrante. Cada vez que tenemos una discusión, estas dos tendencias siempre salen a la superficie: él se frustra por algo y me lo deja saber porque yo debería saber hacerlo mejor.

Lo interesante de que estas dos cosas sean la base de muchos de nuestros argumentos, es que esas son las dos cualidades exactas que me atrajeron a Robert en primer lugar. Robert y yo nos conocimos en nuestro último año en la escuela secundaria al lado de una carretera principal en donde todos los conductores aspirantes a "rápidos y furiosos" conducían. Ellos hacían sonar su música a todo volumen y exhibían sus autos con adhesivos (bueno, en realidad yo era la única con un auto con adhesivos, pero pensaba que era lo máximo). Al día siguiente, vi a Robert con un grupo de amigos y decidí intentar "sobresalir" (algo que estaba muy lejos de ser realidad) y me dirigí a él y le pregunté "¿así que pasar el rato en un estacionamiento es todo lo que haces un viernes por la noche?" como queriéndole decir que era algo muy insípido. Con ese comentario, me dio un "¿hablas en serio?" Me miró y respondió: "Tú también estabas allí". Ay. Me confronto por completo y desde ese momento me fasciné. Me encantó la idea de que era directo y confiado y que estaba dispuesto a desafiarme.

Pasaron varios años y no ha cambiado mucho en ese aspecto, pero mi perspectiva de esas cualidades ha cambiado. Lo recordé durante uno de nuestros argumentos mas recientes. Mientras Robert se frustraba, decidí dejarlo de ver como un aspecto que no me gustaba y solo por un momento, recordé ser esa chica de secundaria que este chico confronto (totalmente atractivo) el cual acababa de conocer. Y sucedió lo más extraño. De repente, ya no estaba enojada con él por confrontarme, me sentí atraída por él. Fue adorable.

No estoy diciendo que a partir de ese momento nunca tuvimos una discusión acerca de que él se frustrara demasiado, fácilmente o me desafiara.

Pero lo que sucedió es que dejé de pensar en ello como algo tan negativo. En cambio, pensé en el lado positivo de ese rasgo de personalidad. Sí, se frustra y me deja saber cuando estoy haciendo algo tonto. Por otro lado, tiene éxito en ser totalmente honesto conmigo y me desafía y no está de acuerdo en dejarme hacer el ridículo, todas son cualidades que admiro mucho.

Centrarse en las cualidades admirables de tu esposo no significa que te cubras los ojos con una venda y niegues que tenga alguna área para mejorar. Lo que significa es que puedes reconocer las debilidades de tu cónyuge en el momento adecuado, sin aferrarte a ellas constantemente.

En última instancia, puedes decidir en qué te enfocas. Es muy probable que tu cónyuge tenga el mismo número de rasgos negativos y rasgos positivos, entonces, ¿por qué elegir aferrarse, hablar y señalar solo los negativos? Comienza a pensar, a hablar y a señalar los rasgos positivos y te sorprenderás de cómo cambiará tu actitud hacia tu cónyuge.

El esposo desea sentirse exitoso y admirado, especialmente por su esposa. La noción de un caballero con una armadura brillante puede parecer infantil, pero sería difícil encontrar un hombre que no se alegre con la idea de tener una esposa que lo admire y adore. Puedes saber que tiene defectos, pero poco puede hacer que un hombre se sienta más exitoso que una mujer que elige minimizar sus defectos y destacar las cosas que hace bien, en su corazón y en público.

Dar Exaltación

Esto nos lleva a nuestra próxima sugerencia sobre cómo hacer que tu esposo se sienta respetado por ti. Es genial si has aprendido a admirar a tu esposo en privado, pero vamos a subir de nivel y hacer un esfuerzo diligente para exaltarlo públicamente, ambos son constantemente necesarios.

Imagina el efecto que tendría en tu esposo el escucharte hablar algo bueno sobre él especialmente a un grupo de amigos o colegas. Caminaría más seguro y con la cabeza más en alto. Su confianza se dispararía. Esto no solo beneficia al esposo, sino que beneficia a la esposa. Porque ahora, cuando mira a su esposa, ve a una mujer que lo admira y lo alaba y lo hace verse bien y de ninguna manera querrá decepcionarla. Tendrá el combustible que necesita para ser el hombre que ella cree que es y hará lo que tenga que hacer para protegerla de cualquier daño.

Cada vez que tu, como esposa, felicitas a tu esposo, estás creando un puente que tu esposo puede cruzar para conectarse emocionalmente más contigo. Si una de tus quejas es que tu esposo parece estar emocionalmente desconectado, intenta una estrategia de elogio y ve si no obtienes resultados diferentes.

La clave aquí es no mentir. No estamos promoviendo la fantasía. No te sirve a ti ni a tu esposo que lo elogies por cosas que ni siquiera aplican a él. "La muerte y la vida están en el poder de la lengua" (Proverbios 18:21 RVR), pero eso no significa que tu lengua es una varita mágica con la que puedes hablar y –POOF- aparece. Significa que tienes el poder, a través de tus palabras, de edificar a tu esposo y recordarle a él y a ti misma todas sus cualidades inmensas para que él comience a creer más en sí mismo y, por lo tanto, se sienta más exitoso. Al mismo tiempo, simplemente escucharte recitar todos los rasgos positivos de tu esposo hará que esos rasgos y las emociones asociadas sean más prominentes en tu mente. Incluso si inicialmente batallaste por encontrar cosas buenas que decir sobre tu esposo, cuanto más verbalices esas cosas, más naturales se volverán.

Lo Opuesto a la Exaltación

Veamos el otro extremo de esto. Si cada vez que elogias a tu esposo, él se siente más exitoso, entonces, ¿qué sucede cada vez que criticas, humillas o hablas negativamente sobre tu esposo?

Si todo lo que haces es hablarle a tu esposo con dureza, cortarlo y contarles a todos las cosas terribles y estúpidas que hace, entonces se sentirá como un fracasado y sucederá una de dos cosas:

Por una parte, un hombre puede convertir su vergüenza en una actitud defensiva y fabricar su propia confianza, creando para sí mismo un ego inflado. Cuando este hombre mira a su esposa, no le importa protegerla porque ella lo hace sentir como un fracaso. Además de eso, su actitud defensiva y su ego pueden convertirlo en un marido cruel y duro, a quien no le importan las opiniones ni deseos de su esposa, haciéndola sentir desvalorizada y no amada.

Al otro extremo del espectro, un hombre que se ve continuamente disminuido por las reprimendas de su esposa puede comenzar a creerle, agachar la cabeza de vergüenza, perder toda confianza y sentirse inútil. Este hombre puede amar a su esposa, pero no tiene la confianza para protegerla de ninguna manera, incluso si quisiera. Esto hace que la esposa lo respete aún menos y el ciclo continúa.

En ambos casos, los resultados son los mismos: él no recibe el respeto que necesita y, por lo tanto, en ninguno de los dos casos el podrá ni estará dispuesto a darle a la esposa la seguridad y el amor que necesita. Es un ciclo terrible que generalmente termina con ambas partes sintiéndose insatisfechas en el matrimonio y deseando escapar.

Desafortunadamente, la única forma de romper este ciclo es que una de las dos partes lo reconozca y comience a revertir el ciclo. Eso significa que el esposo debe comenzar a amar a su esposa incluso si ella no actúa como si se lo mereciera o la esposa debe comenzar a respetar al esposo incluso si él no actúa como si se lo mereciera.

Esa es siempre la parte más difícil, porque nadie quiere proporcionarle algo a alguien cuando se merece exactamente lo contrario. Pero antes de descartar esta idea y decir que no vas a ser el que comienza a reparar el ciclo, recordemos que es la Gracia de Dios la que te ha perdonado de cada cosa terrible que hayas hecho para que puedas tener la oportunidad de no solo experimentar la magnificencia del Cielo, sino estar sentado por Dios como si fueras un tesoro de la realeza. ¿Crees que mereces ese tipo de trato? Si Dios puede intercambiar tus malas acciones por un regalo increíblemente inmerecido, entonces tal vez puedas encontrar alguna manera de hacer lo mismo por tu cónyuge.

Permítele Liderar

Por último, una de las formas más destacadas y difíciles que una esposa puede hacer que su esposo se sienta exitoso y respetado es permitir que su esposo lidere a la familia. Antes de que todas las mujeres comiencen a lanzar dardos, traten de quedarse con nosotros hasta el Capítulo 4, donde profundizaremos más en este concepto.

Por ahora, estemos abiertos a la idea de que permitir que tu esposo lidere no significa que tu seas más débil o menos competente. Simplemente significa que los roles y responsabilidades que Dios asigna a los esposos son diferentes a los roles y responsabilidades que le asigna a la esposa. Ambas posiciones son igualmente valiosas y vitales para el éxito de un matrimonio.

Parte de permitir que tu esposo lidere significa no ignorar sus opiniones por completo y no asumir el control ni asumir la responsabilidad de todo lo que haga tu familia. Permitirle liderar significa respetar sus opiniones, cooperar con él en la mejor decisión para la familia y, en última instancia, darle el honor de tomar la decisión final cuando ustedes dos no estén de acuerdo con un tema.

Esto es todo por ahora, pero nuevamente, si estás horrorizada por esta idea aparentemente obsoleta, escúchanos en los Capítulos 3 y 4 cuando hablemos de esos roles con más detalle.

El Respeto [NO] se Gana

Hay un dicho extremadamente común que dice "el respeto se gana, no se da". La gente lo proclama como si fuera de la Biblia (por cierto, no lo es) para justificar tratar a alguien sin respeto. De hecho, es todo lo contrario de cómo Dios nos ordena que tratemos a los demás. 1 Pedro 2:17 (RVR) nos habla de que honremos a todas las personas. Amemos la hermandad. Temamos a Dios. Honremos al rey. El versículo no dice "Honra a todas las personas que lo merecen" ni "honra a las personas [omitiendo todas]. Lo mismo es principalmente cierto cuando se trata de nuestros cónyuges.

"En todo caso, cada uno de ustedes ame también a su esposa
como a sí mismo, y que la esposa respete a su esposo."
—Efesios 5:33 (NVI)

Simplemente no hay nada más directo que eso. Sencillamente no hay muchas maneras de interpretar "la esposa debe respetar a su esposo". El respeto se ordena, no se gana.

Si tienes problemas para comprender un concepto así, ten en cuenta que casi todo lo que Dios nos ordena que hagamos va en contra de nuestras reacciones carnales. Pero recuerda que él nos creó. Él conoce la psicología real de cómo funcionan las cosas y si te dice que hagas algo, hay una buena razón.

La mayoría de las veces, hemos descubierto que la razón no es solo espiritual, sino también científica y psicológica. Cuanto más respeto le dé una esposa a su esposo, más confianza ganará y más respeto se merecerá.

Entonces, si en realidad sientes que tu esposo no merece ningún respeto, hay muchas posibilidades de que si comienzas a respetarlo, esto creará un esposo que lo merezca.

Hace varios años, vimos un drama popular de televisión que representaba este concepto de una manera muy hermosa. En esta serie, uno de los personajes principales era un hombre repugnante. Los escritores pasaron un par de temporadas convirtiéndolo en uno de los humanos más humillantes y repugnantes que la mayoría de nosotros no podríamos imaginar. En una de las temporadas posteriores del programa, este hombre se abrió paso (a través de un asesinato) a una posición de alto nivel en una corporación respetada. Durante su tiempo allí, asistió a reuniones, realizó seminarios, etc. y fue muy respetado por todos los que se cruzaron en su camino. Era obvio que el primer gesto de respeto genuino que encontró en la corporación fue un shock total para él y cuanto más tiempo continuó el respeto, se podía ver su comportamiento comenzar a transformarse. El recibir una gran cantidad de respeto lo golpeó donde era y en algún lugar par de temporadas convirtiéndolo en uno de los humanos más humillantes y repugnantes quien la mayoría de nosotros no podríamos imaginar. En una de las temporadas posteriores del programa, este hombre se abrió paso (a través de un asesinato) a una posición de alto nivel en una corporación respetada. Durante su tiempo allí, asistió a reuniones, realizó seminarios, etc. y fue muy respetado por todos los que se cruzaron en su camino. Era obvio que el primer gesto de respeto genuino que encontró en la corporación fue un shock total para él y cuanto más tiempo continuó el respeto, se podía ver su comportamiento comenzar a transformarse. El recibir una gran cantidad de respeto lo golpeó donde era y en algún lugar de su mente demente, se dio cuenta de que este era el hombre que quería ser: alguien exitoso y digno de ser respetado. Posteriormente, cuando lo descubrieron y se dio a la fuga, tomó una decisión que cambió su vida para liberar a una familia que tenía como rehenes. La decisión fue absolutamente contraria a su carácter antes de su experiencia corporativa. Fue la experiencia de ser exitoso y genuinamente respetado cuando no lo merecía lo que lo llevó a desear más respeto y así tomar decisiones respetables. No sé si los escritores del programa pretendían comunicar un mensaje tan profundo, pero ese es ciertamente el mensaje que nos fue comunicado.

EL CICLO

La seguridad y el respeto se basan el uno en el otro: para que un esposo se gane el respeto de su esposa, ella debe sentirse segura y para que un esposo pueda brindarle seguridad a su esposa, ella debe permitirle liderar la relación. El ciclo debe comenzar con alguien en alguna parte. Independientemente de si tu cónyuge satisface o no tus necesidades básicas, comienza a satisfacerlas.

Volvamos a Cristo y a la iglesia. El mundo necesita la seguridad eterna y el amor que Cristo ofrece, pero la mayoría de las personas ni siquiera son conscientes de lo mucho que lo necesitan. No siempre aceptan que lo necesitan y, por lo general, no le dan a Dios la Gloria para la cual Él nos creó. Pero Dios sigue proporcionando lo que necesitamos de todos modos. Nuestros matrimonios deberían modelar ese mismo enfoque. Deberíamos continuar proporcionando lo que nuestro cónyuge necesita de nosotros, ya sea que lo acepten o no, si lo merecen o no, o si nos lo están proporcionando o no.

Nada derrite el corazón de un hombre más que el respeto y la admiración de su esposa y nada hace que una mujer respete y admire a su esposo más que sentirse segura en su amor y protección.

DICTADORES

#liderazgo

cultura • Ser el hombre de la casa significa gobernar con puño de hierro
contra-cultura • Ser el hombre de la casa significa sacrificarse
como un líder que sirve

tres

DICTADORES

(escrito por Robert)

Cuando se trata de liderazgo, hay dos ideas de pensamiento defectuosas que deambulan por nuestra sociedad. El primer error es uno que se ha hecho popular por las comedias modernas, las novelas y los comentarios abiertos de las celebridades: que los esposos son vagos e inmaduros y las esposas se ven obligadas a asumir el papel de liderazgo en su matrimonio y sus familias. El segundo error es uno que ha sido popularizado por círculos religiosos que han malinterpretado lo qué es realmente el liderazgo: es el pensamiento de que un esposo quien es jefe de hogar es un esposo que establece la ley como dictador y tiene una esposa que es nada más que un simple sirviente contratado.

Ninguno de estos dos podría estar más lejos de la intención de Dios para el esposo como líder en su matrimonio y hogar. Al igual que Jesús, Dios ha llamado a los esposos al liderazgo de servicio- un estilo de liderazgo que requiere que el esposo ame y sirva a su esposa y familia de tal manera que él renuncie a su vida por ella; y que esté dispuesto a incomodarse si es necesario con tal de que su esposa esté mejor.

LA ESTRUCTURA DEL LIDERAZGO

Todos, tanto los hombres como las mujeres, están liderando a alguien, a alguna parte. El liderazgo es influencia. Gran parte de lo que está escrito en este capítulo puede ser beneficioso para cualquier persona en cualquier capacidad de liderazgo. Con cada oportunidad de liderar, hay una estructura que debe establecerse para que tanto el líder como los que están siguiendo estén en la misma página y puedan ir en la misma dirección. Tan creativo y apasionado como es nuestro Dios, Él también es un Dios de estructura. Es la estructura que Dios establece lo que permite que la plenitud de la vida fluya a su máximo rendimiento.

Lo mismo es cierto en nuestros matrimonios. Nuestros matrimonios están destinados a ser un vehículo que nos impulsa hacia adelante en nuestra influencia de quienes nos rodean. Sin embargo, cuando operamos fuera de la estructura que Dios ha establecido en nuestros matrimonios, terminamos enfocándonos tanto en nuestras dificultades y problemas internos que no podemos ni siquiera pensar en influir a alguien a nuestro alrededor.

> *"Ahora bien, quiero que entiendan que Cristo es cabeza de todo hombre,*
> *mientras que el hombre es cabeza de la mujer y Dios es cabeza de Cristo."*
> *—1 Corintios 11: 3 (NVI)*

En cada organización saludable hay una infraestructura establecida. Sin saber cual es la visión a seguir, las personas no podrían trabajar al unísono para lograr esa visión. En 1 Corintios, Dios aclara su jerarquía: Dios es la cabeza de Cristo, Cristo es la cabeza de cada hombre, y el esposo es la cabeza de su esposa. En última instancia, es la visión de Dios la cual hemos sido creados para seguir y el método para seguir esa visión es a través de la infraestructura mencionada anteriormente. Entonces, si este orden te ofende, por favor ahórrate el correo electrónico enojado. No lo dije yo, fue Dios.

Un líder espiritual es la cabeza masculina de la casa, quién teme a Dios, ama a la esposa, dirige a su familia, cree en la Biblia, obedece al Espíritu Santo. Ahora eso puede sonar como una tarea difícil o una meta inalcanzable, pero no te desanimes. Este capítulo te ayudará a comprender el proceso que se necesitará para convertirse en ese tipo de líder. No sucede de la noche a la mañana. Sin embargo, está sobre los hombros del esposo llevar adecuadamente a su familia a seguir la visión de Dios.

Ahora, antes de que cada hombre se infle de orgullo pensando que puede operar como el líder, independientemente de la contribución de su esposa, si miramos más adelante en este pasaje de las Escrituras, leemos:

> *"Sin embargo, en el Señor, ni la mujer existe aparte del hombre ni el hombre aparte de la mujer. Porque así como la mujer procede del hombre, también el hombre nace de la mujer; pero todo proviene de Dios."*
> *-1 Corintios 11: 11-12 (NVI)*

Así como el Cuerpo de Cristo son los brazos y los pies de Cristo - llevando a cabo la voluntad de Cristo, la esposa opera como una compañera y ayuda - en sociedad con su esposo, en su búsqueda de cumplir la visión de Dios para sus vidas con el esposo al timón. Sin personas que estén dispuestas a ser guiadas por Cristo, Cristo no puede lograr lo que se propuso lograr. Sin la voluntad de una esposa de ser dirigida por su esposo, el esposo es incapaz de lograr todo lo que está llamado a lograr. Además, la iglesia (o esposa) tampoco experimentará la grandeza que Dios tiene reservada para ella.

Es un compañerismo mutuo. Tanto el esposo como la esposa son vitales para el éxito de su matrimonio y para cumplir la visión de Dios para sus vidas.

NO ERES UN DICTADOR

El esposo no puede gobernar sobre el gallinero solo y operar por su cuenta- con su esposa trabajando como una ayuda contratada- y tener éxito. Necesita la ayuda de su esposa en las áreas en las que ella es fuerte para tener éxito. El éxito de ambas partes depende del cumplimiento de cada parte en su propio papel dentro del matrimonio.

El liderazgo no es una dictadura. Los dictadores gobiernan por la fuerza. Pero tú, el esposo, no puedes ordenarle a tu esposa que se someta a ti. No puedes ordenarle a tu esposa que haga lo que mandas. No puedes forzar tu camino hacia un liderazgo aprobado por Dios. Tu esposa tiene que llegar a la revelación de la estructura de Dios por su ella misma. Ella tiene que elegir seguirte voluntariamente mientras lideras. Hasta que ella esté dispuesta a seguirte, debes continuar guiándola suavemente con paciencia y amor, al mismo tiempo que practicas la gracia de Cristo en momentos en que no está dispuesta a seguirte.

> *"Porque el marido es cabeza de la mujer, así como Cristo es cabeza de la iglesia, siendo El mismo el Salvador del cuerpo."*
> *—Efesios 5:23 (NBLA)*

Para liderar a tu esposa de manera efectiva, debes comprender que Jesús lideró al soportar el tormento de la cruz por las personas que lideró. Sacrificó todo lo que deseaba para cumplir la visión de Dios de proteger a su pueblo.

Dado que Dios te ha colocado en una posición de liderazgo sobre tu esposa, esto no significa que seas más valioso que ella o que "puedes" tomar todas las decisiones. Significa que Él te está confiando, te está haciendo responsable, por el bienestar físico, emocional y espiritual de Su hija preciosa.

Si eres padre de una hija, entonces solo puedes comenzar a comprender la responsabilidad tan enorme que acabas de recibir. También puedes imaginar la grandeza de la ira de Dios que puede producirse si siendo el responsable del bienestar de su hija, abusarás de tu autoridad y causaras cualquier daño a su hija amada.

Lee Efesios 5:23 nuevamente:

> *"El esposo proporciona liderazgo a su esposa como Cristo lo hace a su iglesia, no dominando sino apreciando."*
> *(Traducción del Inglés de la versión MSG)*

Si Dios dice que se te ordena no liderar por medio de la dominación, entonces ¿cómo vas a liderar?: Al apreciar. Merriam- Webster define "apreciar" como "tener cariño. Esto es sentir o mostrar afecto por; para mantener o cultivar con cuidado y afecto ". Así que debes proteger y amar a tu esposa como si tu vida dependiera de ello. No se trata de un balón de fútbol grandioso, único y preciado, encerrado en un cristal impecable en el estante más prominente de tu casa ni el auto hermoso que tanto amas, en el cual concentras toda tu energía apreciando. Es tu esposa la que debes colocar en un pedestal, enorgullecerte y hacer todo lo posible para garantizar que no le caiga ninguna mancha ni lesión.

La última parte de la definición de apreciar es "cultivar con cuidado y afecto". Cultivar algo significa "mejorar o desarrollar con atención cuidadosa" (Merriam- Webster). Por lo tanto, puedes ir un paso más allá e imaginar que si como padre, tuvieras una hija, tu preocupación no sería solo por su seguridad y bienestar, sino que también desearías que se sintiera realizada en su vida y desearías que ella pudiera utilizar todos sus dones y talentos para el propósito que se los dieron. Esa responsabilidad recae sobre tus hombros, asegurarse de que tu esposa esté respaldada por ti para lograr todo lo que ella siente que Dios la ha llamado a hacer.

Esta es una gran responsabilidad y una responsabilidad que Dios toma muy en serio. Por lo tanto, antes de comenzar a decir las escrituras acerca de ser el jefe de familia cada vez que tu y tu esposa tienen una discusión, presta atención a recordar todo lo que abarca tu papel.

EL LIDERAZGO NO ES EGOÍSTA

> *"Esposos, amen a sus esposas, así como Cristo*
> *amó a la iglesia y se entregó por ella."*
> *—Efesios 5:25 (NVI)*

Si el egoísmo solo se preocupa por el propio bienestar y deseos, entonces exactamente lo contrario es válido para el desinterés. El desinterés en el matrimonio sería tu disposición, como líder, a sacrificar tu propio bienestar y deseos por tu esposa y tu familia.

Creo que la mayoría de los esposos dirían que estarían dispuestos a morir por su esposa e hijos. Pero, ¿qué pasaría si no fuera el sacrificio de tu existencia lo que tu esposa e hijos necesitan? ¿Qué pasaría si tu esposa necesita que sacrificaras ver un partido importante de fútbol para poder pasar un tiempo ininterrumpido reconectando emocionalmente con ella? ¿Qué pasaría si ella necesitara que no gastaras ese cheque de bonificación de $ 1,500 dólares en un televisor nuevo de pantalla grande y, en su lugar, lo usarás para comprar una lavadora y secadora nuevas las cuales siguen descomponiéndose? O tal vez ella necesita que vendas ese auto que tanto amas para financiar su sueño de una educación o un nuevo sueño de negocios. ¿Qué pasa si tu esposa necesita que sacrifiques tu orgullo y aceptes la ayuda que necesitas para superar esa adicción a la que te aferras para que pueda sentirse segura en su matrimonio y en tu amor por ella? Puedes estar dispuesto a sacrificar tu vida, pero ¿estás dispuesto a sacrificar menos de tu vida por lo que tu esposa necesita?

Hay una historia que el Dr. Mark Rutland comparte en sus sermones que demuestra este tipo de liderazgo desinteresado de una manera maravillosa. En una de sus innumerables sesiones de asesoramiento, el Dr. Rutland estaba asesorando a un esposo y una esposa que tenían desacuerdos y una gran cantidad de problemas. Como ejemplo, la esposa le explica al Dr. Rutland que necesita desesperadamente un auto nuevo. El auto que maneja actualmente se descompone constantemente, dejándola a ella y a sus tres hijos varados al costado de la carretera con mucha regularidad. Su esposo tiene un vehículo más agradable, pero lo utiliza para su trabajo, de modo que pueda dar una impresión profesional a sus clientes y empleadores. La esposa entiende que su esposo necesita un buen vehículo para sentirse exitoso en su carrera, por lo cual solo está pidiendo que su propio vehículo sea funcional. El esposo luego refuta y explica que está tratando de conseguirle un auto nuevo. Para que la familia tenga la mejor salud financiera, él siente que no necesitan obtener un préstamo para un automóvil nuevo, por lo que han estado ahorrando diligentemente para poder comprarle un buen automóvil en efectivo. Además, él es el jefe de la familia y está tomando una decisión para el mejoramiento de su familia a largo plazo y ella debe someterse a su decisión. Con eso, el Dr. Rutland se vuelve hacia la esposa y le explica que sí, que su esposo es el jefe de la familia y que debe respetar su decisión de comprar un automóvil en efectivo. El esposo se recuesta en su silla y sonríe con aprobación. Luego, el Dr. Rutland se vuelve hacia el esposo y le dice que, como líder de su hogar, es su responsabilidad hacer sacrificios para satisfacer las necesidades de su esposa. Si va a tomar la decisión de ahorrar y comprar un automóvil con dinero en efectivo, entonces también debe tomar la decisión sacrificial de darle a su esposa el automóvil funcional para conducir a su familia y él necesita tomar el automóvil que ella maneja.

Así es como se ve el liderazgo de servicio. Es poder tomar las mejores decisiones para tu familia, tanto física como espiritualmente, incluso si eso significa que la persona que tiene el extremo contundente eres tú, el esposo. Es una posición de sacrificio constante y muerte constante para uno mismo. Si el término "morir a uno mismo" suena duro, es porque lo es. Eso es exactamente lo que hizo Cristo en la cruz y exactamente lo que Cristo nos pide que hagamos en nuestros matrimonios como líderes.

Si el costo del liderazgo parece un precio que no puedes pagar por tu cuenta, entonces finalmente comprenderás la magnitud de lo importante que es depender de Dios para que te ayude a dirigir a tu familia y cuánto necesitas desesperadamente a tu esposa para que te ayude a librarte de las trampas de las que puedes estar ciego.

Todo hombre quiere tener éxito, porque el éxito trae consigo respeto. La única manera de tener éxito como esposo es dejar de lado tu orgullo y estar dispuesto a someterse a la autoridad de Dios.

EL LIDERAZGO NO ES ORGULLOSO

Todos quieren ser "el jefe". Porque el jefe está en la parte superior del timón. Ellos son los que les dicen a los demás qué hacer. Desafortunadamente, la mayoría de las personas en nuestra cultura confundirán jefe con líder y estos son dos roles totalmente diferentes.

Siendo el Jefe

Primero, la palabra "jefe" implica que alguien es más importante que otra persona. Pero un líder, un buen líder, es humilde. Reconocen que para lograr un objetivo común, el valor de las personas que lideran es tan alto como el valor de la persona que lidera. Después de todo, ¿de qué sirve un líder si no hay nadie para liderar?

Dejando de lado todas las opiniones políticas, piensa en los fundamentos básicos de la estructura democrática de Estados Unidos. El presidente es el líder de la nación. ¿Pero quién tiene el poder de nombrar al presidente? Esencialmente, son las personas a las que lidera las que le dan permiso para liderar. Puede tener el poder de tomar decisiones que afecten a todos en la nación, pero la decisión y el poder de elegir a esa persona está en la gente. El Presidente simplemente debe estar ejecutando una decisión que esté de acuerdo con la voluntad del pueblo. Es un equilibrio de poder donde dos partes trabajan juntas con dos conjuntos diferentes de responsabilidades para lograr un objetivo.

Lo mismo es cierto en el matrimonio. La posición de liderazgo de un esposo no lo hace más importante o más valioso que su esposa. Dios no le da mayor valor a un hombre que a una mujer; no tiene mayor valor un esposo que una esposa. Un hombre en general no puede lograr nada mayor que lo que una mujer es capaz de lograr. Un hombre puede realizar ciertas tareas "mejor" que una mujer, pero también debemos recordar que hay tantas cosas que una mujer puede realizar "mejor" que un hombre.

Dios nunca tuvo la intención de que la esposa tuviera que competir con su esposo. Tenía la intención de que la esposa completara al esposo, para complementarlo. Las mujeres no fueron creadas para hacer todo lo que un hombre puede hacer. Las mujeres fueron creadas para hacer todo lo que un hombre no puede hacer. En el momento en que determina en su corazón que su posición de liderazgo significa que lo que puede hacer es más valioso que lo que puede hacer su esposa, se ha perdido completamente el corazón de Dios. El problema nunca debe ser tu contra tu esposa. En cambio, es tu y tu esposa enfrentando la vida juntos.

> *"De la misma manera, ustedes esposos deben honrar a sus esposas.*
> *Trata a tu esposa con comprensión mientras vivan juntos.*
> *Ella puede ser más débil que tú, pero es tu pareja al igual que*
> *un regalo de parte de Dios a través de su vida. Trátala como*
> *deberías para que tus oraciones no se vean obstaculizadas."*
> *—1 Pedro 3: 7 (NTV)*

Tu esposa es una parte semejante en tu matrimonio. Además de eso, Dios incluso llega a decir que si tratas a tu esposa como si no fuera tu igual, tus oraciones se verían obstaculizadas. Guau. Es sorprendente para mí que Dios ponga tanto énfasis en que los esposos y las esposas tienen el mismo valor para Él y que instituya un costo por el mal uso de su papel si la trata de otra manera. La implicación aquí es que su habilidad para caminar en la medida completa de la victoria y el poder de Dios está en juego si abusa de su poder en su matrimonio.

LIDERAZGO DE SERVICIO

La segunda gran diferencia entre un jefe y un líder es que un jefe le dice a los demás qué hacer pero un líder no siempre puede delegarle todas las tareas a los demás.

El liderazgo no es vago. No significa que puedas apoyar los pies en el sillón, con un control remoto en la mano y ordenarle a tu esposa que te traiga una bebida. El liderazgo de servicio te llama a reconocer que tu esposa está agotada y a usar tu autoridad para decirle que apoye los pies en el sillón, le entregues el control remoto, le des un agua, termines de lavar los platos y pongas a los niños en la cama. También ten en cuenta que tu opinión sobre su agotamiento no es tan importante como podrías pensar.

No puedes asumir que tu esposa no tiene motivos para estar agotada o exhausta. Como líderes de servicio, si ella indica que está exhausta, los esposos debemos tomar eso en serio y actuar en consecuencia. Para ser un buen líder en tu matrimonio, debes liderar con amor y con una actitud de servicio.

> *"Esposos, hagan todo lo posible por amar a sus esposas, exactamente como lo hizo Cristo por la iglesia: un amor marcado por dar, no por recibir. El amor de Cristo hace que toda la iglesia sea completa. Sus palabras evocan su belleza. Todo lo que hace y dice está diseñado para sacar lo mejor de ella, vistiéndola con una seda blanca deslumbrante, radiante de santidad. Y así es como los esposos deben amar a sus esposas."*
>
> *—Efesios 5:24 (MSG)*

¡Ya! no hay nada más que se le pueda agregar a ese versículo. Si lo omitiste porque estaba hacia un lado y en cursiva, devuélvete y léelo. De hecho, léelo de nuevo de todos modos. Por lo general, a los hombres les toma varias veces escuchar algo antes de asimilarlo.

Tu tarea como líder es "sacar lo mejor de ella" y hacer que tu amor "la haga plena". Este es uno de los versos favoritos de Gloria acerca del matrimonio. Simplemente no hay nada más romántico para ella que la imagen que Dios pinta en este versículo. Como líder de servicio, todo lo que haces debe ser por amor a tu esposa con una actitud para servirle. Recuerda, no siempre es lo que haces, sino la razón por la que lo haces. Los motivos o los motivos percibidos son extremadamente importantes. Lo que te motiva a actuar es casi tan importante como tus acciones.

Para decirlo suavemente: mi esposa puede ser emocional de vez en cuando y muchas veces. Especialmente en mi matrimonio, Gloria ni siquiera sabe lo que necesita en esos momentos cuando está emocional. De hecho, lo que necesita puede ser muy diferente de lo que quiere. Hubo un momento al principio de nuestro matrimonio en el que tuvo una gran crisis y aparentemente perdió todo el control de sí misma. Lo que ella gritó que quería era que la dejara sola. Pero lo que realmente necesitaba era que yo tomara el control de la situación, la abrazara y le dijera que todo iba a estar bien. No tengo ningún poder sobrehumano para leer su mente. Solo supe que hacer porque cuando Gloria estaba cuerda, me dijo: "Robert, si alguna vez me asusto y me derrumbo, no importa lo que te diga, lo que realmente necesito es que tomes el control de la situación, me abraces y me digas que Todo va a estar bien."

En este caso, tengo que ser capaz de discernir qué es lo que realmente le sirve mejor: dejarla sola luchando contra una crisis por sí misma según ella me lo pida o estar ahí para ella a pesar de que ella me aleje. Al igual que la sumisión no significa que mi esposa es mi sirviente contratada, ser un líder de servicio no significa que yo soy el sirviente contratado de mi esposa. Los sirvientes contratados no están facultados ni tienen la autoridad para responder adecuadamente ante lo que se solicita y lo que realmente se necesita. Cada matrimonio es diferente y cada individuo es diferente. Debes poder comunicarte con tu esposa y tu esposa debe poder comunicarse contigo para determinar qué necesita cada parte en comparación con lo que se dice a la ligera durante el día o durante una situación emocional.

REHUSANDOSE A LA AMARGURA

Se hace muy difícil liderar con amor y con una actitud de servicio cuando la esposa se niega a cooperar. Como hombres, deseamos tener éxito y no hay nada que nos haga sentir mas infructuosos como cuando tratamos de liderar con amor y servir a nuestras esposas pero ellas continúan faltandonos el respeto y luchando por la autoridad en la familia. Es aún peor, si nuestras esposas pecan de tal manera que no solo marchitan las expectativas de Dios sino que también te marchitan a ti como esposo o a tu matrimonio en general. Creo que es por eso que Dios menciona específicamente el papel de la amargura en nuestras partes:

> *"Esposos, amen a su esposa y no se amarguen contra ella."*
> *–Colosenses 3:19 (RVA- 2015)*

Ese versículo no es condicional y no usa los términos "a menos que" o "solo cuando". Es una orden que se aplica en todos los casos. No está en la naturaleza del ser humano querer sujetarse a otra persona. Es una opción más fácil para un cristiano sujetar su voluntad a la Voluntad del Padre porque Él es perfecto y omnisciente. Es mucho más difícil para una esposa sujetarse a su esposo porque su esposo no es perfecto ni lo sabe todo (lo sé, muchachos, eso duele). Es un proceso por el cual Dios lleva a una esposa para poder darse cuenta y comprender los beneficios de sujetarse a su esposo.

Si estás "haciendo tu parte" y amas a tu esposa de la mejor manera posible de acuerdo al diseño de Dios y ella aún no está poniendo de su parte, podrías sentirte tentado a rendirte antes de tiempo y volverte amargado hacia tu esposa por no seguir tu liderazgo. Pero, anímate. Es crucial que no renuncies durante este proceso. Continúa demostrándole amor y una actitud de servicio y ora por ella. Tu fidelidad a la Palabra de Dios será el catalizador que cambiará su corazón.

SUJETOS A DIOS

No existe una cantidad de comunicación o asesoramiento con tu cónyuge que pueda reemplazar lo que una relación genuina e íntima con Dios puede hacer por su matrimonio. No estoy hablando de cuánto oras por tu matrimonio o qué tan comprometido estás para ir a la iglesia. Tampoco digo que su matrimonio dependa de su capacidad para dirigir un estudio bíblico familiar todas las semanas o seguir todos los mandamientos de Dios sin problemas todos los días. Lo que digo es que encontrar una relación real con Dios es vital para tu vida en la tierra y la eternidad.

Solo Dios, a través de Jesús, tiene el poder de ir más allá y realmente transformar el corazón por encima del comportamiento. Mientras más permitas que Dios te transforme a su imagen, mejor esposo y hombre serás. La buena noticia aquí es que no importa cuán difícil pueda parecer este rol, viene con el mejor plan de apoyo de todos los tiempos. El que puso la expectativa es también el que nos da el poder para vivirla. Sin embargo, esto solo es posible con una relación íntima con Él.

No me refiero a una religión ni al seguimiento de reglas: orar todos los días, leer la Biblia, ir a la iglesia, no fumar / no beber / no ver pornografía, etc., Todos esos comportamientos eventualmente se alinearán con las expectativas de Dios a medida que tu te acerques a Él. Pero si solo haces esas cosas y no tienes una relación real con Dios, entonces podrías convertirte en un legalista autoritario. Además, hacer esas cosas en tu propio esfuerzo es como activar una bomba de tiempo. Eventualmente se disparará porque la carne simplemente no es capaz de vencer por si sola. Necesitamos a Cristo.

Lo que necesitas es amar a Dios genuinamente, no solo las cosas de Dios, sino un amor por Dios mismo. Este amor está probado y demostrado por tu deseo de tener una relación íntima con Él.

Imagina una relación perfecta con tus hijos. ¿Es una relación donde el niño sigue todas tus reglas? ¿Qué pasa si siguen todas tus reglas pero nunca te hablan a menos que estén pidiendo algo que quieren? O si siguen todas tus reglas pero nunca te hablan, ¿no saben nada de ti y no les importa estar cerca de ti o preocuparse por ti personalmente? ¿Sería esa tu relación ideal con tus hijos? Si tus hijos crecen y se separan de ti, pero son personas que siguen todas tus reglas y tienen éxito en la vida, ¿por qué no es esto suficiente para una relación de padre e hijo "ideal"? ¿Qué hace falta?

Es el aspecto de relación lo que hace falta. Estoy seguro de que, como padres, estarían felices de que sus hijos crecieran para tener éxito, pero todos los padres que he conocido desean tener una relación personal con sus hijos. Aman y se preocupan por sus hijos y quieren que sus hijos les devuelvan ese amor. La mayoría de los padres desean que sus hijos adultos quieran pasar tiempo con ellos y hablarles sin motivos ocultos.

Si esto es cierto para las relaciones terrenales entre padres e hijos, ¿por qué no sería así para nuestra relación espiritual Padre e hijo? Dios desea que guardes todos Sus mandamientos y tengas éxito en tu vida, sin que te alejes de Él. Dios desea una relación real, caminar contigo y hablarte. Él desea que lo ames, que quieras pasar tiempo con Él y que escuches Su voz.

Es a través de este tipo de relación que podrás someterte a Dios. Cuando entiendes Su amor por ti, puedes confiar en Él para que te guíe en todos los aspectos de tu vida. Es a través de tu sumisión a Dios que no solo podrás liderar con el ejemplo sino también ayudar a tu esposa a confiar en ti. A medida que permites que Dios te guíe, ella estará más dispuesta a dejarte guiarla.

> *"Jesús le dijo: Amarás al Señor tu Dios con todo tu corazón y*
> *con toda tu alma y con toda tu mente."*
> *—Mateo 22:37 (RVA- 2015)*

ESTABLECIENDO LA PRESENCIA DE DIOS EN TU CASA

Una vez que Dios se establece en tu vida, la siguiente fase es guiar a tu familia a establecer a Dios en su hogar. Esto puede ser diferente para cada familia. Independientemente de cómo elijas establecer a Dios en tu hogar, el resultado final debe ser que están haciendo evidente la verdad y la sabiduría de Dios fuera de las cuatro paredes de la iglesia. Ya sea a través del estudio estructurado de la Palabra, tiempos cotidianos de oración familiar, el diálogo continuo de la visión bíblica en cuanto a las situaciones o conversaciones a lo largo del día. Hay muchas maneras de asegurar que tu relación con Dios se transmita a tu familia.

Lo que sí quiero aclarar es que esto no significa que debas convertirte en "alguien raro he híper espiritual". Muchas personas, especialmente los hombres, tienen una mentalidad de "Alcanzarlo todo o sino rendirse". Piensan que si no pueden leer la Palabra y orar durante dos horas al día o si no saben cómo o no pueden dirigir un estudio bíblico basado en la familia todas las semanas, no tiene sentido intentarlo . Comienza donde estás con algo que sea un pequeño paso en la dirección correcta. Ora el Padre nuestro con tus hijos antes de acostarse es un gran paso en la dirección correcta. En su libro, "21 segundos para cambiar tu vida", el Dr. Mark Rutland estima que solo toma veintiún segundos decir el Padre nuestro.[1] Que veintiún segundos al día podrían cambiar tu vida y la de tu familia.

El punto no es establecer un hogar religioso tirano, rígido y de la vieja guardia. El punto es llevar el amor de Dios a la casa y a las conversaciones cotidianas con tu familia. No tienes que volverte fanático con eso, pero tampoco quieres hablar de Dios o mostrar su amor sea algo inusual en tu casa.

SE UN LÍDER DE SERVICIO PARA TU ESPOSA

Como líder de servicio, tu responsabilidad principal es proteger a tu esposa y familia del daño espiritual, mental, emocional y físico. Esto requiere un equilibrio entre defender firmemente lo que tu familia necesita y servir humildemente para guiarlos en la dirección correcta. Ten en cuenta que las personas, especialmente las mujeres, se mueven más fácilmente en una dirección cuando son tratadas con amor que cuando son forzadas con presunta autoridad.

Hace varios años, Gloria y yo tuvimos una pelea masiva. Ella se negó rotundamente a hacer cualquier cosa que yo le pidiera que hiciera. Me trató mal y continuó sin respetarme el resto de la noche. Ni siquiera recuerdo por qué estaba tan molesta (lo cual no es inusual), pero supongo que ese día estaba de mal humor (admitirá eso si le preguntas). Por lo general, no tengo la paciencia para lidiar con ese tipo de situaciones, pero esta vez, decidí intentar un enfoque diferente para el argumento. En lugar de discutir cuando obviamente ella ya no estaba pensando lógicamente, decidí servirle. En medio de sus ofensas y mala actitud, limpié la casa, acosté a los niños, le llevé su cena a la cama junto con una nota de agradecimiento y una flor, le llevé agua y Tylenol, le arreglé la cama, le puse algo de música relajante y le pregunté si necesitaba algo más. No se quebrantó de inmediato, pero después de varios minutos después de que la situación había empeorado, terminó disculpándose. Fue muy sorprendente para mí. Si hubiera tratado de "ganar" el argumento, ella habría luchado más y la situación se habría intensificado. Pero ella dice que fue mi servicio, incluso en medio de la hostilidad, lo que suavizó su corazón y la hizo darse cuenta de lo equivocada que estaba por tratarme como lo hizo.

El Pastor Robert Morris dijo una vez que Dios le habló durante una discusión y le preguntó "¿Quieres tener la razón o quieres estar bien con?".[2] ¿Con quién? bien con tu esposa y bien con Dios. Recuerda, cuál es tu motivación. ¿Estás motivado a tener la razón o estás motivado por el amor a tu esposa? Morir a sí mismo a menudo significa que renunciamos a nuestros objetivos de tener la razón por el objetivo más gratificante de estar "bien con".

En ese escenario, pude proteger a Gloria de un mayor daño emocional al humillarme y servirle, incluso cuando no era yo quien necesitaba disculparse por nada. Los hombres pensamos que es nuestra fuerza bruta la que nos convierte en protectores adecuados. Aunque nuestra fuerza física tiene ventajas en la protección de nuestras familias, la mayor parte del tiempo es nuestra voluntad de abandonar nuestro orgullo y convertirnos en sirvientes de nuestras familias lo que tiene el mayor poder para protegerlas.

ESTA BIEN ACEPTAR LAS DEBILIDADES
No tengas miedo de delegar. Anteriormente en este capítulo dije que ser un líder no significa delegar todas tus tareas a tu esposa. Ser un líder tampoco significa asumir responsabilidades en las que sabes que no eres bueno. Tu esposa es tu compañera y ayuda. Es una sociedad. Si hay áreas en las que ella es mejor que tú, entonces está bien pedirle que se encargue de esa área de su vida. Nuevamente, lo que maneja el esposo y lo que maneja la esposa diferirá para cada matrimonio dependiendo de qué cónyuge sea mejor en qué tareas.

LEVANTA EL AUTOESTIMA DE TU ESPOSA
Sé que esto te va a sorprender, pero me han dicho que la mayoría de las mujeres son profundamente inseguras.[3] Incluso las mujeres que parecen seguras y "fuertes" tienen un alto nivel de inseguridad. Es algo en su naturaleza. Saber esto hace que su necesidad de sentirse segura en el matrimonio y en la vida tenga aún más sentido.

Dicho esto, es posible que muchas mujeres nunca sientan que pueden creer en sí mismas ni alcanzar su potencial sin el apoyo o ánimo de otra persona.

Puede haber muchas personas y mentores que puedan animar la vida de tu esposa, pero nada de eso significará la mitad de lo que es para ella poder tener el apoyo y el ánimo de parte de su esposo. Cuando tu, como su esposo, eres capaz de reconocer sus habilidades y talentos y la animas a perseguir sus sueños, la elevas a un nivel inigualable.

COMO CASARSE CON UN LÍDER SERVIDOR

Gloria repasará estos puntos con más detalle en el próximo capítulo, pero a modo de resumen, aquí hay algunas sugerencias si te encuentras en una situación en la que tu esposo no está asumiendo el papel de líder de servicio.

Primero, déjalo liderar. Esto puede sonar obvio para ti, pero tu esposo no puede tener la oportunidad de liderar si el puesto no está vacante. Si deseas que tu esposo sea un líder, debes abandonar ese rol sin tratar de tomar el control en el momento en que sientas que él pueda que vaya a tomar una decisión equivocada.

En segundo lugar, edifica su confianza. Si tu esposo carece de confianza o no sabe cómo liderar efectivamente, anímalo con amor para que tome la iniciativa. Te sorprenderás cuánto puede lograr un hombre cuando hay una mujer (que no es su madre) que cree en él.

Tercero, sé su compañera de ayuda. Una vez que hayas desocupado el puesto de liderazgo y alimentado su confianza para intentar liderar, no lo dejes solo para que se desanime. Dios te creó para que seas una compañera de ayuda, así que si hay que tomar una decisión difícil, proporciona tu opinión y sugerencias. Decirle a tu esposo qué decisión tomarías no significa que él no tome la decisión final. Dile tus opiniones y luego hazle saber que respaldas cualquier decisión que tome, y luego (aquí hay una gran decisión) realmente apoya cualquier decisión que tome.

Esto nos lleva al último punto. Menospreciar los fracasos. Sé que esto parece contraproducente. Pero en la mayoría de los casos, si tu esposo toma la decisión equivocada, él lo sabe. Puede que no lo admita o no quiera hablar de ello, pero ya lo sabe. Lo último que necesita es que su esposa se lo restriegue. Esto solo servirá para derribarlo. Si falla, no se lo recuerdes, solo vuelve a animarlo para intentar liderar nuevamente.

Como esposa, tú eres la mejor ayuda que Dios podría crear fuera de sí mismo. Reconoce dónde necesita ayuda tu esposo de acuerdo con la estructura de Dios para el matrimonio y ayúdalo en esas áreas. Puede ser llamado para dirigir a la familia, pero no puede liderar sin ti.

TAPETES

#sumision

cultura • Las mujeres son iguales a los hombres y pueden hacer
todo lo que el hombre puede hacer
contra-culture • Las mujeres son tan valiosas como los hombres y pueden
hacer todo lo que los hombres no pueden hacer

cuatro

TAPETES

(escrito por Gloria)

Si te pareces a mí y tiendes a juzgar un libro por su tema más interesante o controversial, es posible que hayas llegado a este capítulo antes de leer el capítulo anterior acerca del liderazgo. Este es un capítulo difícil. Aborda conceptos e ideas que la mayoría de las mujeres modernas rechazarán de inmediato, especialmente si se leen fuera de contexto. Sin embargo, antes de rechazar este capítulo por completo, te ruego que te asegures de haber leído el capítulo anterior (Capítulo 3: Dictadores), ya que la idea de la sumisión femenina se comprende mucho más fácil cuando somos conscientes del tipo de liderazgo al que Dios designó que nos sujetemos.

Sumisión. Es sorprendente cómo una palabra puede evocar una diversidad de emociones, opiniones y perspectivas. Según mi experiencia (Gloria), cuando la mujer moderna típica escucha esa palabra, algo en ella se pone inmediatamente a la defensiva, a veces violentamente a la defensiva. Lo sé porque yo no era la excepción.

Desde que tengo memoria, he sido la mujer más independiente, "decidida" e irrespetuosamente abierta que podrías conocer. No había ninguna persona o posición autoritaria contra la que dudara enfrentarme. Sujetarme a la autoridad legal y laboral fue una lucha seria para mí, por lo que someterse a un esposo que se suponía que era mi igual era totalmente absurdo.

Robert y yo nos casamos a la temprana edad de 19 años, recuerdo cuando asistimos a nuestras sesiones de asesoramiento prematrimonial. Era obvio que habíamos pensado bien en nuestra relación y en nuestro futuro, y no éramos como niños pequeños que se casaban por capricho. Todo parecía progresar bien hasta que el consejero comenzó a discutir el concepto de una esposa sumisa conmigo. No lo quería entender. Pensaba que el tipo obviamente vivía en la edad oscura y si pensó por un segundo que yo iba a ser un tapete y dejaría que mi esposo hiciera lo que quisiera, estaba loco. No hace falta decir que dejé muy en claro que el tipo obviamente no sabía de qué estaba hablando y que nunca volvimos para terminar nuestro asesoramiento.

Sé que este puede ser un tema extremadamente difícil para las mujeres. No soy una chica conservadora naturalmente, dulce y de voz suave, a quien la madre de "Leave it to Beaver" le enseñó a cocinar en casa y a nunca cuestionar a sus mayores. Someterme (a cualquiera) es una batalla con la que lucho con cada fibra de mi carne. Aunque mi opinión sobre la sumisión ha cambiado por completo, aun no es algo que fluye naturalmente. Así que este capítulo es tanto para mí como para todas las esposas.

Es solo a través de la revelación (e ironía) de Dios que una niña cuyo mayor "defecto" lo sometió a la autoridad y es ahora una de las mayores defensoras del respeto a la autoridad y esto incluye el papel de la "esposa sumisa". Oh, si todos mis maestros, jefes, consejeros y amigos pasados pudieran escucharme decir eso, se sorprenderían. Mientras continúo explicando la revelación que Dios me dio, mi oración es que estés dispuesta a tener una mente abierta y considerar honestamente el argumento de sumisión que se presenta en el resto de este capítulo.

En el extremo opuesto del espectro, si eres una mujer que ha asumido el papel de una esposa sumisa y ha interpretado que "sumisa" significa que debes limpiar, cocinar, tener bebés y hacer lo que se le ordena, entonces oro para que este capítulo te ayude a asumir un papel más dinámico como la mujer y la esposa que Dios te ha llamado a ser.

¿QUE ES SUMISIÓN?

"Esposas, estén sujetas (sean sumisas y se adapten) a sus propios maridos como [un servicio] al Señor."

−Efesios 5:22 (NVI)

La palabra "someter" en estos versículos es la palabra griega, "hypotasso", que significa "ordenar debajo".[1] Verás en la definición de "hypotasso", que lo que no dice es que el lado "sumiso" es más débil, menos competente, menos importante o tiene un papel menos impactante.

En un mundo perfecto donde nadie está en desacuerdo, estaría bien decir que tú y tu esposo aportan "por igual" y toman decisiones "por igual". Pero seamos realistas. Probablemente hay muchas situaciones en las que tu y tu esposo no están de acuerdo. Entonces, ¿quién realmente toma la decisión final? Mi observación es que en una relación donde los roles de liderazgo y sumisión no están establecidos, el cónyuge que es el más ruidoso y el más persistente tiene la última palabra. Entonces, ¿es realmente "igual" o cada decisión simplemente la toma la persona que supera a la otra?

Cada sociedad debe tener un desempate. Un sistema establecido para decidir quién toma la decisión final si las partes parecen no estar de acuerdo. Afortunadamente, no debemos preocuparnos por cómo se supone que eso sucedería en nuestros matrimonios. Dios ha establecido un estándar. Él ha ordenado que las esposas se pongan en "orden" bajo sus esposos y las apoyen en unidad.

PORQUE SUJETARSE

Para que estén realmente unidos como una pareja casada, uno de ustedes TIENE que estar dispuesto a organizarse en unidad bajo su cónyuge, y es la esposa quien tiene el privilegio de ser el sistema de apoyo que evita que la casa se desmorone. ¿Aún no estás convencida de que realmente te gusta la idea de ser una esposa sumisa? Hay muchas otras formas de ver el argumento de la sumisión.

No Creadas para el Estrés

Nosotras, las mujeres, me hacen reír a veces- nuestra ironía. Insistimos en hacer todo nosotras mismas y tomar nuestras propias decisiones, porque creemos que sabemos lo que nos hará felices. Pero observa el estado de las mujeres en la sociedad actual: a una de cada cuatro mujeres se les receta un medicamento para la salud mental y los antidepresivos son los más comúnmente utilizados.[2] Estamos deprimidas, ansiosas y estresadas. Estamos abrumadas y, sin embargo, nos negamos a dejar que alguien tome las riendas. Nos decimos que podemos manejarlo, pero luego nos encontramos acurrucadas en la esquina del baño llorando a punto de abandonarlo todo (o tal vez solo fui yo).

NOTICIA DE ÚLTIMA HORA. No fuimos creadas para "manejarlo" todo nosotras mismas. No estábamos preparadas para ser capaces de llevar la carga emocional de hacer todo logísticamente, entregándolo todo emocionalmente y luego también llevar la carga de tomar cada decisión importante en nuestras vidas.

El matrimonio es un chaleco salvavidas para la cordura emocional de una mujer. No es un espectáculo individual. Si fuera así, ¿para que te casaste? Si pudieras ejecutar todo tú misma, ¿por qué no permanecer soltera y hacer lo que quieras con tu vida y tomar tus propias decisiones? El matrimonio es una unión ordenada por Dios para ayudarte a ti y a tu cónyuge a cambiar el mundo a su alrededor de manera más efectiva que si estuvieras soltera. Y si ese es el caso, entonces debe haber algún beneficio adicional, el cual Dios tenía en mente, más allá de que simplemente tuviéramos un compañero.

¿Y qué tal si uno de los principales beneficios del matrimonio es remover algunas de las tensiones que consumen a las mujeres de forma innata, y ponerlas sobre el esposo, quien puede ser más capaz de lidiar con esas tensiones porque él no se permite dejarse llevar por emociones? La mayoría de las mujeres tienen que pensar y analizar demasiado todo, a veces, necesitamos poder confiar en otra persona para que tome la decisión por nosotras. Quizás sujetarte a tu esposo es la forma en la que Dios te protege de ti misma, pero debes estar dispuesta a hacerlo antes de poder comenzar a ver los beneficios.

Si no por tu Esposo, entonces por Dios

Si no eres realmente el tipo de mujer que se encuentra estresada y abrumada, entonces aquí hay una perspectiva completamente diferente al argumento de sumisión. Lee Efesios 5:22 nuevamente.

> *"Esposas, estén sujetas (sean sumisas y se adapten)*
> *a sus propios maridos como [un servicio] al Señor."*
> *—Efesios 5:22 (NVI)*

Es casi como si Dios estuviera diciendo "como un favor para Mí, cambia tu actitud y apoya a tu esposo para el beneficio de tu esposo". Quizás Dios está reconociendo que los esposos necesitan una gran cantidad de ayuda y apoyo e incluso así ellos no lo sepan ni lo merezcan, debes someterte voluntariamente a tu esposo por obediencia a Dios. Al final del día, ser una mujer sumisa no es solo para el beneficio de tu esposo, sino también para el tuyo.

Descubrí, por experiencia y observación personal, que las mujeres que tienen problemas para someterse a sus esposos también tienen problemas para someterse a otra autoridad con la que están totalmente en desacuerdo. En la parte superior de este orden de autoridad está Dios. Si tu, como esposa, te niegas a someterte a tu esposo, entonces te niegas a someterte a Dios, y eso solo te impedirá tener gozo y paz en todas las facetas de tu vida.

La Sujeción es un Mandamiento

Ya sea que tengamos ganas de vivir nuestras vidas estresadas y "solas" o no, si nuestro deseo es vivir nuestras vidas para Jesús, eso significa obedecer Sus mandamientos. Si estamos firmemente en contra de la idea de someternos a nuestros esposos, eso significa que de alguna manera, hemos determinado que la sumisión es una opción. La idea de que la sumisión es una elección, es un gran error. La sumisión es un mandamiento. No es una preferencia, sentimiento ni sugerencia. Esa es una declaración difícil de tragarse (al menos para mí).

Solo porque no me gusta la idea de sumisión, o simplemente porque no se alinea con mi filosofía de empoderamiento de la mujer, o simplemente porque me hace sentir que me estoy rindiendo y que soy débil, no significa que la regla no se aplica a mí ... ni a ti. Debido a que la cultura se ha alejado de la idea de sumisión o le ha dado un giro negativo, no lo hace menos aplicable. No podemos abrir la Biblia y solo quedarnos con las escrituras que nos gustan y luego pretender que las escrituras que no nos gustan, no existen. Simplemente no funciona así.

En una observación aún más profunda, si te llamas cristiana y dices que Jesús es el Señor de tu vida, esto significa que Él gobierna tu vida y te sometes a su voluntad. Entonces al no someterte a tu esposo, estarías viviendo en desobediencia a Dios. Es a través de la obediencia que nos acercamos a Dios y Él nos lleva más lejos hacia el destino y el propósito que tiene para nuestras vidas. Entonces, al final, puedes estar sacrificando tu propio destino si continúas rebelándote contra el concepto de la sumisión. Esto no está destinado a ser una acusación, sino simplemente para dar a conocer la gravedad del problema. Está destinado a brindarnos una oportunidad (mujeres y esposas) para examinarnos a nosotras mismas.

El Cambio es un Proceso

En un matrimonio donde se establecen tanto el rol de liderazgo [servidor] (como se describe en el Capítulo 3) como el rol de sumisión, la sumisión es más fácil en la mayor parte. No es una gran lucha para una esposa someterse a un esposo que ha demostrado que él es un líder de servicio, sacrificando constantemente lo que desea y tomando decisiones guiadas por Dios que realmente cree que son las mejores para su familia. En este tipo de matrimonio, la esposa se siente afirmada y protegida por su esposo y, por lo tanto, se siente segura al someterse a su autoridad.

Pero la mayoría de los matrimonios no comienzan de esta manera. El mío no lo hizo. Los primeros años de nuestro matrimonio, fueron una lucha de poder constante: tratar de tomar decisiones "por igual" pero terminar dando el poder de decisión al último en pie. Yo (Gloria) estaba obligada y decidida a no dejar que Robert tomara una decisión que sentía que no era la correcta. Pero no era la única que luchaba con mi "papel". Durante esos años, Robert tenía un pasatiempo muy caro de automóviles y le encantaban los dispositivos electrónicos más recientes, los cuales no encajaban bien con el nivel de ingresos de dos chicos universitarios pobres. No hace falta decir que Robert batalló con la parte de ser un líder "servidor" y de tomar las mejores decisiones para la familia. ¿Entonces, qué? ¿Me excusaron de permitirle el privilegio de tener la última palabra? ¿Fue su incapacidad para tomar decisiones sabias o sacrificarse en su estilo de liderazgo lo suficiente como para justificarme en mi renuencia a ser una esposa sumisa? Lamentablemente no.

El requisito de sumisión no es nulo solo porque el esposo no está cumpliendo su papel correctamente. Si tu matrimonio aún no opera en la estructura ideal de servidor-líder / sumisión, hay un proceso para llegar allí. A veces es un proceso difícil. Gran parte de aprender a ser una esposa sumisa o un líder espiritual es a través de la revelación y transformación que solo Dios puede llevar a cabo a través de la oración y un corazón dispuesto. Este es el proceso de madurar espiritualmente. El problema es que, en muchos casos, ambos cónyuges no están en la misma jornada espiritual al mismo tiempo. A veces, es un cónyuge que recibe una revelación y está llamado a comenzar a practicar la obediencia en su papel marital antes de que el otro cónyuge se preocupe por unirse a la jornada. Esto significa que el cónyuge que elige someterse a Dios primero debe confiar en que Dios cambiará el corazón de su cónyuge y continuará caminando en obediencia independientemente de las acciones de su cónyuge. Esta será una temporada especialmente desafiante, pero es la definición misma de la fe. "La fe es la sustancia de las cosas que se esperan, la evidencia de las cosas que no se ven" (Hebreos 11: 1 RVA). Esta es una situación ejemplar de cuándo debes ejercer tu fe. Debes dar un paso en obediencia con fe en que Dios lo pondrá todo en orden, incluso cuando la evidencia de tu situación te diga que tu familia no podrá resistir los resultados de una mala toma de decisiones.

Después de todo, ¿cuál es tu otra opción? ¿Continuar caminando en desobediencia, mientras que tu cónyuge también camina en desobediencia?

Dos errores no hacen un acierto. En el ámbito espiritual, al menos una persona tiene que caminar en obediencia y orar para que Dios comience a hacer un trabajo en esa situación en particular. Tiene que comenzar con alguien y si tu cónyuge aún no ha recibido la revelación de su papel en el matrimonio, entonces la carga de comenzar el proceso recae sobre ti.

CONCEPTOS ERRÓNEOS SOBRE LA SUMISIÓN

Digamos que has llegado muy lejos con el libro y que estás dispuesta a explorar más esta idea de la sumisión, pero todavía hay muchas nociones preconcebidas sobre ser una esposa sumisa que no te sientan bien. Hay varios conceptos erróneos que rodean la idea de la sumisión. No sé si podemos cubrirlos todos, pero definitivamente podríamos sumergirnos en algunos de los más destacados.

La Sumisión no puede ser Forzada

No puedes hacer que tu cónyuge cumpla su papel en el matrimonio, al igual que no pueden obligarte a cumplir el tuyo. Todos hemos escuchado el escenario: un esposo y una esposa tienen una discusión acalorada y el esposo finalmente grita "¡No leas la Biblia, tienes que someterte, soy el jefe de esta familia!" Si bien lo que dice es cierto, está equivocado (peligrosamente equivocado) en su enfoque, y muy bien podría sufrir grandes daños para su salud al hacer tal comentario. La sumisión se debe hacer con disposición. Nosotras, las esposas, tenemos que elegir someternos. No se nos puede forzar. Leamos Colosenses 3: 18-19 nuevamente:

> *"Esposas, estén sujetas a su esposo como conviene en el Señor. Esposos, amen a su esposa y no se amarguen contra ella."*
> *—Colosenses 3: 18-19 (RVA-2015)*

Lo que este versículo no dice es: "Esposos, hagan que sus esposas se sometan a ustedes, como corresponde al Señor". No está en el carácter de Dios forzar a alguien a relacionarse con Él u obedecerle. En cambio, Dios continúa amando a la humanidad y espera pacientemente a ser invitado a sus vidas.

Cómo cubrimos anteriormente en el libro, un esposo es representante de Cristo y la esposa es representante de la iglesia. Entonces, a medida que el esposo refleja a Jesús y su carácter, también debe comprender que su esposa tiene que estar dispuesta a someterse a él. Las mujeres nunca deberían verse obligadas a someterse fuera de su voluntad.

Pero, ¿Y Si Él Esta Equivocado?

En última instancia, elegir someterse a tu esposo en obediencia a Dios significa que estás confiando en Dios, incluso si no necesariamente confías en tu esposo. La mayoría de las veces, todo el concepto de sumisión asusta a las mujeres porque tenemos tanto miedo de que si dejamos que nuestros esposos comiencen a tomar la decisiones finales, que incluso con nuestros argumentos muy racionales, tomarán decisiones que arruinarán nuestras vidas. Sí, puede haber algunas decisiones que causen consecuencias que afectarán a toda la familia durante una temporada. Esa es parte de la carga para el hombre mientras aprende a liderar. Pero las mujeres debemos dejar de lado la idea de que todo en la vida debe ser perfecto y aceptar que, en lo que respecta a la sumisión, está bien que se pierdan algunas batallas para que se pueda ganar la guerra por tu matrimonio y tu familia.

Puede que tengas razón sobre una determinada decisión. Es posible que tu esposo esté fuera de curso y que no esté buscando a Dios tanto como tú en cuanto a qué dirección tomar. Tienes dos opciones:

La primera opción: Demandar y exigir que se haga a tu manera, destruyendo así la oportunidad que él tiene de aprender a ser un líder. Al hacer esto, también disminuyes cualquier posibilidad de que él aprenda por experiencia a verdaderamente respetar y valorar tus opiniones. Además, destruirás su confianza en sí mismo para tomar decisiones y liderar a su familia, ó le darás razones para construir un muro de amargura. La falta de confianza y el muro de amargura pueden evitar que él quiera salir del trabajo o impedir que asimile lo que Dios lo ha llamado a hacer. Y en cuanto a ti, te pusiste encima la carga de esa decisión, te estresaste peleando por ella y causaste tensiones innecesarias en tu hogar. A lo largo del camino, este escenario termina mal para todos: terminaras demasiado estresada para ir tras lo que Dios tiene para ti, tu esposo tendrá baja su autoestima y no podrá ir tras lo que Dios tiene para él, tu matrimonio estará lleno de tensión y luchas y tus hijos no experimentaran un hogar tranquilo. En cambio, crecerán viendo a sus padres pelear en lugar de buscar a Dios y seguirlo en obediencia.

O -

La segunda opción: a pesar de que sabes que él está tomando una decisión equivocada, después de haber planteado tu opinión [respetuosamente], dices: "No creo que esa decisión sea una buena idea, pero si realmente sientes que es lo mejor para la familia, entonces te apoyaré y te ayudaré a lograrlo ". Primero, se CONMOCIONARÁ, luego su confianza se disparará por lo alto porque tiene una esposa que confía en él y lo respeta lo suficiente como para seguir su liderazgo. Cuando ya no tenga que "pelear" para salirse con la suya, se dará cuenta de que realmente no quiere tomar una decisión equivocada, especialmente ahora que la responsabilidad de esa decisión está puesta en sus manos o seguirá adelante con su mala decisión. Al cabo del tiempo, cuando cae en cuenta de que tomó la decisión equivocada (y que no lo confrontaste con un "Te lo dije"), entenderá que liderar a la familia y "tomar" las decisiones finales es una carga que no puede llevar solo. Con esta revelación, tu esposo comenzara a depender más de Dios para que lo ayude a liderar, aprenderá que realmente debería valorar tu opinión mucho más de lo que lo hizo y tomará mejores decisiones la próxima vez. Aunque toda la familia tendrá que soportar una temporada poco ideal debido a una mala decisión, esa temporada pasará. Dios aun tendrá el control y honrará tu voluntad de ser obediente a Él y continuará bendiciendolos a pesar de la mala decisión de tu esposo. Además de todo eso, sus hijos podrán presenciar el intercambio de amor, respeto y humildad dentro de su matrimonio, el cual llevarán por siempre en sus propias vidas.

No todos los escenarios funcionarán exactamente como las dos opciones anteriores. Pero en general, tienden a asemejarse a estos ejemplos. Podrías ganar la batalla con la primera opción y perder la guerra o podrías perder la batalla con la segunda opción pero ganar la guerra.

Incluso al escribir este capítulo, Robert cortó muchas declaraciones que consideraba que eran palabrerías. Yo no estaba de acuerdo. Las escribí porque verdaderamente pensé que contribuirían al punto. Pero al final del día, no tengo que estresarme al respecto. Confío en que Robert y yo nos hemos dedicado a orar sobre las palabras en este libro y si Dios hubiese sentido que algo era absolutamente necesario para probar un punto en este capítulo, entonces estoy segura de que Dios habría ordenado a Robert que dejara esas "palabrerías" aquí. Si Robert está equivocado, confío en que aún así, Dios obrara para el beneficio de Su Reino. Por otro lado, tiendo a divagar, así que quizás él les hizo un gran favor (a nuestros lectores) y deberían aplaudir la estructura de liderazgo/ sumisión en nuestro matrimonio porque probablemente les ahorró mucha lectura innecesaria.

Al final del día, si no puedes confiar en que Dios, el creador del universo entero, el Alfa y la Omega, el que puede ver el principio hasta el final y todo lo demás, sabe lo que estás haciendo, entonces ¿en quién puedes confiar? Lo que Él dice puede parecer contrario a tu existencia, puede que no tenga sentido lógico ni emocional, pero ser obediente a Dios siempre te llevará a donde quieres estar, física y emocionalmente.

Tu no Eres una Sirvienta Contratada

Aquí es donde obtenemos el título del capítulo "Tapetes". Si tuviera que elegir la idea más errónea y más grande sobre la sumisión, sería esta, esa sumisión significa que tú eres una servidora SCB- Servidora Con Beneficios (sí, me inventé ese acrónimo). Esta es la idea errónea que dice que una "esposa sumisa" es una esposa que cocina, limpia, cuida a los bebés y tiene relaciones sexuales con su esposo siempre, pero por otro lado renuncia a su derecho de opinar acerca de todas y cada una de las decisiones de la vida.

La sumisión no significa que desechas tu voz y cuando tu esposo pide agua, saltas y vas por ella, trayéndosela con la cabeza inclinada. Esa es una sirvienta o una esclava, no una esposa sumisa.

Cuando Dios creó a la mujer, fue para "hacer de ella una ayudante adecuada para él [hombre]" (Gen 2:18 RVR 1960). Adán ya estaba a cargo de todos los animales de la tierra, no necesitaba otra criatura a la que pudiera controlar. De hecho, es la voz y la orientación de una mujer lo que la convierte en una "ayudante" invaluable para su esposo. Una esposa que calla sus opiniones y discernimiento por querer ser una esposa sumisa, en realidad está haciéndole daño a su esposo y no está ayudándolo en absoluto. Una "Mujer- sí" no ayuda a un líder a liderar, al contrario, obstaculiza la capacidad de un líder para liderar porque deja que ese líder tome decisiones potencialmente dañinas basadas en sus propios pensamientos y conocimientos limitados.

Dios no puso a las mujeres en la tierra para ser silenciadas en un rincón, Dios puso a las mujeres en la tierra para asociarse con sus esposos y ayudarlos a guiar a la familia para cambiar el mundo. Pero, una esposa simplemente no podrá hacer eso si no se le da la oportunidad de hablar con su esposo como un igual.

La sumisión no significa que seas menos que tu esposo. Eres igualmente competente e igualmente valiosa. De hecho, es la calidad de tu competencia y perspectiva lo que te convierte en la ayudante que Dios quiso que fueras.

Analicemos lo que Dios realmente está diciendo en Génesis 2:18 "... Voy a hacerle una ayuda adecuada". Entonces, sabemos que hay dos objetivos diferentes que Dios estaba tratando de lograr cuando creó a la mujer:

Primero, ella es una ayudante, alguien cuyo trabajo es ayudar a su esposo. La palabra hebrea que se usa aquí para "ayuda" es "ezer"[3], que es la misma palabra usada para definir a Dios en su papel de ayudador de la humanidad en el Salmo 33:20 y Oseas 13:9, así como en muchos otros. Entonces, antes de que alguien comience a pensar que un ayudante es alguien menos competente que la persona que necesita ayuda, recordemos que es Dios quien también ayuda a la humanidad. Este es un pensamiento tan increíble. El creador del universo y nuestro Señor practican la misma forma de "ayuda" que Él pretendía que la mujer le ofreciera a su esposo. Ser una ayudante significa que tienes algo con lo que puedes apoyar a otra persona y que eres lo suficientemente generosa y amable como para permitir que otra persona se beneficie de ti.

También, Dios dice que la mujer debe ser "adecuada para él". La palabra hebrea para "adecuado" es "neged", que se define usando palabras como "paralelo", "correspondiente a", "delante de" y "contraparte"[4]. Estas palabras no solo describen la proximidad física, sino también la proximidad mental. Es decir, una esposa es alguien de igual mérito y comparable a su esposo. Por ejemplo, una esposa puede ser comparable a su esposo en inteligencia para que pueda desafiar la forma en que él piensa con argumentos racionales.

En Génesis 33:12, la palabra "adecuado" se usa también de otra manera: "Entonces Esaú dijo: 'Viajemos en nuestro camino, y yo iré DELANTE de ti'". Esaú se ofreció a seguir adelante para poder allanar el camino o advertir a quienes lo seguían sobre cualquier peligro potencial.

Entonces, cuando Dios dice que una esposa es una "ayuda, adecuada para él", vemos la imagen de una mujer que es sabia, tal vez tiene una mayor sensibilidad espiritual que su esposo y es capaz de pensar en cosas por adelantado para ayudar a su esposo a evitar trampas en decisiones potencialmente tontas. La mayoría de la gente estaría de acuerdo en que estas son características innatas de la mayoría de las mujeres. Son estas características las que nos hacen "más competentes" en muchas áreas y debemos usar estas habilidades para ayudar a nuestros esposos a guiar a nuestras familias en el camino correcto.

Nuestros esposos deben ser conscientes de que Dios les ha dado esposas para evitar que tomen decisiones tontas y las esposas deben ser conscientes de que Dios nos ha ordenado que sigamos el ejemplo de nuestro esposo para que no tengamos que sufrir las cargas emocionales que conlleva tener que cargar con todo el peso del bienestar de nuestra familia nosotras mismas.

El matrimonio es una sociedad hermosa entre un esposo y una esposa tomados de la mano, cuyos corazones se someten el uno al otro. Esta es la relación que Dios ha querido para la estructura de nuestros matrimonios. La sumisión no es el final de tu independencia, ¡es el vehículo para tu fortaleza!

Una Esposa Sumisa no es una Esposa en Casa

El otro día vi un video inquietante (inquietante para mí). Era un video de una señora muy anciana que hablaba mucho sobre las mujeres de hoy en día y sobre cómo "el lugar de una mujer era en el hogar, para criar a sus hijos y alimentar a su esposo". No pude evitar pensar que eso es exactamente lo que piensa la sociedad cuando alguien dice "esposa sumisa" y no podría estar más equivocado.

Ser madre o esposa que se queda en casa es una elección de vocación, no necesariamente un acto de sumisión. Hay muchas mujeres que optan por quedarse en casa y, sin embargo, no serían consideradas esposas sumisas por la definición de nadie.

Si esa es la carrera que una esposa elige y se siente llamada, entonces esa es una vocación buena y satisfactoria para ella. Sin embargo, que alguien diga que una esposa no es sumisa si trabaja fuera del hogar, simplemente no es bíblico.

Si te preguntas qué tipo de mujer Dios considera "virtuosa", no hay necesidad de buscar más allá de Proverbios 31. Hay mucho en Proverbios 31 en lo que podríamos sumergirnos, pero trataremos de mantenernos en el tema. Te animo a leer y estudiar el capítulo en su totalidad.

En Proverbios 31, la esposa virtuosa se describe como una esposa que "... considera un campo y lo compra; de sus ganancias ella planta un viñedo ... Ella percibe que su mercancía es buena ... (RVR 1960) ". Entre todas las muchas cosas que hace para satisfacer las necesidades de su familia, esta mujer también maneja las transacciones comerciales y las inversiones. Ella tiene su propio negocio y su propia carrera fuera del hogar.

Esta mujer habla mi idioma. Soy una mujer ambiciosa y profesional. Con una mentalidad empresarial y con grandes sueños del tamaño de Dios. No es el deseo de todas las mujeres estar en la cima de una escalera corporativa, pero si es algo a lo que te sientes llamada, espero que Proverbios 31 te libere para hacerlo. Como mínimo, aclara que ser una esposa sumisa no significa que tengas que elegir entre ser una esposa / madre que se queda en casa o seguir una carrera. En mi opinión, ninguna de esas opciones es mejor que la otra. Lo más importante y "mejor" es hacer lo que sientes que Dios te ha llamado a hacer.

El punto clave que tuve que aprender en mi búsqueda de tenerlo todo (familia, hijos, carrera) es que seguir mi carrera está fuera de orden si mi familia comienza a ser descuidada. Si estoy trabajando en un proyecto importante, tiendo a ser adicta al trabajo. No sé cuándo parar y eso tampoco es bíblico. Dios es un Dios de equilibrio y temporadas. Como mujeres, tenemos una tendencia a asumir demasiado y necesitamos aprender a establecer límites para nosotras mismas y permitir que las diferentes estaciones de nuestras vidas tengan prioridad si es necesario.

Aquí es donde el papel de "esposa sumisa" me salva la vida. Cuando me dejo llevar, mi familia y mi salud comienzan a sufrir, entonces Robert interviene. Me recuerda con firmeza mis prioridades y la necesidad de estar equilibrada y me devuelve a la cordura. Si no respetara su liderazgo y él intentara sacarme de mi estado de adicción al trabajo, no tengo dudas de que estallaría una pelea masiva y continuaría arrasando con todo por mi trabajo. Es solo porque la estructura de liderazgo/ sumisión está bien establecida que mi sumisión funciona para nuestro beneficio.

Me gustaría pensar que, como lo indica Proverbios 31, las mujeres pueden tener y hacerlo todo. También aprendí que para que eso suceda, debe haber alguien en nuestras vidas que tome las riendas y nos proteja de nosotras mismas. Si estás tan enfocada en no someterte a tu esposo, podrías estar rechazando justo lo que necesitas: tener la resistencia física y emocional para hacer todo lo que estás llamada a hacer.

COMO SUJETARSE

> *"No es bueno (suficiente, satisfactorio) que el hombre esté solo. Voy a hacerle una ayuda Adecuada(adaptado, complementario)."*
> *—Génesis 2:18 (NVI)*

81

Hasta este punto, hemos dedicado este capítulo a aclarar lo que es y no es la sumisión. Si todavía estás conmigo, la siguiente pregunta es, ¿cómo me sujeto a mi esposo de la manera que Dios aspira?

La Sumisión Requiere tus Fortalezas

Lo primero que debes entender es que la sumisión es una actitud y no las tareas que te asignan. Lo que significa que la sumisión juega con tus puntos fuertes. Cada individuo tiene sus propias fortalezas y debilidades, la sumisión resalta tus fortalezas.

Para ser una compañera de ayuda, tienes que estar capacitada para manejar aquello en lo que tu pareja es más débil.

Si tu esposo es terrible con el manejo administrativo de las finanzas y tú eres bastante buena con la organización de presupuestos y números, entonces tu versión de ayuda es manejar las finanzas. Pero, eso no significa que te pongas en el rol de liderazgo y tomes todas las decisiones financieras. Esto significa que tu manejaras la logística y serás la asesora financiero de la familia. Si hay una discrepancia o un problema que surge sobre el dinero, será tu trabajo asesorar y tu esposo asumirá la carga de la decisión final. Si él es consciente de que tu consejo es oro, el paso inteligente sería que él haga lo que le sugieres, pero siempre debes permitirle la oportunidad de liderar, incluso si está equivocado.

Del mismo modo, las tareas no siempre tienen que ser tradicionales. Por ejemplo, durante los primeros diez años de nuestro matrimonio, Robert manejó gran parte de la cocina. No podía cocinar. Incluso hasta el día de hoy, mi comida favorita son los fideos Ramen y probablemente lo comenzaron a ser porque era lo único que sabía cocinar (sí, soy consciente de lo poco saludables que son).

Recuerdo una instancia al principio de nuestro matrimonio cuando intenté meterme a la cocina para preparar nuestra cena. Había conseguido una pizza Digornio y tuve mucho cuidado de seguir cada instrucción al pie de la letra para no estropear la cena esta vez. Paso 1: Retire la pizza de la caja de cartón. ¡Hecho! Lo estaba haciendo bien. Paso 2: Retire la envoltura de plástico de alrededor de la pizza. ¡Hecho!¡Realmente lo estaba haciendo bien! Paso 3: Coloque la pizza directamente sobre la rejilla del horno. Fue todo lo que hice. Había precalentado el horno antes, así que puse el temporizador y me di una palmadita en la espalda por un trabajo bien hecho. Unos minutos más tarde, los detectores de humo se prendieron y corrí a la cocina para encontrar el horno en llamas. No pude, por mi vida, descubrir qué hice mal. ¡Seguí las instrucciones al pie de la letra! Después de que Robert apagó el fuego, miró en el horno y sacó una pizza que todavía estaba encima del plato de cartón [quemado] sobre el que estaba empaquetada. Las instrucciones no me dijeron que retirara la pizza del plato de cartón antes de meterla en el horno. Las instrucciones indicaban explícitamente poner la pizza directamente sobre la rejilla del horno. No fue hasta que Robert me explicó que "directamente" se refería a que no había nada entre la pizza y la rejilla que finalmente me di cuenta de lo que hice mal. Entendí "directamente" como "poner la pizza directamente en la rejilla del horno, sin quitar el plato de cartón, como en el juego de Monopolio, siguiendo las instrucciones sin pasar por el inicio, ni reclamar $200".

No hace falta decir que no comimos pizza esa noche y Robert se encargó de la mayor parte de la cocina, a lo que la mayoría diría que fue muy "mal hecho" de mi parte. Pero si mi trabajo es ayudar a mi esposo, la mejor manera en que podría ayudarle era manteniéndolo con vida al no intentar cocinar.

Ya sea que limpies o que tu esposo limpie o trabajes fuera de la casa y tu esposo sea un padre que se queda en casa o si tú eres quien mata a los insectos y tu esposo es el que consuela al bebé para dormirlo, ninguna de estas cosas son vitales para ser sumisas. No se trata tanto de la tarea qué estás completando sino de tu actitud de respetar la autoridad de tu esposo como cabeza de hogar.

Sucede que la mayoría de las mujeres y los hombres tienen un conjunto de habilidades estereotípicas que los hace mejores en los roles tradicionales de marido trabajador y madre que se queda en casa. Sin embargo, esto no significa que se aplique a todos. Ser una buena compañera de ayuda significa poder contribuir al matrimonio con las habilidades en las que eres excelente.

Tu Actitud en Sumisión

Amo la eficiencia. Odio la idea de perder tiempo: me vuelve completamente loca. Entonces, si tengo 10 cosas que necesito hacer en la casa antes del anochecer y Robert solo tiene 2 cosas que necesita hacer, me parece perfectamente eficiente pedirle que haga un par de cosas de mi lista para que podamos terminar aproximadamente al mismo tiempo y relajarnos al final de la noche. Robert está muy en desacuerdo con esta mentalidad, pero como me ama, me ayuda. El problema es que, por lo general, cuando realiza una tarea, me agota emocionalmente por todas las quejas, por lo que termino creyendo que preferiría hacer las 10 tareas yo misma. Afortunadamente, ha crecido en esa área (en su mayor parte).

A nadie le gusta que alguien lo ayude y se queje de eso todo el tiempo. Lo mismo se aplica a nuestra sumisión. Podríamos estar sometiéndonos técnicamente a nuestros maridos al no luchar por la decisión final, pero si estamos gruñendo y quejándonos y con un "te lo dije" todo el tiempo, estamos pasando por alto el Espíritu detrás del mandamiento.

La sumisión se trata de tu actitud, no solo de tus acciones. Recuerda, no eres una sirvienta contratada. Una sirvienta contratada puede hacer el trabajo y quejarse internamente de él todo el tiempo. Una mujer sumisa se somete con alegría. Ella se enorgullece de poder apoyar a su esposo y lo respeta genuinamente (o trabaja diligentemente para respetarlo internamente) como la cabeza del hogar. No puedes someterte con alegría y al mismo tiempo estar amargada por someterte.

Tienes que elegir de qué lado estás o terminarás haciéndote miserable a ti y a tu marido y perderás todas las ventajas de someterte con un corazón alegre. No hay nada que sea más fastidioso para un hombre que una esposa que está constantemente molesta, irritable y peleona. Nosotras (créeme, incluso yo) necesitamos aprender a sujetarnos con un espíritu tranquilo y amable. Deberíamos ejemplificar la paciencia con nuestros esposos a medida que crecen y se convierten en los líderes que están llamados a ser. No es un proceso de la noche a la mañana y ciertamente no pueden hacerlo solos.

A Nia Vardalos se le atribuye haber dicho que "el hombre es la cabeza pero la mujer es el cuello, y ella puede girar la cabeza de la forma que quiera". Realmente me gusta esta analogía. Si lo llevamos más allá, también podemos notar que Dios creó la cabeza para sostener el cerebro y es el cerebro el que envía la señal al cuello para girar en una dirección específica. También es el cuello que sostiene la cabeza y la coloca en la parte superior del cuerpo. La cabeza y el cuello se necesitan mutuamente para cumplir la función para la que fueron creados. Deben trabajar juntos y comunicarse entre sí para funcionar correctamente. Si están constantemente en conflicto, ambos recibirán señales mixtas y esto causará tensión innecesaria en la relación.

Nuestra cultura nos ha enseñado a las mujeres que la fuerza se personifica en las mujeres más fuertes y audaces. Pero, ¿qué pasa si la fuerza se personifica realmente en las mujeres que son de espíritu más tranquilo y amable?

Hay una fábula de Esopo vieja titulada "El viento y el sol" y dice algo así: un día, un hombre estaba caminando por el pasto con una capa envuelta alrededor de su cuello. El viento y el sol lo ven y deciden tener una competencia amistosa de fuerza. Cualquiera que pueda quitarle más rápido la capa al hombre será determinado como el más fuerte. El viento va primero. Comienza a soplar fuerte y enérgico, desgarrando los árboles y la hierba alta. La capa del hombre vuela detrás de él, pero en lugar de ser arrancada del hombre, el hombre hala la capa de regreso a su cuerpo y se la cuelga desesperadamente. A pesar de toda su demostración de fuerza y audacia, el viento no tiene éxito. Era el turno del sol. Brillando intensamente, calienta el aire y aumenta el calor. En cuestión de minutos, el hombre voluntariamente abandona su capa para aliviarse del calor del sol. El calor del sol es más fuerte y poderoso que la aparente fuerza del viento.[5]

Aunque no siempre tiene sentido para nosotras y ciertamente puede no parecer natural, los corazones de nuestros esposos se derriten más fácilmente antes de ser forzados a abrirse en contra de su voluntad. Cuando regañas, empujas y haces fuerza, no haces nada más que hacer que tu esposo se aferre a su punto de vista con más fuerza y por más tiempo, incluso aunque esté equivocado y lo sepa, porque alegarle constantemente hará que mantenga su posición y se aferre a su orgullo.

> *"Cuando proferían insultos contra él, no replicaba con insultos; cuando padecía, no amenazaba, sino que se entregaba a aquel que juzga con justicia... Así mismo, esposas, sométanse a sus esposos, de modo que, si algunos de ellos no creen en la palabra, puedan ser ganados más por el comportamiento de ustedes que por sus palabras, al observar su conducta íntegra y respetuosa."*
> *—1 Pedro 2:23... 1 Pedro 3:1-2 (NVI)*

Incluso cuando tu esposo no está cerca de donde debería estar, la mejor arma que tienes es tu sumisión motivada por el amor. Amor por Dios y amor por tu esposo. Tu fuerza es tu espíritu tranquilo y amable. Puede que tome tiempo, pero con oración y obediencia, "ayudarás" a tu esposo a llegar a donde necesita estar y serás tú quien redima tu matrimonio.

Sujétate en Todo

Estoy segura de que todos hemos oído hablar de personas que toman las Escrituras fuera de contexto. Si por algún tiempo has estado en una iglesia basada en la Biblia, el predicador probablemente ha hecho la declaración de que no puedes elegir creer en un versículo y no en otro. La Biblia viene como una unidad. Si crees que la biblia es verdad, entonces todo es verdad. Pero es cuando comenzamos a escoger, a elegir y a sacar las escrituras fuera de contexto cuando comenzamos a confundirnos. Tienes que tomar todas las escrituras y unirlas para obtener realmente el Espíritu de lo que se dice.

Lo mismo es cierto para la sumisión. Si vas a ser sumisa en un área, no puedes elegir no ser sumisa en otra área. Si vas a ser sumisa cuando él está tomando las decisiones correctas, entonces no puedes elegir no ser sumisa cuando está tomando decisiones equivocadas. De hecho, en realidad es solo sumisión cuando él está tomando una decisión con la que no estás de acuerdo y te sujetas de todos modos. Si vas a ser sumisa cuando él es un líder de servicio increíble, entonces no puedes elegir no ser sumisa cuando sea más como un dictador.

La sumisión lo abarca todo. No puedes elegir las áreas de tu vida que estás dispuesta a someter a Dios y a tu esposo. Es a través de tu completa obediencia- y tu completa obediencia con un corazón alegre, que podrás comenzar a recibir todas las bendiciones que Dios tiene para ti y tu matrimonio.

Al final del día, la sumisión no es algo de lo que pueda convencerte. Ciertamente no era algo de lo que alguien pudiera convencerme al principio de mi matrimonio. Puede que sea algo que Dios tendrá que revelarte a medida que creces en Él. Al igual que con muchos de los conceptos en este libro, gran parte de esto vendrá naturalmente a medida que te acerques a Dios y permitas que Él te transforme para ser más como Él. Mi única oración es que, si nada más, he podido proporcionar una idea que volverá a tu memoria cuando llegue el momento en que Dios revele el poder detrás de la sumisión.

No es una palabra popular en nuestra cultura: Sumisión. Muy controversial. Muy mal interpretada. Masivamente abusada. Muy peleada. Pero si dejamos nuestras armas a un lado y estamos dispuestas a darle al plan de Dios una oportunidad real, quizás descubramos cuán hermoso y poderoso es realmente ser sumisas.

COMO ESTAR CASADO CON UNA ESPOSA SUMISA

Muchos de estos puntos se trataron en el Capítulo 3 con mayor detalle, pero si eres un esposo que estás leyendo esto y te dices a ti mismo: "No hay forma de que mi esposa esté de acuerdo con nada de esto", entonces hay algunas cosas que puedes comenzar a hacer, para iniciar el proceso y ayudar a tu esposa a someterse voluntariamente:

Primero, deja que Dios te guíe. Si tu esposa confía en que Dios te está guiando, estará más dispuesta a dejarte guiarla. Esto significa buscarlo genuinamente. Orando y leyendo la Biblia. Permite que Dios te transforme en el líder que Él te ha llamado a ser.

En segundo lugar, aprecia a tu esposa. Haz cosas que la hagan sentir valiosa para ti y no hagas nada que la ultraje.

Tercero, asume la responsabilidad. Se proactivo sobre las decisiones que deben tomarse y disponte a admitir los errores. Si es necesario tomar una decisión, sé el primero en abordarlo, o al menos no evites la conversación.

Cuarto, pon sus necesidades por encima de las tuyas. Incluso si eso significa sacrificar lo que quieres por el bienestar de tu familia. Deja que tu esposa vea que estás dispuesto a tomar decisiones difíciles por su bienestar.

Por último, reconoce que necesitas de tu esposa. Reconoce tus debilidades y sé consciente de que Dios te ha provisto una compañera de ayuda. Empoderarla para operar en sus puntos fuertes y hazle saber cuánto necesitas de su apoyo.

NUESTRA PERCEPCIÓN DE LA DECEPCIÓN

#honestidad

cultura • La mentira es necesaria en algunas ocasiones, para
que la felicidad en el matrimonio permanezca

contra-cultura • La verdad siempre es necesaria para
que el matrimonio sea mejor

cinco

NUESTRA PERCEPCIÓN DE LA DECEPCIÓN

Todos estamos familiarizados con el dicho "la honestidad es la mejor práctica"; sin embargo, nuestra cultura la trata como si fuera información seriamente desactualizada ... tanto que muchas personas ni siquiera se dan cuenta de que están siendo deshonestas. Antes de que digas "Yo no le miento a mi cónyuge" y pases al siguiente capítulo, debes saber que la honestidad no se trata solo de mentir verbalmente. Tener honestidad dentro de nuestros matrimonios significa construir una base de confianza en todas las áreas.

¿POR QUÉ ENGAÑAMOS?

Hace varios años, yo (Gloria) estaba teniendo una conversación con una amiga que en ese entonces estaba soltera sobre nuestras percepciones del matrimonio. En nuestra conversación, parecía que a ella no le importaba casarse a lo que yo le respondí instintivamente con "¿no quieres tener una relación con alguien que conozca todos tus pensamientos, secretos más profundos y luchas más oscuras y esté ahí para apoyarte y ayudarte? ¿Y además puedan trabajar a través de todas sus inseguridades para que puedas abordar la vida con más confianza? Me di cuenta por su expresión de asco y la conmoción en su rostro, de que probablemente ese no era el mejor punto para resaltar del matrimonio con ella. Ella no quería que ningún otro ser humano pudiera acceder a los recovecos más profundos de su mente y corazón. Parecía perfectamente contenta con manejar las dificultades internas de la vida en soledad. Mientras medito en esa conversación, no puedo evitar el querer entender si algunas personas simplemente prefieren mantener sus secretos entre ellos y Dios o si hay una razón más profunda por la cual alguien prefiera evitar abrirse con otra persona.

Pero el matrimonio se reduce a una cuestión de confianza. Los hombres, deben poder confiar en que si derriban sus muros, seguirán siendo respetados. Y las mujeres deben confiar en que si abren sus corazones, el contenido se manejará con cuidado y amor, y no serán juzgadas. Si no confiamos en nuestro cónyuge, tendemos a mantener cosas ocultas e intentamos manejar las cosas por nuestra cuenta.

La mayoría de las personas confían en sí mismas. Algunas personas confían en Dios y le confiesan algunas cosas, pero hemos descubierto que la gran mayoría de las personas no confía en sus cónyuges. Sí, comprometieron sus vidas y se aman, ¿pero confiar en ellos con los recovecos internos de sus mentes y corazones? Esa es una historia completamente diferente.

Sin embargo, Dios creó el matrimonio para ser una unión donde el hombre y la mujer puedan ser libres de ser ellos mismos: sin fachadas, sin secretos y sin agendas ocultas. Sin una base firme de confianza en el matrimonio, este termina sintiéndose como la celda de una cárcel; sin ventanas y sin salida, en lugar de sentirse como un refugio seguro donde se puede respirar tranquilidad y libertad en el corazón y la mente. Cada persona necesita a alguien en quien pueda confiar plenamente. Podemos tener mentores y asesores en muchas áreas de nuestras vidas, pero ese confidente principal debe ser nuestro cónyuge.

MANERAS EN LAS QUE ENGAÑAMOS

Entonces, ¿qué impide que las personas sean completamente honestas en sus matrimonios? Se reduce a dos razones: egoísmo para obtener lo que quieren y / o temor de que sus opiniones y deseos no sean bien recibidos. Hemos dividido el engaño en cuatro categorías diferentes, la primera de las cuales es la más obvia.

Engaño #1: Mentiras

Cuando presentamos el tema de la honestidad en el matrimonio, lo primero en lo que la mayoría de la gente piensa es en la mentira: decirle a tu cónyuge algo que sabes que no es cierto. Realmente no necesitamos dar más explicaciones sobre este tipo de engaño. Está mal, no deberías hacerlo.

¿Pero qué hay de esas inocentes, educadas y pequeñas mentiras piadosas? ¿Son malas también? De alguna manera, nos hemos convertido en una cultura que acepta fácilmente la necesidad de las mentiras piadosas para "mantener la paz". En algún momento de la historia, la gente comenzó a bromear diciendo que si una mujer pregunta si se ve gorda en sus jeans, la respuesta de un hombre siempre debe ser "no bebé, te ves fantástica", incluso si la realidad es todo lo contrario. Si ese consejo se dijo inicialmente como una broma o como un consejo serio, lo que ha sucedido culturalmente es que se ha convertido en una verdad aceptada sobre cómo hacer que el matrimonio funcione. Sin embargo, no podría estar más lejos de la verdad.

Los matrimonios no resisten la prueba del tiempo al llenar las grietas con pequeñas mentiras blancas. Dicho esto, definitivamente hay formas apropiadas e inapropiadas de ser honesto dentro de tu matrimonio: no todo tiene que decirse sin rodeos y groseramente para ser considerado "honesto", pero definitivamente debes ser honesto. Incluso en esas mentiras blancas aparentemente insignificantes, hay semillas negativas que se plantan las cuales eventualmente podrán crecer demasiado en tu matrimonio.

Engaño #2: Retener

Este segundo engaño también es obvio para el individuo moral, pero se considera un área gris para los de menor convicción. Retener es permitir que tu cónyuge crea algo equivocado debido a que tu estas reteniendo información.

Esto puede variar desde algo que no le dijiste a tu cónyuge porque "no pregunto" (aunque sepas que tu cónyuge enfrentaría la situación de manera diferente si tuviera todos los detalles), mantener cuentas secretas, no permitir que tengan acceso a tu teléfono o algo tan inocente como decirle a tu cónyuge que algo está "bien" cuando la realidad es que no está "bien".

Esto es especialmente cierto para las mujeres del planeta (aunque algunos hombres también lo hacen). El mundo acaba de aceptar que las mujeres no dicen lo que quieren decir. Si un esposo le pregunta a su esposa si le molesta que él salga a jugar golf y ella responde "está bien". Entonces, debería estar bien. Si no estás de acuerdo con que tu cónyuge haga algo, díselo. Si te sientes de cierta manera, tu reacción no debería ser mentir y fingir que estás de acuerdo con algo y luego gritarle a tu cónyuge por haberte tomado la palabra. No puedes esperar que un individuo tome una decisión informada si no tiene toda la información.

El engaño de la retención va más allá de no comunicar información tangible. Permitir que tu cónyuge crea una falsa realidad porque no sabe lo que hay en tu corazón también es una forma de engaño. Por ejemplo, permitir que tu cónyuge crea que estás totalmente comprometido con él cuando, en realidad, has desarrollado una atracción por otra persona es una forma de retención. Esto puede sonar muy fuerte, pero sucede mucho más a menudo de lo que se quiere admitir.

Todo en el matrimonio es compartido- regresando al concepto de "una sola carne". No hay absolutamente nada en tu vida a lo que tu cónyuge no deba tener acceso. No existe la privacidad dentro del matrimonio. Tener una línea abierta de comunicación entre tu corazón y el corazón de tu cónyuge es un método para salvaguardar tu matrimonio. Compartir algo con tu cónyuge nunca debe ser una cuestión de si lo haces o no, solo debe ser una cuestión de cuándo y cómo.

Engaño #3: Adulación

La adulación también es una manera de engañar. Puede que no estés diciendo una mentira absoluta, pero puede ser algo que le digas a tu cónyuge lo cual puede (o no) ser cierto pero con motivos ocultos.

El engaño es un problema que radica en el corazón. Puedes estar comunicando la verdad o comportándote honestamente, pero si lo haces por una razón diferente a la que cree tu cónyuge, entonces sigue siendo un engaño. Lo que motiva tus acciones es importante para Dios y para tu cónyuge.

Romanos 16:18 hace referencia a personas que no están tratando de servir a Cristo sino que sólo están tratando de servirse a sí mismos. En este versículo, estos individuos se describen como personas que "hablan con palabras suaves y con halagos engañan los corazones de los ingenuos".

Los halagos pueden parecer inocentes y divertidos al principio: cuando un esposo le dice a su esposa "cuán bonita te ves" cuando está de humor para tener relaciones sexuales o cuando una esposa le dice a su esposo qué "hombre grande y fuerte eres" cuando quiere algo. la lista de miel hecha lo antes posible. De hecho, estas declaraciones pueden ser ciertas, pero está mal cuando las dices por razones egoístas.

Probablemente todos somos culpables de tanta adulación. Cuando nos halagamos, puede ser muy divertido y con intenciones reales y obvias, pero aún así debemos tener cuidado con este tipo de engaño. Lo último que quieres es que haya tanta adulación "divertida" dentro de tu matrimonio que la falta de confianza comience a desarrollarse y crecer. Si le das a tu cónyuge un cumplido genuino sin condiciones y su respuesta inmediata es "¿qué quieres?" Es posible que quieras considerar si tus halagos han comenzado a causar el colapso de la honestidad dentro de tu matrimonio.

Engaño #4: Manipulación

La manipulación ha tenido una mala reputación en las últimas dos décadas. La capacidad de manipular algo (ejercer tu influencia para obtener los resultados que deseas) no siempre es algo negativo o malo en su significado principal, pero nuevamente, la motivación es importante. La manipulación hoy en día se ha convertido en una palabra que conlleva una connotación de engaño, por lo que ese es el concepto de manipulación que vamos a abordar en este libro.

Hay tres formas en que la manipulación en el matrimonio puede ser engañosa: retener información, sobornar y amenazar.

Ya hemos analizado el tema de la retención, pero queremos reiterarlo en esta sección. Digamos que la esposa quiere ir a un viaje a la playa con sus amigas y necesita consultarlo con su esposo. Intencionalmente decide hablarlo con él mientras él está viendo deportes porque ella sabe que él no le prestará toda su atención. Cuando le habla del tema, le dice cuán duro ella trabaja y cuánto necesita un descanso, pero no le dice que costará $800 dólares los cuales no tienen y que aparte él tendrá que renunciar a todo su fin de semana para cuidar a los niños él solo. En ese momento, él no está pensando claramente porque está preocupado por ella y dice que cree que es una gran idea. Si te puedes imaginar este escenario, también podrás predecir que esto probablemente se convertirá en un argumento más adelante. Esto se llama manipulación de información. No, no hubo mentiras ni halagos, pero la información que haría que su esposo no apoyara la decisión fue retenida intencionalmente para que la esposa pudiera salirse con la suya.

En segundo lugar, los cónyuges se manipulan mutuamente con soborno, haciendo cosas y esperando cosas a cambio. Por ejemplo, un esposo que lava los platos con el único propósito de tener relaciones sexuales con su esposa esa noche o una esposa que tiene relaciones sexuales con su esposo a cambio del control de su relación. No estamos diciendo que nunca puedes intercambiar responsabilidades o negociar cómo se dividen las responsabilidades, pero cuando comienzas a intercambiar y a sobornar con las cosas que legítimamente le pertenecen a tu cónyuge o que deberías hacer por amor en primer lugar, entonces esto se convierte en una forma de manipulación.

La última forma de manipulación está estrechamente relacionada con la segunda- las amenazas. Este es el peor tipo de manipulación. Un proveedor financiero que amenaza con abandonar a la familia o un cónyuge que amenaza con retener el sexo por ira o hasta que obtienen lo que quiere es alguien que está utilizando la manipulación para forzar a su cónyuge a hacer algo que este no quiere hacer.

Para que haya honestidad y confianza en tu relación, tu cónyuge debe poder confiar en que estás comprometido con el matrimonio y que nada de lo prometido en el altar del matrimonio está sujeto a exclusión bajo ninguna circunstancia.

EL ENGAÑO DUELE

Entonces, ¿qué sucede cuando el engaño llega a tu matrimonio? Lo primero que hace es violar nuestra seguridad conyugal. Nuestros cónyuges nunca deberían tener que decidir si estamos siendo completamente honestos o no. Cada persona debe poder confiar en su cónyuge, sus acciones y lo que dice, tanto así, que no se requiera prueba adicional de su honestidad.

Por ejemplo, si tu cónyuge se disculpa por algo, solo debería decirlo si realmente lo siente. Y si realmente lo siente, y hay una base de honestidad y confianza en el matrimonio, entonces deberías creer que hay un arrepentimiento genuino y que no se necesita proporcionar ninguna prueba más allá de sus disculpas (flores, humillaciones, ni un período de hombros fríos , etc.)

Si ya ha habido una violación en la seguridad conyugal, entonces puede tomar un tiempo reconstruir la confianza y el comprobante de tus declaraciones puede ser necesario, pero poder aceptar lo que tu cónyuge dice al pie de la letra es el lugar al que queremos finalmente llegar dentro de nuestros matrimonios. Deberías desear ser confiable, ser la persona en la que tu esposo o esposa puede confiar y sentirse seguro física, emocional y espiritualmente.

LAS MENTIRAS PIADOSAS CUENTAN

Es fácil para nosotros relacionar la deshonestidad con los términos correspondientes a los ejemplos mas grandes de mentira: engaño, dinero, etc., Pero no olvidemos que las infracciones en nuestra seguridad matrimonial pueden comenzar en el nivel más pequeño de engaño.

Volvamos al ejemplo de los jeans, ya que culturalmente es la justificación más popular para permitir la deshonestidad dentro del matrimonio.

Tu esposa entra a la habitación y pregunta "¿estos jeans me hacen ver gorda?" La cultura nos ha enseñado que la respuesta de cada esposo debe ser nada menos que "te ves increíble". Sin embargo, digamos que en realidad no "se ve increíble". Digamos que la verdad es que los jeans son MUY ajustados y, aunque su esposo ama sus curvas, los jeans no son halagadores para su figura, ni apropiados para el público. Estoy seguro de que has visto una muestra de vestuario poco halagador en alguna parte, así que te ahorraré la descripción detallada. Sin embargo, ella confía en su esposo, se siente segura y felizmente salta (juego de palabras) por la puerta.

Luego la esposa pasa todo el día en el trabajo (es viernes informal) y luego se encuentra con su amiga para su café semanal antes de regresar a casa. Cuando entra por las puertas de la cafetería, su amiga se sorprende, y lo demuestra con la expresión de disgusto en su rostro. La esposa no tiene idea del porqué, y lo primero que sale de la boca de su amiga es "¿Que tienes puesto? Esos jeans no te ayudan". Quizás no todos sus amigos sean tan directos, así que puedes reemplazar el comentario anterior con algo más cortés. De igual manera, es comunicado por su amiga. El punto es que la verdad siempre sale a la luz.

¿La reacción de la esposa? Su primer pensamiento es probablemente "Sabía que no debería haber confiado en mi esposo". Puede que no sepa cómo expresarlo, pero inmediatamente se siente traicionada, engañada y vulnerable. El único ser humano en su vida que se suponía que era el mayor proveedor de seguridad para ella, simplemente le arrancó esa seguridad públicamente y la humilló en el proceso. Su esposo le mintió. Le dio la falsa confianza para caminar todo el día, alrededor de todos sus compañeros de trabajo, clientes y amigos con ropa de la que por lo contrario se sentiría completamente avergonzada de ponerse. A partir de ese momento, la esposa decide que no puede confiar en la opinión de su esposo, pero está agradecida de que siempre puede confiar en su mejor amiga.

Esto puede parecer un ejemplo trivial con un resultado extremo, pero ¿y si reemplazas una instancia por docenas? ¿Qué pasa si esto sucede regularmente en tu matrimonio como sucede con tantos? Eventualmente estos resultados se dan y a partir de ahí surge una cultura que valora más la relación entre una esposa y mejores amigas, o entre un esposo y sus hijos, por encima de la relación dentro de un matrimonio y ahí es donde comienza la brecha.

No hay absolutamente nada de malo en tener grandes amigos y mentores. De hecho, es algo que todos deberían tener. Pero cuando tengas una mayor sensación de seguridad con tus amigos que con tu cónyuge, puede ser el momento de evaluar si el engaño se ha introducido en tu matrimonio y de qué manera.

MOVIÉNDOSE HACIA LA HONESTIDAD

Ya sea que estés reconstruyendo o manteniendo la confianza en tu matrimonio, cualquier forma de engaño obstaculizara la honestidad. Cada declaración que le hagas a tu cónyuge, por insignificante que sea, es una decisión de construir hacia un matrimonio honesto o deshonesto. No hay término medio.

La honestidad tiene que comenzar en alguna parte. Como muchas cosas en el matrimonio, es un ciclo. Es posible que no sientas que esas pequeñas formas de engaño han violado la seguridad y la confianza entre tú y tu cónyuge, pero ¿está ayudando a que la honestidad crezca en tu matrimonio? Si no estás cultivando la honestidad en tu matrimonio, lo más probable es que esta este disminuyendo.

El engaño pone una grieta en la base del matrimonio. Si bien puede parecer que el engaño proporciona una solución temporal, la verdad es que dañara tu matrimonio a largo plazo.

Todo lo que está oculto, eventualmente sale a la luz, y es mejor si la verdad viene de parte de ti. Si la verdad se revela por cualquier otro medio, podría destruir tu matrimonio permanentemente. Al guardar un secreto o engañar a tu cónyuge en cualquier nivel, solo te estarás preparando para el fracaso que finalmente llegará.

Se Honesto Contigo Mismo

Para ser honesto con tu cónyuge, debes ser honesto contigo mismo y con Dios. Analiza tus motivaciones e intenciones con cuidado y oración. Asegúrate de no intentar justificar las acciones engañosas. No importa cuáles sean tus justificaciones, el engaño es engaño. Dos errores no producen como resultado lo bueno.

Se Un Libro Abierto

Lo único que hacen los errores, es sumarse a más errores. Pero los buenos hechos tienen la capacidad de restar los errores. Incluso si tu cónyuge se comporta de cierta manera o no te comprende o no comprende una situación, contrarrestar con engaño solo empeorará las cosas.

La ruta más rápida entre dos puntos es una línea recta; toda información desconocida es una laguna y cada adulación y manipulación es un desvío. Si quieres llegar a ese lugar de "unidad" que Dios quiere para el matrimonio, entonces debes estar dispuesto a ser un libro abierto. No puedes ser "uno" si hay partes de tuyas que tu cónyuge no conoce.

No debe haber secretos. No debe haber contraseñas desconocidas ni cuentas ocultas. Ni tragedias del pasado pasadas, ni situaciones de las que aún no le hayas contado a tu cónyuge. No debe haber sentimientos o situaciones sin resolver. No le debes ocultar nada a tu cónyuge porque crees que puedes solo o porque crees que tu cónyuge no podrá asimilarlo.

El pecado se crea en la oscuridad. Cualquier cosa que mantengas oculta en la oscuridad, se alimentará de sí misma y crecerá. Si quieres traer una solución a algo en tu vida o en tu matrimonio, tienes que sacarlo a la luz. Es solo a la luz que Dios puede hacerse cargo y sanar las heridas del pasado, los sentimientos ocultos, los problemas de confianza profundamente arraigados o las batallas y fortalezas con las que has lidiado toda tu vida.

> *"Porque nada hay encubierto, que no haya de descubrirse;*
> *ni oculto, que no haya de saberse."*
> *—Lucas 12: 2*

La Honestidad No Merece Castigo

A medida que des pasos para reparar o aumentar la seguridad dentro de tu matrimonio a través de la honestidad, recuerda comunicarte con amor y gracia. La forma en que das y recibes la verdad refuerza o castiga a tu cónyuge por su decisión de ser honesto contigo.

El hecho de que algo sea cierto no significa que deba decirse con dureza. Puedes ser honesto y amoroso al mismo tiempo. Si tu esposa entra en la habitación y te pregunta "¿estos jeans me hacen ver gorda?" Responder con "Bebé, siempre pienso que te ves hermosa y me encantan tus curvas, pero esos jeans no resaltan tus mejores características tan bien como lo harían otros jeans" eso es tan honesto como "¡Huy! ¡Pareces una vaca! Estamos molestando mucho a los esposos con esta ilustración de jeans, pero lo mismo es cierto al revés. Las esposas pueden ser lo peor cuando se trata de la honestidad, especialmente de ser muy directas. Los esposos necesitan aliento y necesitan saber que sus esposas los apoyan. Pero rellenar una verdad negativa con múltiples verdades positivas (no mentiras positivas) comunica lo que debe comunicarse y al mismo tiempo alienta a tu cónyuge.

Esposas, si realmente desean un matrimonio sincero y honesto en el que se sientan seguros y capaces de seguir las palabras de sus maridos al pie de la letra, entonces deben estar dispuestas a recibir esa comunicación abierta y honesta sin hacer un berrinche y comenzar un problema, peleando cada vez que escuches algo que no te gusta. Deja marinar las cosas por un momento.

La comunicación es una calle de doble sentido. Piensa en tu teléfono celular. Es un dispositivo de comunicación. Hace dos cosas, envía Y recibe información. Si no hiciera bien ambos trabajos, lo reemplazarías. Lo mismo es cierto en nuestros matrimonios, tenemos que poder enviar información con amor, pero también debemos RECIBIR información con amor. Si tu cónyuge cree que vas a explotar si te comparte lo que hay en su corazón, o si te cuenta un problema o si te pide ayuda, eventualmente se limitará con la información que te comparte. Debes poder recibir información con amor, incluso si es dolorosa, para mantener la apertura y la honestidad.

Si deseas poder confiar en tu cónyuge, entonces tu cónyuge debe poder confiar en que su verdad (física y emocional)está segura contigo.

Volviendo a la ilustración de los jeans. Hay una razón por la cual la cultura le dice a los esposos que les mientan a sus esposas con respecto a si los jeans la hacen ver gorda o no. La cultura le enseña que si él le dice la verdad, será juzgado por ello. Entonces de esta manera, el mensaje es simple, si le dices la verdad a tu cónyuge serás criticado.

La forma en que das y recibes la verdad refuerza o castiga a tu cónyuge por su decisión de ser honesto contigo.

Madura

Aprende algo de desinterés. Ten cuidado de no usar tu poder dentro del matrimonio para obtener solo lo que quieres y lo que solo quieres ya.

Si sabes que lo que quieres, requiere que engañes o sobornes a tu cónyuge para obtenerlo, debes evaluar si lo que estás pidiendo es egoísta y quién se beneficiará o a quien perjudicará al final.

El mentir tiene sus raíces en el egoísmo, pero estar a la defensiva puede ser igual de egoísta. Proverbios 18:2 dice que " Al necio no le complace el discernimiento; tan sólo hace alarde de su propia opinión". La actitud defensiva comunica que solo te interesas por ti mismo. En lugar de reaccionar por tus emociones inmediatas, tómate el tiempo para comprender lo que se está diciendo y por qué se está diciendo. Puede que tu cónyuge tenga la percepción equivocada, pero la verdad es que no puedes cambiar su percepción de algo si no puedes hablarle desde su propio punto de vista.

Ten paciencia con tu cónyuge. No es tu responsabilidad señalar todos sus defectos o cambiarlos. Tu responsabilidad es ser el esposo o la esposa que Dios te ha llamado a ser y, en el proceso, orar por tu cónyuge continuamente y Dios cambiará su corazón. Solo alejarás a tu cónyuge si intentas cambiarlo tomando las riendas de Dios y estropeando lo que Él te ha llamado a hacer como esposo o esposa.

Una Relación de Rendición De Cuentas

Crea una relación de rendición de cuentas con tu cónyuge. Es maravilloso tener otros mentores y tutores en tu vida: es bíblico. Pero creemos firmemente en que tu "amigo de rendición de cuentas principal " debe ser tu cónyuge. Si tu matrimonio aún no está en ese punto, entonces, por supuesto, apóyate en tu mentor para que te ayude a lograrlo, pero no permitas que tu mentor reemplace a tu cónyuge en el área de rendición de cuentas en tu vida. Debes estar trabajando hacia una relación con tu cónyuge donde ambos puedan ayudarse mutuamente a acercarse a Dios.

La rendición de cuentas no significa que tu cónyuge sea tu oficial de libertad condicional. No es para que tengas que reportarte o castigarte cada vez que te tropiezas y caes. Tu cónyuge es tu pareja, tu compañero de ayuda. Los amigos de rendición de cuentas son igual: en ambas relaciones uno no es más superior que el otro. Ambos están allí para guiarse amorosamente por la vida. Pero para tener ese tipo de relación, ambos cónyuges deben estar dispuestos a ser abiertos, amorosos y sometidos el uno al otro.

Este concepto de ser el amigo de rendición de cuentas de tu cónyuge no le da permiso a ninguno de los cónyuges para comenzar a señalar todos los defectos que ven en el otro. Pero sí significa que debes darle permiso a tu cónyuge para señalar algo de ti, en algún área de tu vida a la que puedes estar cegado, y que cuando lo hagan, será tu trabajo no enojarse ni ponerse a la defensiva. Recuerda que tu cónyuge no está en contra tuyo, está a tu favor.

"Más confiable es el amigo que hiere que el enemigo que besa."
—Proverbios 27:6

Se Sabio

Te recomendamos encarecidamente que uses la sabiduría al aplicar lo que has leído en este capítulo acerca de la honestidad.

Ser honesto no significa que debas irte a casa y ventilar toda la ropa sucia de una sola vez. Cada matrimonio se encuentra en un lugar y una estación diferente y cada situación debe ser manejada de manera diferente. Si resulta que eres alguien que tiene que lavar mucha ropa gravemente sucia, el mejor consejo que podemos darte es obtener asesoramiento sobre cómo manejar tu situación específica de la mejor manera posible.

Trabajar para lograr una relación honesta y abierta no significa que ahora debas comenzar a expresar tu opinión sobre todo lo que hace tu cónyuge ni confesar cada pensamiento fugaz e impuro que tengas. Lo último que quieres hacer es crear una atmósfera en tu matrimonio que sea abierta y honesta, pero al mismo tiempo negativa e hiriente. Hay un equilibrio entre ser totalmente honesto y brutalmente negativo. Pídele a Dios sabiduría para saber dónde está ese equilibrio.

COMIENZA AHORA, COMIENZA CON POCO

Practicar una relación abierta y honesta puede parecer un asunto tan trivial que podemos tender a pasar por alto las pequeñas semillas del engaño que inocentemente plantamos en nuestro matrimonio con el tiempo. Es posible que los mayores beneficios de establecer la honestidad dentro del día a día de tu matrimonio, no se hagan realmente evidentes ahora sino hasta que te enfrentes a una experiencia terrible.

Nos hemos enfrentado a un par de estas temporadas difíciles en nuestra relación y creemos firmemente que fue debido a la cultura preestablecida de honestidad en nuestro matrimonio, que pudimos notar el más pequeño de los engaños desde el principio y ayudarnos mutuamente en el camino a la recuperación con amor y gracia, a pesar del inmenso dolor y sufrimiento que ambos sentimos.

Si hubiéramos esperado hasta que sucediera algo catastrófico antes de comenzar a establecer estos principios fundamentales en nuestro matrimonio, podría haber sido demasiado tarde para nosotros. Hubiese podido ser demasiado el tener que lidiar con la crisis del momento más los años de malos hábitos de un matrimonio construido sobre una base inestable. Y al final, posiblemente nuestro matrimonio no hubiese permanecido intacto.

Aquello con lo que el enemigo quiso destruirnos, es ahora algo que podemos usar como testimonio de cómo puede ser el matrimonio cuando los humanos defectuosos operan en los términos de Dios.

Hay numerosas ocasiones en las que no sentimos que las reglas de Dios necesariamente apliquen para nosotros porque no vemos las repercusiones negativas inmediatas de dirigir nuestro matrimonio culturalmente en lugar de Bíblicamente. Pero Dios sabe y ve todas las cosas.

El engaño es una de las mejores herramientas del enemigo contra un matrimonio. Elimina todas las formas de engaño ahora, no importa cuán pequeño y trivial sea, te permitirá comenzar a experimentar plenamente la seguridad, la libertad y la "unidad" que Dios procura para tu matrimonio. Un matrimonio que puede resistir cualquier ola que se le presente.

PELEANDO JUSTAMENTE

#discutiendo

cultura • Evadir el conflicto mantendrá el matrimonio unido
contra-cultura • Aprender a navegar a través del conflicto traerá éxito al matrimonio

seis

PELEANDO JUSTAMENTE

¿Alguna vez has conocido a una pareja que diga "oh, nunca peleamos?" Hay algunas cosas que nos vienen a la mente cuando escuchamos eso: o son tan maduros en su matrimonio que cualquier desacuerdo se trata con calma en una agradable conversación durante la cena, o su definición de "pelear" es diferente a la nuestra o tienen un montón de problemas no resueltos y ambas partes están tratando de mantener la paz al no decir nada y eventualmente van a explotar.

La primera posibilidad parece poco realista, pero creemos que es un objetivo muy real que se puede lograr a medida que maduramos espiritualmente (es decir, la madurez física no es igual a la madurez espiritual). El segundo problema con la definición de "pelea" diferente a la nuestra es algo que abordaremos antes de comenzar este capítulo, para que todos comencemos en la misma página.

La tercera posibilidad es donde creo que muchas parejas son víctimas: simplemente evitan pelear al no mencionar los problemas. Eso no significa que no tengan problemas, solo significa que no se resuelven. Pero para tener un matrimonio saludable, tenemos que aprender a tener diálogos constantes y abiertos entre nosotros y nuestros cónyuges, incluso si eso significa tener que lidiar con desacuerdos ocasionales.

DISCUTIR NO ES MALO

Entre más nos comunicamos, más nos conocemos. La advertencia aquí es que en cuanto más nos conozcamos, más opiniones diferentes encontraremos. Así que parece que nuestras únicas opciones felices en el matrimonio son no comunicarnos en lo absoluto o comunicarnos y "pelear" todo el tiempo. Pero hay una tercera opción: comunicarse y aprender a "pelear de una manera justa" o en términos menos ofensivos, es aprender a estar en desacuerdo sin pelear.

Todas estas palabras (en desacuerdo, argumentar, pelear) se usan indistintamente, pero tienen definiciones muy diferentes. Según el diccionario Merriam- Webster: No estar de acuerdo es simplemente "tener una opinión diferente o estar desacuerdo". Argumentar es "hacer que (alguien) decida no hacer algo dando explicaciones". Ahora, "pelear" es estar "involucrado (en una batalla, lucha, etc.) o discutir de una manera enojada". Lo que realmente queremos evitar en nuestros matrimonios es la lucha. Sin embargo, estar en desacuerdo y discutir es una parte esencial de una comunicación saludable en nuestro matrimonio.

Es muy triste para nosotros ver cuántas personas ven la discusión como un rasgo negativo en los matrimonios (argumentar según la definición real de argumentar). ¡No estar de acuerdo con la opinión de tu cónyuge sobre cómo manejar una situación y luego darles razones para tratar de convencerlos de que estén de acuerdo contigo, no es para nada negativo! Ser capaz de expresar tus sentimientos libremente con tu cónyuge y trabajar juntos como un equipo para resolver los problemas, incluso cuando tienen opiniones opuestas, solo sirve para fortalecer su matrimonio.

Aprender a comunicarte con tu cónyuge es el primer paso para resolver CUALQUIER problema en tu matrimonio: si los problemas no se reconocen, no podrá haber una solución. Las cosas y situaciones dolorosas ocurrirán en nuestro matrimonio y cuando lo hagan, debemos aprender a hacer que nos unan, en vez de que nos separen.

Al final del día, el problema no es que estés en desacuerdo con tu cónyuge: Dios te creó para brindar una opinión diferente a la de tu cónyuge para que puedas ser un compañero de ayuda o un líder y ayudarlos a crear una vida equilibrada. Discutir es beneficioso para el matrimonio, ya que proporciona una plataforma para expresar las razones por las que no se está de acuerdo. Lo importante entonces, es que aprendamos CÓMO discutir para que la discusión no se convierta en una pelea. Leo Tolstoi dijo una vez "lo que cuenta para que un matrimonio sea feliz no es qué tan compatibles son, sino cómo lidian con la incompatibilidad."

LAS TRES "C" DE LA BUENA COMUNICACIÓN

Hemos desarrollado lo que llamamos las "tres C para una buena comunicación". Este concepto se ha vuelto tan arraigado en nuestro matrimonio que ahora los usamos como flechas verbales que nos lanzamos el uno al otro cuando nos enfrentamos en una pelea de tira y jale (eso es más o menos una broma,). Pero hablando con toda seriedad, antes de desarrollar estas "3 C", tuvimos peleas que la gente habría pagado para ver. Una vez que pudimos escribir estos tres elementos fundamentales de una buena comunicación, la forma en que discutimos fue transformada por completo. Solo cuando rompemos una de estas reglas, las cosas se convierten en una pelea.

Creemos que los tres elementos esenciales para una buena comunicación son la capacidad de: Consentir para comunicarse, comunicarse tranquilamente y comunicarse de manera concisa.

CONSENTIR PARA COMUNICARSE

Consentir para comunicarse es cuando ambos cónyuges acuerdan estar dispuestos a hablar sobre cualquier cosa en su vida con sinceridad sin guardarse nada.

Comprometerse con una Resolución

Vivimos en una cultura de "abandono". Si encontramos resistencia o un problema, simplemente nos vamos. ¿Alguien dice algo en la iglesia que no nos gusta? Acabamos de encontrar una iglesia nueva. ¿Peleamos con un compañero de trabajo o nuestro jefe se pone irritable? Acabamos de encontrar un nuevo trabajo. ¿Un amigo decide ponerse del lado de alguien más en una discusión? Encuentras un nuevo amigo. ¿El cónyuge no puede hacer nada bien y no se ven esperanzas de que mejore? Encuentras un nuevo cónyuge.

Salir de una situación problemática es siempre la salida más fácil, pero nunca brinda la oportunidad de tener carácter o crecimiento espiritual. Es el aspecto de compromiso en el matrimonio lo que nos obliga a aprender a superar nuestro conflicto. Es nuestro compromiso con el matrimonio lo que nos ayuda a crecer como individuos para que Dios pueda usarnos plenamente para el propósito al que nos ha llamado. Si nunca aprendemos a lidiar con situaciones difíciles, es posible que nunca aprendamos ciertos rasgos de carácter como la gracia, la paciencia, el autocontrol, la humildad, la gratitud, la perseverancia, la diligencia, la obediencia y la lista sigue y sigue. Es la falta de estos rasgos lo que puede terminar evitando que experimentes la plenitud de la vida que Dios quiere que vivamos.

Consentir para comunicarse significa comprometerse a resolver la situación. La resolución no siempre significa que ambos cónyuges estarán de acuerdo al final, pero sí significa que ambos cónyuges van a estar resueltos en que trabajar en la unidad tiene más importancia que tener la razón. Comprometerse a resolver una situación tampoco significa que una vez que comience una discusión, nadie puede irse hasta que se resuelva. A veces, necesitamos tomar un tiempo para calmarnos antes de poder pensar las cosas con cualquier medida de inteligencia y algunas situaciones no se pueden resolver en una sola conversación. Comprometerse a resolver una situación significa que no importa lo que sea necesario para llegar allí, al final del día, tú y tu cónyuge aún estarán comprometidos el uno con el otro.

La ignorancia no es Satisfactoria

Pasar por alto los problemas y no discutirlos ni mencionarlos NO funciona para resolver el conflicto. Estás fingiendo que no hay un problema y eso es lo mismo que huir de el. Será una reacción tardía porque, eventualmente, esas cosas saldrán a la superficie de una forma u otra y lo más probable es que surjan en un argumento mucho más grave.

Efesios 4:25 dice: "… Por eso, ya no deben mentirse los unos a los otros. Todos nosotros somos miembros de un mismo cuerpo, así que digan siempre la verdad" así que cuando le mentimos a alguien, nos mentimos a nosotros mismos. En otras palabras, comuníquense. Recuerda que también puedes mentir cuando retienes información. Si no hablas sobre los problemas, entonces estás fingiéndole a tu cónyuge que no hay problemas. Asegúrate de usar el equilibrio y la sabiduría en la comunicación. El hecho de que animamos a todos a comunicar todo no significa que debas comenzar a criticar a tu cónyuge. Por otro lado, si algo realmente te molesta de manera regular, no decidas no comunicarlo con tu cónyuge porque simplemente no quieres herir sus sentimientos.

Si algo te molesta constantemente, pero nunca mencionas ese tema por que te preocupan sus sentimientos, ¿qué crees que te comenzara a suceder emocionalmente? Lentamente te alejarás de tu cónyuge y, finalmente, surgirá la amargura y el resentimiento y no sabrás de dónde proviene. Si ya hubieras abordado el problema con anticipación, cuando era más pequeño, es posible que nunca hubiera llegado hasta este punto.

El Tiempo lo es Todo

Como mencionamos en el capítulo anterior, para que exista la comunicación, debe haber información dada y recibida. Consentir para comunicarse significa esperar el momento adecuado para recibir la información. Por ejemplo, una esposa que va a un partido de fútbol tratando de discutir algo, generalmente no va a encontrar un esposo muy receptivo.

Para nosotros, cuando Gloria está trabajando, está 100% enfocada en lo que está haciendo. No es capaz de caminar y masticar chicle al mismo tiempo o caminar y enviar mensajes de texto o mantener dos conversaciones diferentes o "hacer muchas cosas al mismo tiempo". Es capaz de muchas cosas, pero lo que la hace tan efectiva en su trabajo es que está completamente concentrada en la tarea que tiene en frente y no se distrae con el caos que la rodea. A mi (Robert) me encanta eso de ella. Al mismo tiempo, si está escribiendo un correo electrónico, sé que se va a sentir muy frustrada si quiero hablarle sobre algo que no está relacionado con lo que está haciendo. De hecho, sucedió hace aproximadamente un minuto mientras escribía esto. No hay nada como una ilustración inmediata para respaldar tu punto.

No, tal vez no debería frustrarse. Pero también creo que no debería suponer que lo que necesito hablar tiene que ser hablado en ese momento y que es más importante que aquello en lo que ella está trabajando. Tenemos que tener gracia y comprensión en nuestra relación. Tú sabes cómo funciona tu cónyuge y las cosas que puedes manejar y el momento en que puedes manejarlo. Es tu responsabilidad como pareja amorosa ayudarlos a ser un comunicador efectivo dentro de su matrimonio.

Consentimiento para Comunicarse Entre Sí

El consentimiento para comunicarse significa que aceptamos comunicarnos con nuestros cónyuges, no con nuestro mejor amigo, nuestros padres o nuestros seguidores en las redes sociales.

La influencia de las redes sociales se han vuelto incontrolables en los matrimonios hoy en día. No hay forma más rápida de obtener el apoyo verbal y el respaldo de docenas de "amigos" que publicando las ridiculeces del cónyuge en las redes sociales. A la gente le encanta el drama y les encanta expresar sus opiniones, incluso si no es asunto suyo. Es muy extraño que un amigo responda con madurez a tu publicación y te diga realmente cuán equivocado estás. La mayoría de sus respuestas serán para ponerse de tu lado. Esto hace dos cosas: una, te da munición emocional para que te apegues a tus armas y en vez de impulsarte a crecer espiritualmente de alguna manera; y dos, difama a tu cónyuge en una plataforma demasiado pública, causándole vergüenza, sentimientos de traición y un rechazo al arrepentimiento, incluso si lo que hicieron fue legítimamente incorrecto. Así que, incluso cuando lo que hizo tu cónyuge fue absolutamente vergonzoso, la mayoría de las veces haces mucho más daño al publicarlo y creas un camino más largo para la restauración.

Además, hablarle mal a tus amigos o padres sobre el argumento con tu cónyuge puede ser igual de perjudicial, especialmente cuando te desahogas con tu familia. Considera esto. Te peleas con tu cónyuge y corres a la casa de tu hermano donde tus padres también están de visita. Les cuentas todo sobre tu horrible cónyuge. Te consuelan, te apoyan y se enojan con tu cónyuge. Finalmente decides volver a casa y después de una larga noche, arreglas las cosas con tu cónyuge y todo está perdonado. Sin embargo, tu hermano y tus padres no pudieron experimentar la misma reconciliación que tú. Así que, aún estarán enojados y aunque digas que todo está bien ahora, aún tendrán residuos de emociones de menosprecio hacia tu cónyuge.

Es cierto, cuando te casas, dejas a tu madre y a tu padre y te unes a tu cónyuge. Sin embargo, todavía están conectados como familia y ahora tienen que lidiar con el drama de que a tu familia no le gusta tu cónyuge. Causas drama cada vez que corres donde tu familia cuando ustedes se pelean. ¿Corres hacia ellos con la misma diligencia cuando hay algo de qué presumir de tu cónyuge?

No estamos diciendo que no debemos buscar consejo. El consejo es extraordinariamente importante. Proverbios 11:14 nos dice que "en la multitud de consejeros hay sabiduría" (RVR 1960). Pero asegúrese de estar ejerciendo el discernimiento para saber de parte de quién obtienen asesoramiento y de que realmente estén recibiendo asesoramiento y no solo se estén desahogando con alguien cuando deberían estar comunicándose con su cónyuge.

COMUNÍCATE CON CALMA

La segunda "C" radica en aprender a comunicarse con calma. Eso significa estar tranquilo al plantear un problema y no responder o hablar con dureza ni imprudencia en respuesta a ese problema. Creo que todos los que lean esto pueden dar fe del hecho de que responder o hablar con dureza en medio de una discusión, inmediatamente hace que escale a una pelea.

> *"Por esto, mis amados hermanos, todo hombre sea pronto para oír,*
> *tardo para hablar, tardo para airarse; porque la ira*
> *del hombre no obra la justicia de Dios."*
> *–Santiago 1: 19-20 (RVR)*

Como Escuchar

Si te enojas cada vez que tu cónyuge te dice algo que no te gusta, entonces será casi imposible para ellos ser honestos contigo y así poder trabajar juntos en las cosas. Ya hemos tocado el tema de la honestidad en una relación, pero esta es la otra parte del tema. Si quieres una relación abierta y honesta, entonces debes aprender a recibir esa comunicación con calma o de lo contrario malgastarás cualquier intento que tu cónyuge haya tenido de comunicarse.

Yo (Gloria) recuerdo un momento en particular cuando Robert y yo estábamos sentados en una reunión de negocios. Sentía que la reunión iba bien. Estaba aportando muchas de mis opiniones y parecía que estaban siendo bien recibidas. Después todos tomamos un descanso corto y fue durante este descanso cuando Robert me hizo a un lado y con un tono firme dijo: "Gloria, estás hablando demasiado y estás acaparando toda la reunión". En ese preciso momento tuve dos opciones: ofenderme porque se atrevió a señalar un defecto muy común o agradecer que tuviésemos una relación en la que él siente que puede mantenerme a salvo. Mi respuesta emocional inmediata fue la primera, pero solo me tomó un par de segundos para darme cuenta de que lo que realmente sentía era lo segundo. No quería ser conocida como la persona que habla tanto que no le importa lo que piensan los demás ni como alguien que tiene un sentido tan inflado de importancia personal que solo le importa lo que dice. Quería ser conocida como alguien que puede colaborar, trabajar en equipo, una profesional. En pocas palabras: no era (y todavía no lo soy) perfecta, así que si hubiera alguien con permiso de protegerme de mí misma, debería ser mi cónyuge. Robert me estaba protegiendo a mí y a mi reputación, y aprecié que tuviéramos una relación en la que podía hacerlo sin que eso provocara una pelea más tarde. La percepción es real. Es posible que no sientas que lo que dice tu cónyuge tenga algo que ver con lo que realmente está sucediendo. Sin embargo, si esa es la forma en que perciben lo que está sucediendo, entonces para ellos, esa percepción es su realidad. Escúchalos y objetivamente trata de entender a tu cónyuge. Incluso si crees que lo que dicen suena ridículo, piensa que no lo dirían si no fuera cierto para ellos.

Como Decirlo

> *"sino que, siguiendo la verdad con amor, crezcamos en todo hacia aquel que es la cabeza: Cristo."*
> *—Efesios 4:15 (RVA-2015)*

De la misma manera como deberías recibir una comunicación honesta sin enojarte, es igualmente importante que cuando des una comunicación honesta lo hagas por amor. No estamos diciendo que la única vez que le digas algo a tu cónyuge sea cuando sea exclusivamente para su beneficio y cuando sientas que lo amas. Lo que queremos decir es que debes ser cauteloso con tus palabras cuando estés enojado y te sientas resentido o amargado por algo.

La manera como se comparten las noticias es tan importante como las noticias en sí. Si estás enojado por algo, ese no es el momento de irrumpir en la habitación y comenzar a gritarle a tu cónyuge. Recuerda, comunícate con calma. Si realmente quieres discutir algo, gritar no va a transmitir tu mensaje de manera tan efectiva como lo hará el discutirlo sin pelear. Podría darte resultados temporales, pero aprender a hablar las cosas con calma te dará resultados mucho más permanentes y establecerá una cultura de respeto dentro de tu matrimonio.

Cuando Decirlo

No siempre se trata solo de responderle a tu cónyuge con calma. Puedes decir lo correcto de la manera correcta y aún así escalar un argumento porque se dijo en el orden incorrecto.

Incluso en nuestro caminar cristiano, hay un orden claro por el que Dios nos lleva a madurar espiritualmente. Tal como se describe en el libro de Chad Craig, "El Diseño Divino para el Discipulado", el fundamento de nuestra relación con Dios es entender que somos completamente aceptados por Él, independientemente de nuestros fracasos del pasado, los presentes o los futuros. Es solo después de que nuestro fundamento es firme que Dios puede comenzar a "arreglar" nuestro comportamiento efectivamente. Los cristianos que se enfocan en arreglar su comportamiento antes de tener la seguridad del amor de Dios por ellos, tienden a terminar frustrados, odiándose a sí mismos y juzgando.[1]

Lo mismo ocurre con tu relación con tu cónyuge. Si inmediatamente intentas arreglar o corregir un problema antes de expresar validación, incluso si lo que dices es lo correcto, puedes terminar generando rechazo en tu matrimonio. Sin embargo, si te tomas el tiempo para asegurarle a tu cónyuge que lo comprendes y lo amas, entonces crearás un ambiente seguro donde podrás solucionar la situación o abordar el comportamiento de tu cónyuge.

EA[3]- Empatizar, Apoyar, Animar, Arreglar

Desarrollamos un acrónimo para ayudarnos a recordar este concepto y ha demostrado ser altamente efectivo en nuestras discusiones para disuadir posibles peleas. Este acrónimo no solo es efectivo para los matrimonios, sino que también lo hemos encontrado útil en nuestras relaciones laborales y familiares.

E es para empatizar. Empatizar con tu cónyuge cuando están molestos no significa que estén en lo correcto en cuanto a cómo se sienten, pero sí comunica que son valorados y cómo se sienten es importante. Es decirles cosas que los validan, como "eso es difícil", "lamento que estés teniendo un mal día", "eso también me enojaría".

A[1] es para apoyar. Apoyar a tu cónyuge comunica verbalmente que no solo son valorados y que sus sentimientos son importantes, sino que también estás ahí para ayudarlos sin importar la situación. Declaraciones como "¿Hay algo que pueda hacer para ayudarte?" o darles un abrazo les comunica que estás disponible para ellos.

A[2] es para alentar. Alentar a tu cónyuge le da esperanza en medio de la situación para que pueda enfocarse en cómo solucionar el problema más adelante. Decir "Todo estará bien", "Dios tiene un plan" o "esta temporada pasará" son formas de expresar aliento.

A[3] es para arreglar. Finalmente, después de que tu cónyuge se sienta seguro en su relación contigo, ambos pueden trabajar juntos para solucionar el problema.

Durmiendo Enojados

> *"Enójense, pero no pequen; no se ponga el sol sobre su enojo."*
> *—Efesios 4:26 (RVA-2015)*

Si has estado en la cultura de la iglesia durante algún tiempo, probablemente ya estés familiarizado con este versículo. Cuando nos casamos, Gloria y yo tomamos este versículo muy en serio. Entendimos que significa que cada argumento tiene que resolverse antes de acostarnos. Así que gritamos, gritamos y, a veces, lloramos mientras peleamos hasta las 3 de la mañana, muchas veces cansándonos y desgastándonos. Y seguimos así hasta que los dos estamos tan exhaustos que nos damos por vencidos para poder dormir. Estoy seguro de que muchos de ustedes pueden relacionarse. No recomendamos abordar este versículo de la misma manera. Lo que este versículo no dice es que si te duermes enojado, tu matrimonio estará condenado al fracaso.

Sin embargo, toma nota de la última parte de este versículo, la parte que a menudo se ignora, "... ni den lugar al diablo". La traducción de ESV (Versión estándar en inglés) dice: "... y no le des ninguna oportunidad al diablo". Entonces, si lo lees desde una perspectiva de causa-reacción, lo que el versículo dice en realidad es que cuando dejamos que el sol se ponga sobre nuestra ira, le estamos dando la oportunidad al diablo. ¿Oportunidad para qué? Oportunidad para que la amargura, el resentimiento y la falta de perdón pueda instalarse en nuestros corazones.

Cuando creamos el hábito en nuestra vida marital de irnos a la cama enojados, estamos acostumbrándonos a retener nuestra ira en lugar de liberarla y darle gracia a nuestro cónyuge. Aprender a liberar nuestra ira antes de que se acabe el día, independientemente de la resolución del argumento, nos acostumbrara a ser rápidos para perdonar. Es una instrucción bíblica que termina protegiéndonos de permitir que el enemigo robe nuestra alegría y paz, la alegría y la paz que es legítimamente nuestra a través de Cristo.

De hecho, también está respaldado por la ciencia. Los neuro-científicos de UMass Amherst descubrieron que si tienes una reacción emocional negativa a algo, como la ira o la tristeza, la reacción se reduce si permaneces despierto. Si te vas a dormir inmediatamente, la reacción se "valida". Una vez que una respuesta está "validada", cuando se expone nuevamente al efecto, por ejemplo, si fue tu cónyuge quien causó esa reacción negativa, tu reacción negativa será tan fuerte como la primera vez. Entonces, en esencia, al dormir mientras estás enojado por algo que tu cónyuge dijo o hizo, estás entrenando a tu cerebro para que responda con la misma intensidad negativa la próxima vez que tu cónyuge haga o diga lo mismo. Si aprendes a liberar tu ira antes de irte a dormir, la próxima vez que tu cónyuge haga o diga lo mismo que te provoque ira, tendrás una mejor oportunidad de responder con más gracia y menos ira.

Lo cual nos lleva a la pregunta: "así que si los Stella aconsejan no discutir hasta las 3 de la mañana hasta que se resuelva una situación y la Biblia dice que no dejes que el sol se ponga en tu ira, ¿qué están sugiriendo?" Nos gustaría señalar que la Biblia dice claramente: "no dejes que el sol se ponga sobre tu enojo". No dice, "no dejes que el sol se ponga hasta que se resuelva el argumento".

La realidad es que muchos de los problemas y argumentos en nuestro matrimonio no se resolverán de la noche a la mañana. De hecho, hay algunos temas en los que los dos nunca podemos ver de la misma manera. Además de eso, tratar de discutir cuando estás emocional, estresado y cansado es una pérdida de tiempo y solo lleva a discusiones más grandes. Entonces, tenemos que aprender a estar en desacuerdo con nuestros cónyuges. Puede que no nos guste lo que hicieron o dijeron, pero no debemos enojarnos por eso.

Este es un mundo feo en el que suceden cosas feas cada minuto de cada día. No podemos evitar sentirnos alimentados por el enojo hasta el punto de pensar en lo frustrados que estamos por algo todo el tiempo. En la vida y en el matrimonio, tenemos que aprender a DEJAR QUE LAS COSAS PASEN. No podemos arreglarlo todo en el mundo y no podemos arreglar todo sobre nuestro cónyuge. Solo Dios puede cambiar a nuestro cónyuge. Ciertamente, podemos discutir nuestras inquietudes con nuestro cónyuge y ayudarlos a lo largo de su jornada, pero no vamos a cambiarlos. Entonces, ¿qué sentido tiene cargar con ira y falta de perdón? La única persona que obstruye el perdón somos nosotros mismos.

En algún momento, si estamos enojados por algo, tenemos que contrarrestar de inmediato esa ira con gracia y perdón. Cualquiera que sea la situación, debemos decirnos: "No, no me gusta lo que hizo mi cónyuge. Fue algo horrible, terrible y egoísta. No estuvo bien. Y sí, es muy irritante que realmente piense que no hizo nada malo. Y no, no me siento comprendido y no es justo. Pero Jesús me perdonó. Nunca entenderé realmente la profundidad del sacrificio que hizo por mí. No era justo para él pagar el precio de mis pecados. Y aunque sé lo que hizo por mí, sigo siendo egoísta y sigo haciendo cosas que sé que no le agradan. Y sin embargo, Él continúa amándome. Él continúa proveyéndome. El esta comprometido conmigo. Diariamente continúa extendiendo Gracia cuando no lo merezco. Cuando me casé con mi cónyuge, hice el mismo compromiso con ellos. Amarlo sin importarme nada, hasta el día en que ya no esté caminando por esta tierra. Así que, sí, lo que hizo mi cónyuge es doloroso y me quedo sin palabras, pero voy a dejar que Dios se encargue de eso. Voy a pedirle a Dios que cambie este problema en mi cónyuge y voy a seguir adelante amándolo por las cosas que amo de él y extendiendo la gracia por las cosas que no me gustan de él". Lo sabemos, más fácil decirlo que hacerlo.

Sabemos lo extremadamente difícil que puede ser en el apogeo de nuestras emociones deshacerse de la ira y extender amor y gracia. Pero este es el Espíritu de Cristo. Como dice Jentezen Franklin, "es mejor reconciliarse que tener la razón"[2]. El argumento no tiene que resolverse. La culpa no tiene que ser confesada. Ni se tiene que tomar una decisión final en medio de una situación. Pero podemos tomar la decisión de amar a nuestro cónyuge a pesar de la discusión. Por lo menos, mientras estamos acostados en la cama dándole la espalda a nuestro cónyuge con enojo, oremos para que Dios nos ayude a liberar ese enojo, nos ayude a perdonar y nos de sabiduría sobre cómo manejar la situación. Esto puede sorprenderte, pero Dios se manifestará, casi de inmediato y te cubrirá con una paz que derretirá tu ira. Pero debes estar dispuesto a permitir que Dios te ayude. No seas tan terco que rechaces la paz de Dios.

Ocasionalmente, implementamos la siguiente estrategia en nuestro propio matrimonio: cuando tenemos una discusión acalorada antes de dormir, nos damos unos minutos para calmarnos y orar individualmente, permitiendo que Dios cambie nuestros corazones, y luego decimos algo como: "Yo estoy muy cansada, no puedo pensar, hablemos de esto mañana, te amo." La parte "Te amo" es importante (y difícil de decir después de un argumento sin resolver) para nosotros porque nos comunica que este (el argumento) no ha terminado, pero este (el matrimonio) tampoco ha terminado. Es una reafirmación de que, cualquiera que sea la situación, sea cual sea el pecado, nos amamos e incluso si no sentimos la emoción del amor, entendemos el compromiso que conlleva.

COMUNICARSE CONCISAMENTE

La última "C" en nuestras "3 Cs de comunicación" es comunicarse de manera concisa. Eso significa poder permanecer en el tema de la discusión o problema y resolverlo.

Si de repente otros temas y problemas entran en la conversación, y si en realidad son importantes, acuérdate de conversarlos otro día, aborda un tema a la vez. Es un problema cuando los cónyuges intentan nivelar el campo de conversación con otros asuntos, "oh, crees que algo está mal conmigo, bueno, ¡déjame decirte lo imperfecto que eres!" Así es como antes de darse cuenta, terminan diciéndose insultos el uno al otro y ni siquiera saben por qué comenzaron a pelear.

Mantenerse en el tema también significa que no se recurre a los insultos, los problemas o las heridas del pasado. No pueden resolver un problema sacando a la superficie todas las demás situaciones y tratando de lastimarse entre sí, eso solo causará más problemas. Si durante una discusión, cualquiera de los cónyuges comienza a insultar al otro o comienza a caminar por los senderos de la semana pasada, eso quiere decir que es hora de tomar un descanso. No tiene absolutamente ningún sentido continuar una discusión cuando las emociones han tomado el lugar de la razón.

Dicen que los opuestos se atraen, pero en general, ese no fue el caso de nosotros (Gloria) y Robert. Ambos somos muy obstinados, extremadamente tercos, innatamente contundentes, altamente emocionales (soy muy emocional en todos los sentidos de la palabra y él es muy emocionalmente frustrado cuando se siente mal) y, para colmo, a los dos nos encanta debatir. Durante nuestros años de noviazgo y al principio de nuestro matrimonio, noté que discutir y debatir parecía ser el equivalente a coquetear para nosotros. Nos gusta el desafío de un buen debate.

El problema con dos personas que se juntan para discutir por diversión, es que cuando tenemos una discusión sobre algo importante, nuestra discusión se eleva a un nuevo nivel y las cosas se salen de control. Nuestros problemas más significativos en medio de los argumentos importantes fueron el abandonar el tema original y las constantes interrupciones de parte de ambos lados, por lo que ocasionalmente, cuando ya no podíamos discutir cara a cara como seres humanos civilizados, íbamos a cada uno de nuestros rincones de la casa y terminábamos nuestra discusión a través de mensajes de texto.

Argumentar o tomar decisiones serias por texto es algo que no recomendamos. Para que una relación sea saludable, es importante que la pareja aprenda a comunicarse, estar en desacuerdo y practicar el dominio propio en el momento y en persona: es una habilidad vital tanto dentro como fuera del matrimonio.

Dicho esto, descubrimos que habían algunos beneficios en un método alternativo de comunicación cuando no parecía funcionar el cara a cara en un argumento. Enviarnos textos nos dio la oportunidad de escribir todas nuestras frustraciones antes de presionar el botón de enviar. Tener la oportunidad de expresar todos nuestros sentimientos por escrito nos impidió decir algo que realmente no queríamos decir y nos dio la oportunidad de reflexionar sobre lo que estábamos discutiendo en primer lugar.

De ninguna manera es un sistema perfecto ni es para todos. Pero para aquellos que están más acostumbrados a enviar mensajes de texto que a hablar, releer los mensajes de texto antes de enviarlos puede ser una buena herramienta de transición para aprender a pensar antes de hablar. Solo ten en cuenta que no puedes manejar tu relación completamente a través del texto: es una herramienta útil en algunas ocasiones, no un reemplazo para la interacción cara a cara.

Di lo que quieres decir

Yo (Gloria) tuve que mejorar en ser concisa y decir exactamente lo que quería de Robert en una discusión. Sería genial si Robert pudiera leer mi mente, pero no puede y no es justo para él que yo espere que él lo haga. No todas las mujeres, pero si muchas de nosotras, somos terribles al no querer explicar el porqué estamos molestas o lo que realmente queremos. Tenemos la sensación de "No quiero tener que decirle, ese es el punto, él ya debe saber lo que hizo mal o lo que quiero". Pero desafortunadamente, tenemos que aceptar que esa no es la manera en la que funciona el cerebro del hombre. Cuando podamos asimilar ese hecho, las cosas serán mucho más fáciles.

Un ejemplo en particular de hace varios años, fue cuando estábamos organizando un evento de matrimonios, yo (Gloria) estaba más que estresada. Estaba cansada y al borde del colapso. Robert y yo nos metimos en una pelea un par de horas antes del evento la cual se convirtió en una pelea de pagar para ver. Sinceramente, ni siquiera sé por qué estábamos peleando. Simplemente me sentía tan estresado que quería gritar y lo que estaba gritando ni siquiera tenía sentido, solo quería gritar lo que fuera. Bromeo diciendo que ese momento me hizo darme cuenta de que realmente puedo relacionarme con lo que significa perder la cabeza. No estoy loca (no lo creo), pero ciertamente sentí que estaba loca.

Estaba tan abrumada y tan estresada y lo que realmente quería era que Robert tomara el control de la situación, me abrazara y me dijera que todo iba a estar bien. Básicamente, lo único que quería era que él me abrazara. Pero por alguna razón, no pude hacer que esas palabras salieran de mi boca. Parece extraño, pero sentía que estaba atrapada en mi propio cuerpo y no podía sacar las palabras "Necesito un abrazo" de mi boca, por lo que mi frustración irrumpió en un comportamiento de locura. Finalmente estaba alejando a la persona que quería tener cerca y abrazar. Me sentía atrapada mientras que Robert se quedó confundido y sin saber que hacer.

Finalmente, después de un par de horas, creo que él descifró cómo leer entre los gritos y tomó el control de mis brazos agitados, me abrazó y yo me derretí. Entonces la discusión terminó. En este escenario, la pelea se debía más a que yo estaba abrumada y necesitaba apoyo que a todo lo que salía de mi boca.

El problema es que, si no somos concisos en nuestra comunicación, ¿cómo se supone que nuestro cónyuge sepa qué es lo que realmente queremos y cómo responder? Así que ahora, cuando una pelea está a punto de estallar, tratamos de preguntarle de manera muy concisa al otro: "No sé cómo quieres que responda a esto, ¿qué es lo que esperas de mí?" En ese momento, el otro cónyuge deja de lado su deseo de ser entendido sin palabras y responde: "Ahora mismo, necesito aliento" o "Ahora mismo, necesito una solución" o "Ahora mismo, solo quiero que estés de mi lado "o" En este momento, necesito que me digas dónde me equivoqué ". Parece tan simple y, sin embargo, como adultos hacemos las cosas tan complicadas.

Lo que realmente necesitamos hacer es analizar por nosotros mismos qué es lo que queremos o necesitamos de nuestro cónyuge en ese momento y luego decírselo. Corto y simple. Sin rodeos. Solo con una comunicación directa y concisa.

EL RESULTADO

Al igual que un tornado arrasando un área y causando estragos en todo lo que encuentra a su paso, después de que el tornado ha pasado, los ciudadanos de esa ciudad no se ponen de pie y reanudan sus vidas normales como si nada hubiera pasado. Tienen que lidiar con las secuelas. Muchas parejas tendrán una pelea masiva y luego una vez que la pelea se haya disipado, ya sea que se haya resuelto o no, se despiertan y continúan con la vida como si nada hubiera pasado. Pero si hay una tormenta en su matrimonio, creemos que es valioso pasar tiempo sanando las secuelas para que las cosas no se dejen supurando ni se repitan.

Siempre Discúlpate

Nuestra cultura ha dejado muy claro que para que un esposo gane una discusión, necesita disculparse. La mujer siempre tiene razón. El esposo siempre está equivocado. Estamos seguros de que en algún momento, esto comenzó como una broma. Pero por alguna razón, la siguiente generación no entendió el chiste, así que lo tomo como un hecho y así estamos hoy.

Aquí está nuestra opinión al respecto. Al final de cada argumento, AMBOS nos disculpamos genuinamente por algo. Ya sea que tengas razón o no, siempre hay ALGO por lo que puedes disculparte. Una discusión acalorada o una pelea no sucede con solo una parte que actúa de manera inapropiada. Puedes disculparte porque estabas legítimamente equivocado o puedes disculparte porque argumentaste mal o porque para empezar no extendiste suficiente gracia. No importa la situación, si estalla una pelea, hay algo que hiciste mal en esa situación por lo que puedes disculparte

Resumen de la Discusión

Al igual que las repeticiones de un buen golpe en una pelea en la televisión, no es una mala idea recapitular la pelea. Esta técnica no siempre es necesaria, pero cuando recién comienzas tu matrimonio o incluso si has estado casado durante 30 años, esta es una excelente manera de exponer problemas en tus argumentos para comenzar a cambiar las tendencias.

Una vez que termine la pelea y estés con tu cónyuge y hayan tenido tiempo de calmarse y superar la situación por completo, tengan una conversación al respecto. ¿Qué hizo que el argumento se convirtiera en una pelea? ¿Qué se puede hacer para evitar que se convierta en una pelea la próxima vez? ¿Hay alguna una frase que dice tu cónyuge que te desanime? ¿O hay una forma en que tu cónyuge preferiría que le respondieras la cual hubiera evitado que la pelea comenzara? Esta no es una sesión para echarse culpas o un momento para decir "si no hubieras dicho esto, no habría respondido de esta manera". Este es un momento para que te examines. Deja que tu cónyuge aprenda de sus errores.   El truco aquí es no permitir que su recapitulación se convierta en otra pelea. Cuanto más hablen sobre cómo se hablan, más se conocerán y podrán trabajar juntos para encontrar una solución.

Resoluciones

Hay una amplia gama de situaciones y argumentos y cada uno tiene una forma diferente de resolverlos. No podemos cubrir cada situación específica, pero en general, hay algunas soluciones claras que pueden aportar claridad a un argumento.

Cuando el argumento es el resultado de una decisión que debe tomarse, después de que todo está dicho y hecho (es decir, una discusión exhaustiva), los esposos deben tomar la decisión que sea mejor para el bienestar de su esposa e hijos y las esposas deben respetar la decisión de su esposo y someterse con una buena actitud. (Si esta declaración te ofende y omitiste el "Capítulo 4: Tapetes", es posible que desees volver a leerlo). Incluso si el esposo finalmente decide tomar una decisión completamente contraria a la opinión de la esposa (que, en un matrimonio equilibrado probablemente será un escenario extremadamente raro), será necesario que la esposa ajuste su actitud y opiniones para reflejar la de sus esposos, y así ambos cónyuges avancen en unidad. No puedes vivir en unidad y paz como "una sola carne" si avanzas completamente dividido en la última decisión.

Si el argumento es el resultado de un problema profundo que no puede resolverse "de la noche a la mañana"; obtengan asesoramiento, discutanlo si es el momento adecuado, pero no se enfoquen solo en eso. No todos los argumentos son en blanco y negro. Muchos argumentos son más grandes que una explicación o una sesión de asesoramiento. Hagas lo que hagas, tener una actitud negativa hacia el problema o mencionarlo constantemente de una manera molesta, no ayudará. Discutan si es el momento adecuado, pero no se esfuercen por discutirlo cada vez o su matrimonio será identificado por ese único problema. Y definitivamente, obtengan asesoría profesional para ayudarlos a abordar problemas serios.

Si el argumento es el resultado de los defectos humanos de tu cónyuge o sus imperfecciones, entonces así como Dios nos extendió su gracia, debemos aprender a hacer lo mismo. Así como nunca podríamos cumplir la ley del Antiguo Testamento, nuestro cónyuge es incapaz de satisfacer siempre nuestras necesidades o expectativas. Tenemos la mala costumbre de establecer una barra de expectativas poco realista para nuestro cónyuge, pero mantenemos esa barra a nuestros pies para nosotros mismos. Todos los humanos tienen defectos, por lo que si estás casado, estás casado con alguien que está fallando de alguna manera. Puedes responder a esas fallas de una manera que te haga ser una persona amargada y resentida o puedes responder a esas fallas de una manera que te acerque más a tu cónyuge y a Dios. Un argumento que comienza porque tu cónyuge no es perfecto, es un argumento que debe terminar debido a tu conocimiento de la gracia de Dios.

Cuando la discusión tiene un esfuerzo unilateral, dale a tu cónyuge tiempo para reflexionar sobre lo que has dicho, ora por ellos y continúa amándolos. Si un cónyuge se aleja y el otro intenta hacer que las cosas funcionen, es mejor tomar la lección de la historia del hijo pródigo (Lucas 15: 11-32). No se puede obligar a un cónyuge a cambiar o a que vean las cosas a tu manera. Cuanto más insistas, más difícil será para ellos admitir sus defectos, disculparse o arrepentirse. Lo único que puedes hacer es orar por ellos y seguir siendo obediente a Dios al extenderles amor y gracia. Dios cambiará el corazón de tu cónyuge a través de tu comportamiento.

Si surge una discusión o situación porque tu cónyuge confiesa algo, perdónale y ayúdale; En la mayoría de los casos (no en todos), tu cónyuge estará tan atrapado en su pecado como tú lo lastimes. Trata de no mantener un archivador mental de todos los secretos, debilidades y confesiones que tu cónyuge comparta contigo. Si eliges no perdonar y, en su lugar, utilizas el conocimiento confesado como un arma, la comunicación cesará. Cuando cesa la comunicación, el matrimonio eventualmente se volverá anticuado. Por otro lado, trata de no jugar a ser la víctima. Sabemos que es realmente difícil, lo sabemos porque queremos recibir lo bueno que hemos dado. Pero sea cual sea el escenario, trata de ver contra qué está luchando tu cónyuge y levántate para alentarlos y ayudarlos. Nada refleja más el carácter de Cristo, que demostrar amor y un compromiso aún más grande. Nada genera el arrepentimiento de parte de tu cónyuge más rápido que cuando los amas continuamente después de que te han traicionado de alguna manera. Ciertamente no estamos diciendo que debemos ignorar el problema o que tu cónyuge no tiene culpa en su confesión. Sugerimos que ajustes tus planes de batalla. En lugar de pelear con tu cónyuge, reconoce el pecado o la esclavitud en la que se encuentra y reenfoca tu lucha hacia ese objetivo.

MÁS DINERO, MI DINERO, NO DINERO

#finanzas

cultura • Las finanzas en el matrimonio deben ser manejadas
por separado para evitar el conflicto
contra-cultura • Las finanzas en el matrimonio deben ser
manejadas juntas para crear unidad

siete

MÁS DINERO, MI DINERO, NO DINERO

El dinero es uno de los temas más debatidos en el matrimonio hoy en día. Según una encuesta de Citibank[1], el 57 por ciento de los divorcios son el resultado de disputas por dinero. Sin embargo, si profundizamos un poco más, no es difícil ver que el problema realmente no se trata del dinero en lo absoluto, sino de cómo abordamos la vida y nuestro matrimonio.

Hay tres cosas que hacen que el dinero sea un problema dentro de nuestros matrimonios: más dinero, mi dinero y nada de dinero.

MÁS DINERO

Este primer problema tiene que ver más con nuestra propia codicia y falta de satisfacción que con los problemas matrimoniales en sí. Si la necesidad de tener "más dinero" es un problema dentro de tu matrimonio, también será un problema fuera de tu matrimonio. Como la mayoría de los problemas en tu matrimonio, solo porque dejes el matrimonio, no significa que estés dejando los problemas. Es por eso que es importante aprender a resolver los problemas dentro del matrimonio.

Siéntete Satisfecho

Dios nos llama a estar satisfechos. No compares tu nivel de vida actual con el de tus padres, tus amigos o tus compañeros de trabajo. Sus estaciones son diferentes, y lo que atravesaron para llegar a su nivel de vida actual es diferente, su propósito es diferente y nunca se sabe realmente lo que está sucediendo a puerta cerrada. Es posible que desees el automóvil que otra persona tiene en este momento, pero ¿deseas su crisis financiera dentro de 3 años también? Compararnos con alguien más no tiene sentido. Siempre habrá alguien más que tendrá algo mejor que tú de alguna manera.

> *"Y He visto que todo trabajo y toda obra hábil que se hace,*
> *es el resultado de la rivalidad entre el hombre y su prójimo.*
> *También esto es vanidad y correr tras el viento."*
> *—Eclesiastés 4: 4 (NBLA)*

Ten cuidado de no confundir la satisfacción con la complacencia. La complacencia es cuando estás tan cómodo que ya no deseas tener nada más allá de lo que tienes ahora. La satisfacción no significa que no debes tener metas o aspiraciones en la vida. No hay nada de malo en querer o apreciar una casa más bonita, un automóvil más nuevo o ropa mejor. El problema viene cuando quieres esas cosas tanto que te vuelves desagradecido por lo que tienes. La satisfacción es simplemente estar agradecido por lo que tienes ahora y no necesitar nada más para sentirte contento o feliz.

Hubo un video de YouTube[2] (luego se convirtió en un meme) que está circulando en las redes sociales el cual dio vida a este concepto. Le hemos agregado algunas dramatizaciones a esto, pero la historia es más o menos así: sentarse bajo una luz roja es un hermoso auto deportivo exótico. El tipo sentado en el auto deportivo ve un helicóptero sobrevolar y piensa: "Me encantaría tener un helicóptero". Luego, un hombre con una camioneta más nueva se detiene junto al auto deportivo y piensa para sí mismo: "ese es el auto de mis sueños". Luego, una mujer en un sedán nuevo repleto de niños, se detiene y ve la camioneta y piensa: "Me encantaría tener un vehículo más grande". Luego, un hombre frena con un auto decrépito y se detiene cuando el tubo de escape emite un fuerte estallido. Mira a la dama con el sedán y piensa para sí mismo: "Mira ese auto nuevo". Junto a él, un ciclista pedalea su camino hacia el semáforo tratando de equilibrarse con bolsas de supermercado colgando de ambas manivelas. Mira el decrépito vehículo y piensa para sí mismo lo conveniente que sería tener un automóvil, tener un lugar en el que pueda cargar el mercado y disfrutar el beneficio de un carro. En la acera al lado del ciclista, una niña camina hacia la parada del autobús y ve la bicicleta y piensa para sí misma cuánto más rápido podría moverse si tuviera una bicicleta. Mientras la niña espera en la parada de autobús, un hombre en silla de ruedas observa desde un balcón cercano y piensa para sí mismo: "ella puede ir a donde quiera".

Siempre habrá algo que tienes por lo que alguien más estaría inmensamente agradecido. También siempre habrá algo que alguien más tenga que tú quieras, sin importar cuánto dinero tengas. No todas las cosas de la vida que son deseables se pueden comprar con dinero. Tenemos que aprender a vivir dentro de nuestros medios y estar agradecidos y contentos con lo que tenemos.

Es una tontería querer tanto algo que ponemos en peligro aspectos más importantes de nuestra vida, como nuestras facturas o comida en la mesa. Necesitamos ser objetivos en la toma de decisiones y mantener nuestro deseo emocional de bienes materiales atados con un cinturón. Y sin embargo, por tonto que sea decirlo, ¿cuántos de nosotros tomamos estas decisiones "tontas" de manera objetiva? Todos hemos sido culpables de decisiones muy tontas.

El Sueño Americano

La cultura ha creado una distracción llamada el "sueño americano". La nueva casa con garaje para dos autos en el vecindario con canchas de tenis y piscina estilo centro turístico. Si no tenemos cuidado, ese "sueño americano" puede hacernos perder de vista rápidamente el sueño de Dios para nuestra vida.

Dios nos ha llamado a mucho más que vivir en nuestra pequeña casa perfecta con nuestra pequeña familia perfecta y vivir nuestros días en paz y armonía entre nosotros. Por el contrario, nos ha llamado para llegar a un mundo perdido y moribundo. Pero para algunos de nosotros, estamos tan envueltos en hipotecas y gastos que nos vemos obligados a mantener un trabajo al que no creemos que Dios nos haya llamado para que podamos mantener el estándar del "sueño americano".

Cuando observamos el origen de la palabra "hipoteca" en inglés (Mortgage), encontramos que "mort" significa "muerte" y "gage" significa "agarre". Así que, esencialmente, "hipoteca" significa "agarre mortal". Ciertamente no estamos sugiriendo que nadie tenga una hipoteca. Solo estamos tratando de exponer la importancia de la mentalidad en la que vive nuestra cultura. Culturalmente, no es el sueño contentarse con las posesiones materiales suficientes, tener influencia y amar a las personas. Culturalmente, es el sueño tener tantas posesiones materiales como puedas, incluso si eso significa que terminas vendiendo tu alma en una trampa mortal de la cual no puedes escapar.

En la gran mayoría de los casos, para el estadounidense promedio, el estándar general para la prosperidad no es la prosperidad real, es solo una prosperidad percibida. Alguien puede tener un auto nuevo, ropa bonita, una casa enorme, carteras de diseñador y relojes Rolex, pero también puede tener un pago de automóvil que no puede pagar, una deuda de tarjeta de crédito fuera de control y una casa que se ve bien pero carece de los fondos para mantenerla o repararla. Ninguna de esas cosas (casa, automóvil, ropa) es mala, pero necesitamos aprender a estar contentos con lo que tenemos y permitir que Dios abra las puertas para más en su tiempo. Quizás Dios nos prometió una mansión en el cielo para que dejáramos de desear una en la Tierra.

Tenemos que cambiar nuestra perspectiva. No estamos llamados a vivir de acuerdo con el estándar del mundo, sino con el estándar de Dios.

Yo (Gloria) no suelo interesarme por las cosas de marca. Si eso fue porque nunca podría pagarlas o porque legítimamente no me importaba, no estoy segura. Pero hace unos años, mi mamá me regaló un bolso Coach muy lindo. ¡Estaba tan emocionada! Inmediatamente supe la ropa con la que lo iba a combinar para ir a la iglesia el domingo siguiente. Al salir de mi auto, y entrar a la iglesia con mi bolso Coach colgando de mi hombro, tuve un pequeño impulso adicional en mi paso, mis hombros enderezaron más y mi cabeza se mantuvo un poco más alta. Tengo que admitir que me sorprendí. Siempre escuché a otras personas decir que tener buenos artículos de marca los hacía sentir más seguros, pero nunca lo había experimentado yo misma. Luego, a medio paso, escuché a Dios hacerme una pregunta, no audiblemente, pero en mis pensamientos, esta pregunta interrumpió mi caminar confiado por el pasillo. "¿Por qué tener un bolso Coach colgando de tu hombro te hace sentir mucho más segura?" Bueno, después de que lo analicé bien, me hizo sentir que tenía algo especial que la mayoría de la gente no tenía, lo que finalmente me hizo sentir que era mejor o más especial que ellos; Por lo tanto, me sentí más segura. Fue una revelación para mí, ¿Creía que Dios toleraría tal pensamiento? ¿Fue como Cristo para mí tener algo porque me hizo sentir que era mejor que otras personas? Entonces me di cuenta de que mi motivación para querer un bolso Coach no era bíblica. Tener un bolso Coach no era antibíblico, pero mi motivación para querer un bolso Coach no era bíblico. Así que dije gracias, devolví el bolso Coach y volví a mi existencia sin bolso (que igual es mucho más conveniente para mí).

No estoy diciendo que todos deberían ir y quemar todos sus bolsos Coach y relojes Rolex. Por favor escucha lo que digo. A veces, las personas prefieren esos artículos porque son un producto de mayor calidad con mejores características o fue un regalo. A veces, tener un artículo de marca es simplemente un método que permite que un cristiano sea aceptado y relacionado con una clase específica de personas, una clase que también necesita escuchar sobre el amor de Jesús. Por mucho que queramos predicar la igualdad y la aceptación universal, la verdad sociológica es que es mucho más fácil para las personas aceptar información o un llamado a Cristo de parte de alguien con se sienten comprendidos o con quienes se relacionan. Eso es cierto para la mayoría de las veces. Entonces, en ese contexto, a veces los bolsos Coach, los relojes Rolex y los automóviles Lexus son simplemente una parte aceptable de la cultura en la que vive un grupo específico de personas. Un grupo al que puede que estés llamado a alcanzar.

Cada individuo y situación es diferente. Mi punto no es que abandones completamente todas las formas de exceso material en tu vida y no se te permita disfrutar de las cosas con las que Dios te ha bendecido. Mi punto es que creo que es prudente para nosotros examinar nuestra motivación detrás de querer algo material y examinar si esa motivación nos acerca o no a Dios o nos distrae del llamado de Dios. Es saludable vivir en la tensión de si algo es perfectamente aceptable o si se está saliendo de control. No es que no podamos tener cosas buenas en absoluto, pero no podemos permitirnos concentrarnos o distraernos con las cosas buenas.

> *"Estos son los que fueron sembrados entre espinos: los que oyen la palabra, pero los afanes de este siglo, y el engaño de las riquezas, y las codicias de otras cosas, entran y ahogan la palabra, y se hace infructuosa."*
> —Marco 4:18-19 (RVR1960)

El Dinero no es Dios

Finalmente, nuestra dependencia debe estar en Dios. Cuando recurrimos a las compras como una manera de calmar nuestras necesidades emocionales, estamos haciendo del dinero nuestro dios. Esto también aplica a cualquier cosa que hagamos terapéuticamente en lugar de ir a Dios.

El dinero es un recurso que Dios nos da para proporcionarnos lo que necesitamos, para que podamos darle a los demás y para bendecirnos. Debemos ser buenos administradores con ese recurso. Comprar algo extra para nosotros o para nuestros hijos cada vez que entramos en cualquier tienda o ir de compras cuando estamos aburridos o deprimidos, no es una forma inteligente de usar ese recurso.

El ejercer un mayor dominio propio en nuestros hábitos de compras, acercarnos más a Dios y depender de el cuando necesitamos levantarnos el ánimo, no quedarnos envueltos en las cosas de este mundo y estar agradecidos por lo que tenemos, son todas formas en las que podemos disminuir el impulso de necesitar tener más dinero y, en consecuencia, reducir las posibilidades de que el dinero se convierta en un problema dentro de nuestros matrimonios.

MI DINERO

En estos tiempos, es una tendencia popular que cada cónyuge tenga sus propias cuentas bancarias, divida las cuentas por igual o se turne para pagar las cosas. Parece un método justo y simplificado para manejar las finanzas: el esposo paga su parte de las facturas y, si quiere comprar algo, puede hacerlo con lo que le sobra en su presupuesto y viceversa.

Sin embargo, lo que esto crea es una cultura en el matrimonio de dividir las cosas, 50/50, ser justo, buscar ser el #1 (es decir, usted mismo) o colocarse en una posición para juzgar a tu cónyuge si alguna vez no pueden mantener su parte del trato. Sin mencionar la separación completa de los roles ordenados por Dios en el matrimonio: después de todo, si cada persona es individualmente responsable de sus propias acciones y sufre sus propias consecuencias, no hay necesidad de tener una relación de colaboración. También elimina las batallas en el matrimonio porque elimina la fusión de dos personas dentro de el y, por lo tanto, elimina cualquier oportunidad de crecimiento a través del matrimonio. Al final del día, la ausencia de las peleas no negará la sensación de estar "solo" incluso dentro del matrimonio y mantener las finanzas separadas simplemente hará que sea exponencialmente mucho más fácil alejarse, lo cual es bueno, si están casados con la intención de divorciarse. Pero nos gustaría creer que la mayoría de las personas que leen este libro se casaron con la intención de tener un felices para siempre juntos.

Dios quiere que tú y tu cónyuge sean una sola carne. El dinero no es más importante ni está por encima de este hecho. El matrimonio no se trata de dividir las cosas, se trata de unir las cosas de tal manera que no se puede distinguir lo que pertenece a una persona u otra. El matrimonio no se trata de dividir las cosas en 50/50, se trata de aportar el 100 por ciento incluso cuando la otra persona no aporta nada. El matrimonio no se trata de ser justo, se trata de sacrificarse a sí mismo. El matrimonio no se trata de velar por tu bienestar, se trata de velar por el bienestar de tu cónyuge. No se trata de colocarse en el trono del juicio, sino de tener la oportunidad de extender la Gracia y mostrar el amor de Dios continuamente.

Si esta es la intención de Dios para nuestros matrimonios, entonces, ¿cómo podemos justificar el manejo de cualquier aspecto de nuestras vidas, incluyendo nuestro dinero, de manera diferente? Al igual que diezmas tus primeros frutos por obediencia para representar que el dinero no es tu dios ni tu proveedor, sino que sólo Dios es Dios, así también debes manejar tu dinero en tu matrimonio: es un buen indicador de cómo tú y tu cónyuge estiman su matrimonio.

Así que manténganlo junto. No debe existir "su dinero, mi dinero, sus facturas, mis facturas". Esto eventualmente lleva a "tus amigos, mis amigos, tu trabajo, mi trabajo, tu vida, mi vida, etc."

Ahora, eso no quiere decir que no haya buenas razones justificadas para tener cuentas bancarias o artículos por separado solo a tu nombre o a nombre de tu cónyuge. Hay innumerables situaciones que pueden exigir tal separación. Sin embargo, si tu dinero está en cuentas conjuntas o separadas no es tan importante como que ambos conozcan y administren todas esas cuentas financieras juntas, independientemente del nombre de quién estén.

Comprométete a Comprometerte

Como se mencionó anteriormente, suponemos que no se casaron con la intención de divorciarse. Sin embargo, es un consejo común especialmente dado a las mujeres, de tener un plan de "respaldo", un plan B, una cuenta secreta, en caso de que las cosas vayan mal. Sin embargo, si no tienes un "plan de respaldo" para abandonar tu matrimonio, la falta de opciones te obligará a quedarte con tu cónyuge y encontrar una manera de resolver las cosas, lo cual es la intención.

Yo (Gloria) no puedo decirte cuántas veces durante las temporadas más difíciles de nuestro matrimonio fantaseé con la idea de irme "por un tiempo" solo para descansar de Robert. Pensé a dónde podría ir. Conseguir una habitación de hotel no era una opción viable financieramente. Y mi madre había dejado en claro varias veces que si alguna vez quería dejar a Robert, quedarse en su casa no sería una opción porque me comprometí a quedarme con él para siempre y ella no me iba a facilitar el romper mi compromiso. Aun cuando las cosas se pusieron difíciles, ya sea que hubiera sido el enfoque correcto o no, puedo decirles que al eliminar la opción de volver a vivir con mis padres me ha impedido en varias ocasiones intentar dejar a Robert exitosamente, porque no tenía un lugar conveniente para ir.

A veces, cuando hablamos de "comprometerse" con el matrimonio, no nos damos cuenta de lo que realmente significa la palabra "prometer". No significa "probar" el matrimonio y ver cómo nos va. Significa que estás comprometido, pase lo que pase. Al prepararte con un plan de escape, te auto-saboteas, porque cuando las cosas se ponen difíciles, siempre sabrás en el fondo de tu mente, que irte es una opción. Prepárense para un gran matrimonio, no para un divorcio fácil.

> *"Así que no son ya más dos, sino una sola carne; por tanto,*
> *lo que Dios juntó, no lo separe el hombre."*
> *—Mateo 19: 6 (RVR1960)*

Acepta Tu Papel

Como se discutió en los capítulos 3 (Dictadores) y 4 (Tapetes), no debería haber una lucha de poder en un matrimonio bíblico. Un esposo debe amar tanto a su esposa que con sacrificio toma decisiones en su mejor interés. Una esposa, independientemente de si su esposo está haciendo su parte o no, debe respetar la decisión de su esposo.

El matrimonio es una relación de respeto mutuo y sumisión mutua. Sin embargo, al final, Dios le ha dado la autoridad al esposo para tomar decisiones, incluso si toma la decisión equivocada.

Si están separando las finanzas para evitar una lucha de poder sobre quién gasta qué dinero y quién es responsable de pagar qué, entonces simplemente están poniendo una curita en un problema que se manifestará en otras partes de su matrimonio.

La persona que trae a casa el dinero no obtiene un poder de decisión exclusivo para lo que sucede con ese dinero. El dinero pertenece al matrimonio y las decisiones deben tomarse en consecuencia- teniendo el esposo el poder de vetar.

Sin Secretos

Hay muchos beneficios menores para administrar su dinero juntos. Tener y administrar cuentas por separado hace que sea demasiado fácil ocultar los gastos en actividades con las que el cónyuge no estaría de acuerdo. Administrar las finanzas juntas crea automáticamente un ambiente de responsabilidad y honestidad. Cuando el cónyuge es consciente de dónde se gasta el dinero, entonces es menos probable que tome las decisiones equivocadas y el otro cónyuge tiene la oportunidad de responsabilizarlo por las malas decisiones.

Las cuentas secretas por separado solo sirven para fomentar la actividad oculta y la falta de comunicación. Abre la puerta a gastos secretos, compras secretas (pornografía, gastos excesivos, almuerzos casuales con un "amigo", etc.). No debe haber secretos. Cada una de sus cuentas financieras debe ser un libro abierto disponible el uno para el otro.

Trabajen Juntos

La vida está llena de conflictos. El objetivo en nuestro matrimonio no es aprender a evitar todo conflicto. El objetivo es aprender a trabajar juntos como un equipo para resolver conflictos. Pasar por el proceso de aprender a administrar sus finanzas juntos, en unidad, brinda la valiosa oportunidad para que cada uno de ustedes crezca como individuos y en su matrimonio. Denle la bienvenida a la oportunidad de crecer. No siempre es fácil, pero si siguen caminando en la dirección correcta, eventualmente, todos los pequeños contratiempos del matrimonio ya no serán un problema y podrán redirigir su enfoque de alcanzar al mundo en lugar de siempre batallar con el matrimonio.

NO DINERO

Ahora llegamos a la parte no tan divertida de las finanzas: las estaciones en las que no tienes dinero. Esas estaciones son algunas de las más difíciles, especialmente cuando tienes niños que criar. Desafortunadamente, cuando ambos cónyuges están sin recursos y las soluciones parecen no existir, hacemos lo único que sabemos hacer: culpar a nuestro cónyuge. No es que seamos personas odiosas, pero es una tendencia natural que los seres humanos quieran encontrar una solución cuando se enfrentan a un problema. La única forma de encontrar una solución es señalando el problema. Pero la realidad es que a veces pasamos por temporadas difíciles, y aunque tu o tu cónyuge pueden haber cometido errores, la totalidad de la situación por la que atraviesan rara vez es culpa de una sola persona.

Robert y yo (Gloria) solíamos bromear diciendo que nunca tuvimos problemas de dinero, porque para tener problemas de dinero, hay que tener dinero. Y no teníamos ninguno. Durante la primera década de nuestro matrimonio, vivimos en una crisis financiera tras otra. Cuando nos casamos, tuvimos seis meses de estabilidad financiera. Luego fui despedida inesperadamente debido a la reducción de personal. Fue durante esta temporada cuando entrábamos a Wal-Mart con un billete de $20 el cual se suponía que debía durarnos toda la semana. Los fideos Ramen ya eran mi comida favorita, así que no fue un gran problema. Pero rápidamente aprendimos cómo maximizar nuestras opciones de comida con ingredientes limitados. Por ejemplo las mejores formas de hacer pizza con un paquete de pepperoni y pan de sándwich, pero sin queso, no podíamos comprar queso. A través de todas las lágrimas y oraciones, sobrevivimos y Dios me proporcionó otro trabajo.

Luego, poco después, Robert fue despedido ya que hubo una fusión dentro de la compañía la cual hizo innecesaria su posición y volvimos al mismo ciclo. Robert y yo somos visionarios emprendedores, así que después de meses de entrevistas sin empleo, decidimos abrir una cadena de tiendas de teléfonos celulares. Pero perdimos esas tiendas cuando AT&T compró a la compañía Cingular. Obtuvimos otro gran trabajo, que nos trasladó a una ciudad diferente. Luego, la recesión ocurrió en el 2008 y Robert fue despedido cuando el banco para el que trabajaba redujo la fuerza laboral a la mitad y despidió a las personas según su fecha de contratación. Después de meses de entrevistas de trabajo improductivas, incluida una como repartidor de pizzas, Robert entró en bienes raíces durante la recesión. En realidad le fue extrañamente bien los primeros meses y pudimos volver a ponernos de pie y luego nada.

Finalmente consiguió un trabajo de 9-5 y estuvimos bien durante varios meses, hasta que esa compañía casi se fue a la quiebra debido a la pérdida de su contrato con una compañía que producía el 60% de su carga de trabajo y Robert fue despedido en el proceso. En algún momento durante esos años de pérdidas comerciales y despidos, Robert fue llamado al ministerio y el resto es historia.

No quiero que todo suene mal. Definitivamente tuvimos temporadas de vivir la "vida por lo alto". En casi todos los trabajos, Robert siempre fue uno de los empleados con mayor recaudación y durante al menos dos de esas temporadas, trajimos a casa ingresos cómodos de seis cifras. Pero esto solo sirvió para ayudarnos a ponernos al día, acumular ahorros, estar preparados cuando nos despidieron y permanecer desempleados hasta que se agotaran todas las cuentas que teníamos y comenzar de nuevo. Fue un círculo vicioso que incluyó todas las tensiones que conlleva no tener dinero.

En retrospectiva, Robert y yo no cambiaríamos nada. Fue a través de esas temporadas devastadoras que aprendimos a acercarnos más a Dios, a acercarnos más el uno al otro, a crecer en nuestro carácter y a darnos cuenta del llamado sobre nuestras vidas. Parece extraño decirlo, pero ahora, vemos esas estaciones como una bendición, no solo por el crecimiento que experimentamos en nuestras vidas, sino porque nos dio experiencia y credibilidad para relacionarnos con otras personas. Nos brinda un puente para ayudar a otras personas que luchan con escenarios tan reales.

Es a través de nuestras propias experiencias, que aprendimos las siguientes cinco verdades que esperamos los animen si están atravesando una temporada similar de "sin dinero."

Diezmen

Diezmo. Sin el diezmo, no hay garantía de la provisión de Dios. Cuando nos salimos de la voluntad de Dios, no significa que siempre fallaremos, pero sí significa que ya no tenemos seguridad. La seguridad financiera que Dios promete a quienes diezman no estará disponible para ti. Eso no quiere decir que Dios proveerá para cada factura inmediatamente o encontrará una forma para que conserves tu casa. Pero sí significa que Él va a satisfacer tus necesidades básicas y será fiel en bendecirte en el gran esquema de tu vida. Si podemos confiar en que Dios nos salvará cuando muramos, entonces podemos confiar en que Él nos salvará cuando necesitemos comida en la mesa.

Confiar

Confiar. Cada crisis financiera que atraviesas es una oportunidad de crecimiento. A veces tomamos malas decisiones financieras y sufrimos las consecuencias. A veces nuestra crisis financiera es el resultado de un ataque legítimo del enemigo. Pero a veces, lo que vemos como una temporada de devastación, en realidad es una temporada que Dios está usando para despojar a nuestras almas de todo lo que dependemos fuera de Dios para que podamos escuchar su voz con mayor claridad y seguirlo al destino que nos ha llamado.

Tenemos que aprender a confiar en Dios. Confiemos en que Él puede darnos una segunda oportunidad y mostrarnos cómo tomar mejores decisiones. Confiemos en que Él puede librarnos de un ataque. Y confiemos en que, aunque lo único que podemos ver es el caos que nos rodea, el ve un panorama más amplio y tiene un propósito mayor y sabe cómo aparecer en el momento adecuado con los recursos adecuados.

Anímense el uno al otro

Anímense unos a otros. Especialmente en tiempos de crisis, no se culpen, sino que anímense continuamente. Siempre tenemos dos opciones en nuestra relación con nuestro cónyuge durante los problemas: podemos menospreciarlos, degradarlos, culparlos y posicionarnos opuestos a ellos o podemos posicionarnos junto a ellos, animándolos constantemente, reafirmándolos y elevándolos.

Recuerdo la historia en Éxodo 17. Los israelitas estaban en batalla y Moisés estaba parado en la cima de una montaña levantando las manos. A medida que se cansaba y comenzaba a bajar las manos, los israelitas comenzaban a perder. Pero cuando levantaba las manos, los israelitas comenzaban a derrotar a su enemigo nuevamente. Aarón y Jur estaban con él. Cuando vieron que Moisés se estaba cansando durante la batalla y comenzó a bajar las manos, pudieron haberle gritado por ser egoísta o por no haberse esforzado lo suficiente. Después de todo, miles de hombres estaban en el campo de batalla arriesgando sus vidas y todo lo que Moisés tenía que hacer para salvarlos era mantener sus manos en alto. Aarón y Jur podrían haberle lanzado insultos sobre su edad o su orgullo o su descuido o cómo debería haberse preparado mejor para ese día y haber hecho más flexiones para poder mantener los brazos en alto. Mientras lo desgastaban físicamente, podrían haberlo desgastado emocionalmente también. Pero no lo hicieron. En cambio, "Aarón y Jur le sostuvieron los brazos, uno el izquierdo y otro el derecho, y así Moisés pudo tenerlos firmes hasta la puesta del sol" (Éxodo 17:12 NVI). Todos estaban en la batalla juntos. Podrían haberse vuelto el uno contra el otro, pero se animaron mutuamente.

Lo mismo es cierto en nuestros matrimonios. Tu cónyuge no desea fallar en la vida. No desea estar en quiebra, estresado y deprimido. No desea sentirse desesperado ni decepcionar a su familia. Y, sin embargo, durante los momentos de prueba, especialmente cuando se trata de temporadas de "sin dinero", así es como tú y tu cónyuge probablemente se sientan. En lugar de agravar la situación y enfrentarse entre sí, recuerde que ambos están pasando por esto juntos.

Independientemente de quién tenga la culpa, ambos están sufriendo y ambos quieren una solución que no parece estar en el horizonte. Cuando tu cónyuge esté deprimido, levántalo y cuando te sientas desanimado, tu cónyuge debería alentarte. Están del mismo lado. No dejen que el enemigo use sus circunstancias para hacer que el matrimonio se desmorone desde adentro.

Comparte tus Pensamientos

Comparte tus pensamientos. No ocultes cómo te sientes, dale a tu cónyuge la oportunidad de alentarte. Especialmente hombres. Los esposos deben ser honestos con sus esposas. Si no estás dispuesto a compartir lo que está pasando, es posible que tu esposa no se dé cuenta de lo difícil que es para ti la temporada de "sin dinero".

Yo (Gloria) sé que durante nuestras temporadas de "sin dinero", estaba tan consumida por mi propio desánimo y depresión que nunca me detuve a pensar cómo se sentía Robert. Sabía que él estaba luchando como yo, pero no fue hasta que se abrió sobre sus sentimientos de fracaso e insuficiencia que me di cuenta de cuánto de su identidad estaba envuelta en su capacidad para mantener a su familia. Lo estaba dando más duro que a mi, simplemente no lo expresaba de la misma manera que yo. Cuando finalmente me di cuenta de lo que estaba pasando, me dio la oportunidad de alentarlo sobre lo grandioso que era como esposo y lo bueno que era conmigo y cómo Dios usaría esto para Su gloria algún día. Pero tales cosas no pueden suceder si no compartimos lo que nos está pasando.

Toda Temporada Pasará

Finalmente, recuerda que cada temporada pasa. No vivirás en esta temporada para siempre. Claro, pueden pasar varios años, incluso una década, pero eventualmente pasará. Ninguna temporada es permanente y Dios hará cosas milagrosas con esa temporada, incluso, me atrevo a decir que eventualmente estarás contento de haber pasado por esos horribles momentos "sin dinero".

MANTÉN TUS OJOS EN EL PREMIO

Ya sea que tengas "más dinero" del que necesitas o que te aferres a "mi dinero" o que estés atravesando por una temporada de "sin dinero", recuerda que el dinero no es tu Dios, no es tu proveedor y no es lo que hace que tu matrimonio funcione o no funcione. Quita los ojos de los aspectos económicos de tu vida y concéntrate en Dios y Él te proporcionará exactamente lo que necesitas.

PROBANDO PRIORIDADES PRÁCTICAS

#prioridades

cultura • la vida es demasiado ocupada como para darle
tiempo a lo que no es urgente
contra-cultura • la vida es demasiado corta como para permitirle a
lo urgente dictar sobre tu tiempo

ocho

PROBANDO PRIORIDADES PRÁCTICAS

Piensa en estas preguntas: ¿Cuáles son tus prioridades en la vida? ¿Dios? ¿La Familia? ¿Los Deportes? ¿Divertirse? ¿La Limpieza? ¿Mantener las apariencias?

Ahora piensa en esto: ¿En qué piensas más? ¿Qué influye más en tus decisiones? ¿Qué es lo que más te estresa en el día a día?

Según tus respuestas a las últimas tres preguntas, ¿qué crees que otras personas dirían que son tus prioridades?

Podemos afirmar que algo es nuestra prioridad hasta que la cara se nos ponga azul, pero si nuestros comportamientos no indican que algo es una prioridad, entonces no es una prioridad genuina. Lo que dices no es tan efectivo como lo que haces.

PRIMERO LO PRIMERO

Las prioridades que demuestres te definirán: para quién vives, quién eres y qué haces. Como cristianos, entendemos que Dios es nuestra principal prioridad. Tu relación personal con Dios no solo debe ser tu máxima prioridad, sino una prioridad que te consuma todo y que tenga prioridad sobre todas las demás prioridades. Pero ¿qué significa eso?

La mayoría de las personas correlacionan el tiempo con el nivel de prioridad. Entonces, naturalmente, si alguien dice que Dios debería ser su mayor prioridad en la vida, puede sentirse tentado a decir que las personas "súper espirituales" que lo están haciendo bien están pasando la mayor parte de su día en oración, lectura de la Biblia y en la iglesia. Pero pasar la mayor parte de nuestro tiempo cada día con Dios significa que no hay suficientes horas en el día para cumplir lo que es importante para Dios mismo. Él nos llama a amar a nuestro prójimo, a cuidar a las viudas y a los huérfanos, a criar a nuestros hijos, y todas estas cosas llevan tiempo. Entonces, ¿cómo hacemos las dos cosas? Demostrar que Dios es nuestra prioridad no significa necesariamente que asignemos la mayor parte del día a solo pasar tiempo personal con Dios. Él es tu primera prioridad, sí. Pero simplemente levantarse cada mañana y dedicar 30 minutos a leer tu Biblia y luego continuar con tu día de acuerdo con tu propia voluntad, no significa que lo estés convirtiendo en tu primera prioridad. Dios es una prioridad que lo consume todo. Lo que significa que todo lo que haces durante todo el día, cada persona con la que te encuentras, cómo manejas cada situación, en qué gastas tu dinero, cada acción que realizas durante todo el día debe indicar que Dios es tu máxima prioridad.

Esto no significa que le recites las escrituras a cada persona con la que te encuentras o que cumplas con todas las expectativas religiosas sin error. Significa que tu relación personal e íntima con Dios va más allá de las expectativas religiosas de la iglesia, e incluso que tus pensamientos ocultos demuestran que Dios es tu máxima prioridad.

AMA A TU PRÓJIMO

> *"Ama al Señor tu Dios con todo tu corazón, con todo tu ser y con toda tu mente- le respondió Jesús-. Éste es el primero y el más importante de los mandamientos. El segundo se parece a éste: ama a tu prójimo como a ti mismo. De estos dos mandamientos dependen toda la ley y los profetas.'"*
> *-Mateo 22: 37-40 (NVI)*

Tu cónyuge es el "prójimo" más cercano que tienes y debes dedicar un gran tiempo a amarlos y a cuidarlos. Si Dios es nuestra prioridad, entonces debemos entender lo que es importante para Él y hacer de eso una prioridad. Si Dios dice que "aborrece el divorcio" (Malaquías 2:16), entonces, posteriormente, debemos decidir que el cuidado de nuestro matrimonio y nuestro cónyuge es una prioridad.

Esto significa que cuando tienes que elegir entre tus emociones y tu matrimonio, haces de tu matrimonio tu prioridad, no tus emociones. Cuando tienes que elegir entre irte y darte un nuevo comienzo o arremangarte y cavar en una tierra bastante desagradable para resolver tus problemas matrimoniales, eliges no tomar la salida fácil. Si Dios es nuestra prioridad, entonces eso significa que nuestros cónyuges también son nuestra prioridad y lo que sea necesario para proteger a nuestro cónyuge es la opción que debemos elegir.

TODOS MIS HIJOS

"Que los diáconos sean maridos de una sola mujer y que gobiernen bien sus hijos y sus propias casas."
-1 Timoteo 3:12 (NBLA)

El libro de 1 Timoteo nos da un buen resumen de cómo las prioridades deben alinearse con nuestras familias: cónyuge, hijos, y hogar. Es a través de demostrar que Dios y nuestro cónyuge son nuestras prioridades que indirectamente hacemos de nuestros hijos una prioridad. No hay nada mejor que podamos darles a nuestros hijos que un gran ejemplo de cómo deberían vivir sus vidas.

Según la cultura popular, los niños tienen mayor prioridad que los cónyuges, y es comprensible. Hay un sentido abrumador de responsabilidad, propiedad y, por supuesto, amor, al tener la oportunidad de desarrollar a un ser humano. Combina ese amor y responsabilidad con el hecho de que los niños naturalmente necesitan más atención que un adulto y es fácil ver cómo nuestras prioridades pueden cambiar de nuestros matrimonios a nuestros hijos.

Sin embargo, el mejor regalo que podemos darle a nuestros hijos es un asiento de primera fila para presenciar cómo se debe vivir la vida, cómo se deben tomar las decisiones, cómo se ve el compromiso y cómo Dios puede mantener todo en orden. Es en los años iniciales de su desarrollo que su perspectiva sobre Dios, la vida y las relaciones se arraigaran en sus almas. Hacemos de nuestros hijos nuestra principal prioridad mostrándoles, con el ejemplo, cómo hacer de Dios su prioridad principal.

PERSONAS ALREDEDOR DEL MUNDO

Dios ama a las personas. Deberíamos amar a las personas. Después del cuidado a las personas las cuales Dios nos ha dado responsabilidad exclusiva (nuestro cónyuge, nuestros hijos y nuestro hogar), entonces debería ser nuestra prioridad amar a otras personas. No importa nuestra vocación o nuestra carrera, Dios nos ha llamado a amar a las personas. Ya sea a través del ministerio voluntario, nuestra relación con colegas o el cuidado de la familia extendida, debemos hacer que el amar y cuidar a las personas sea parte de nuestra existencia diaria.

Durante los primeros años de nuestro matrimonio, el padrastro de Robert murió trágicamente después de una fuerte caída emocional y mental. Ya que Robert nunca conoció a su padre biológico, su padrastro fue, en todos los sentidos, su padre. Durante la temporada previa a su muerte, él padre de Robert se desconectó de la familia, y yo (Gloria) sentía un impulso constante de escribirle una carta. No sé qué se suponía que debía escribir en la carta, aparte de unas pocas palabras de aliento y aceptación. Aunque Robert y su padre eran cercanos, yo en realidad no tenía una relación con él más allá del estado de suegro / nuera, por lo que la idea de escribirle una carta parecía un poco extraña. Siempre rechacé tal pensamiento con la excusa de que mi vida era de un ritmo acelerado y rápido; así que eso iba a ser improductivo. Después de todo, soy una gran admiradora de la productividad.

Varios meses después de su muerte, fusioné mi lista de contactos de Outlook con mi lista de contactos de Gmail y me tomé el tiempo para eliminar duplicados, clasificar cada contacto y actualizar la información de todos, porque eso es lo que hago por diversión (no, en serio). Mientras recorría la lista larga de nombres, me encontré con el nombre del padre de Robert: Paul Brundage. Me detuve por un momento y, por cualquier motivo, en lugar de simplemente eliminar el contacto, lo abrí para revisar la información que tenía bajo su nombre, reflexionando sobre toda la situación una vez más.

En Outlook, se asignó una configuración de "prioridad" a cada contacto de forma predeterminada. Cuando me desplacé hasta el final de la información de Paul Brundage, vi el último campo de información: "Prioridad: Baja". "Prioridad: baja" así es, sé que el software asignó a todos mis contactos un estado de "Prioridad: Baja", pero aún así me golpeó como una tonelada de ladrillos. Mi corazón se hundió y, en ese momento, Dios me quebranto. Dos palabras simples que Dios usó para darme una revelación de cuán desordenadas eran mis prioridades.

En una temporada en que Dios me llamó a extender el amor y la gracia a alguien, había demostrado que mi lista de tareas pendientes era una prioridad más alta que las personas. Mi trabajo, mi pequeño mundo, mis pequeñas responsabilidades eran más importantes que tomar diez minutos para proporcionar lo que podría haber sido una extensión del amor de Dios a la vida de alguien. No estoy diciendo que mi pequeña nota hubiera salvado la vida del padre de Robert, pero nunca sabremos cómo Dios quería obrar si mis prioridades se hubieran alineado con las prioridades de Dios. Afirmé que Dios era mi primera prioridad, pero en esa situación, comprobé que lo que era importante para Dios no era importante para mí.

Dios obra a través de interrupciones para mostrarle a la gente su amor. Aunque necesitamos ser fieles con la tarea que Dios nos ha encomendado, para hacerlo con diligencia y excelencia, no podemos permitir que lo que estamos haciendo nos impida extender el amor hacia las personas.

Danny Silk lo expresó de manera tan concisa cuando dijo: "Si me amas, aparecerá en la forma en que trates lo que te dije que es importante para mí. Si realmente amamos a Dios, deberíamos demostrar que la forma en que tratamos lo que Él nos ha dicho en Su Palabra es importante."

TRABAJANDO TODO EL DÍA

Posteriormente, llegamos a la prioridad final en nuestra lista de las cinco prioridades principales: Tu tarea asignada. Ya sea un trabajo de 9-5, un estudio o un llamado, tu "tarea" es lo que haces.

Ten en cuenta que a lo que te dedicas no es más importante que las personas a tu alrededor. Es decir, tu "trabajo" no está por encima de tu familia. Tampoco la obra del ministerio (empleado o voluntario) está por encima de tu familia. Tu relación personal con Dios y la obra del ministerio son dos prioridades diferentes.

En casi todas las áreas de la vida, podemos crear listas y trazar líneas y límites que nos den algún tipo de claridad, pero también tenemos que aprender a aplicar el equilibrio y la sabiduría. Dios nos lleva a través de diferentes estaciones y, a veces, las circunstancias determinarán si tenemos que ir a trabajar de 9AM a 5PM en lugar de quedarnos en casa jugando con los niños todo el día o que tengamos que renunciar a unas vacaciones con nuestro cónyuge para pagar un viaje misionero.

La idea no es que siempre tengamos que elegir una prioridad más alta en lugar de una prioridad más baja ante toda circunstancia. La idea es que estemos viviendo en equilibrio y vivamos con el entendimiento de que es la forma en que manejamos nuestras prioridades día a día y consientes de mantener nuestras prioridades de una manera saludable.

PRACTICANDO TUS PRIORIDADES

Toda esta charla sobre cuáles deberían ser nuestras prioridades es excelente, pero lo que realmente importa es cómo aplicamos esto a nuestras vidas. Poner en práctica nuestras prioridades es algo muy diferente a poder enumerar nuestras prioridades.

Priorizar prioridades

Lo primero que debemos poder hacer es priorizar nuestras prioridades. Si algo es una prioridad, entonces haz una prioridad encontrar tiempo para esa prioridad. Si algo es una prioridad en tu vida, tiende a hacerlo. Cuando es una prioridad real, no la olvidamos. No dejaríamos a nuestros hijos en la escuela sin tener transporte para que regresen a casa. Como pareja casada, debemos recordar que el hecho de que algo no sea importante para nosotros no significa que no sea importante para nuestro cónyuge. Si es una prioridad para nuestro cónyuge dentro de nuestro matrimonio, entonces tenemos que hacer que sea una prioridad para nosotros mismos.

Al igual que expusimos anteriormente, existen circunstancias ocasionales que dictan que tendremos que asignar tiempo a otra cosa en lugar de tiempo con nuestro cónyuge. Sin embargo, esa sería la excepción, no la norma.

Conoce las prioridades de tu prioridad. ¿Qué es importante para tu cónyuge? ¿Qué necesita de ti para sentir que tiene un matrimonio exitoso? Cualesquiera que sean sus respuestas, puede parecerte trivial, pero si tu cónyuge es una prioridad, haz que lo que es importante para ellos también sea importante para ti.

Haz Ajustes

Una vez que comprendas lo que es importante para tu cónyuge, evalúa la manera cómo manejas tu vida. Además de la excepción ocasional, si tus acciones regularmente y de manera predeterminada reducen a tu cónyuge en la lista de prioridades, entonces es hora de hacer algunos ajustes. Realiza cambios logísticos en tu vida para desarrollar un estilo de vida en torno a sus prioridades.

¿Estás haciendo ajustes en tu vida para que las prioridades de tu cónyuge estén en tu lista de tareas del día? Cubriremos esto más adelante en este capítulo, pero por ejemplo, si el sexo es una prioridad para tu cónyuge, no importa cuán superficial puedas pensar que es esto, ¿te estás asegurando de que estás reservando tiempo y energía para eso? ¿Eres capaz de hacer del sexo una prioridad en tu vida también?

Naturalmente, si algo es importante para ti, no necesitas recordatorios ni cambios en tu vida; te asegurarás de hacer lo que consideres importante. Sin embargo, si algo es importante para tu cónyuge, deberás seguir los pasos adicionales para poner en marcha recordatorios o hacer ajustes en tu horario para demostrarle que lo que es importante para él es importante para ti.

En mi rol (Robert) de apoyar en un ministerio internacional en rápida expansión, descubrí que la gran mayoría de mi tiempo se consumía rápidamente por la obra del ministerio. Cada decisión que tomo en el ministerio depende de la Voluntad de Dios y mi relación personal con Él lo cual mantiene su lugar en las prioridades de mi vida (Prioridad # 1), el ministerio es lo que Dios me ha llamado a hacer (Prioridad # 5) a través de mi posición. Haz un esfuerzo consciente para que sea una prioridad amar a las personas y no dejarse llevar por la ocupación (Prioridad # 4). Las prioridades que lentamente comenzaron a tener menos tiempo de forma regular fueron mi cónyuge (Prioridad # 2) y mis hijos (Prioridad # 3).

Al darnos cuenta de que a pesar de nuestro corazón o nuestra intención, los ministerios y el llamado se desmoronan rápidamente cuando no mantenemos un equilibrio en nuestras prioridades, Gloria y yo encontramos formas de realizar cambios logísticos en nuestro estilo de vida. Mientras que en temporadas anteriores de mi vida, rara vez me perdía un partido de fútbol; En la temporada actual de mi vida, los juegos de fútbol han sido reemplazados por noches de citas. Debido a un mayor compromiso ministerial, no podía llegar a casa y hacer salidas familiares con la frecuencia que mi familia prefería, así que dejamos de hacer de las salidas familiares y nuestras citas, entidades separadas de nuestro llamado al ministerio. Después de todo, el ministerio es un asunto familiar. En lugar de irme de la ciudad solo a una sede diferente para trabajar, mi familia va conmigo y lo hacemos como un viaje familiar. En lugar de trabajar en un evento por mi cuenta, Gloria se ofrece como voluntaria a mi lado. Esto funciona para nosotros porque a Gloria, le parece divertido y disfruta trabajar, sentirse productiva es importante para ella. Poder trabajar juntos y ser productivos en colaboración ha sido nuestra máxima expresión de la salud marital. Además de fusionar el ministerio y la familia donde sea factible, también decidimos tomar la mayor cantidad de vacaciones posible. Afortunadamente, los padres de Gloria viven en la playa, por lo que tomar varias vacaciones no es un problema financiero para nosotros. Con la combinación de incluir a mi familia en mi trabajo y reservar varias oportunidades durante todo el año para tiempo familiar exclusivo, Gloria y nuestros hijos se restablecieron en su lugar correcto en mi lista de prioridades.

A medida que cambian las estaciones, la logística de cómo llevamos la vida puede cambiar. Es posible que los ajustes que hicimos en nuestra vida no funcionen para ustedes; es posible que no puedas incluirlos en tu trabajo o que tu esposa no considere el trabajar juntos como un medio satisfactorio para su matrimonio o que las vacaciones no sean tan factibles como seria dejar de lado casi todos los sábados por la noche como una "noche familiar". Lo que funciona para nosotros puede no funcionar para ustedes, pero la idea es que constantemente evalúen sus prioridades con respecto a la temporada actual en la que se encuentran y se comuniquen entre sí sobre soluciones que demostrarán a su prioridad que en realidad son prioridad.

Balancea tus prioridades

Creemos que el aspecto más importante para hacer malabares con los compromisos de la vida es el equilibrio y la sabiduría. Sé que seguimos volviendo al mismo tema, pero no podríamos enfatizarlo lo suficiente. Lo último que queremos es que alguien tome el contenido de este libro y lo aplique rígidamente a su vida sin tener en cuenta el equilibrio y la sabiduría. Hay pautas bíblicas que no pueden ser comprometidas, pero fuera de ellas, tenemos que orar por sabiduría para poder discernir cuándo las pautas pueden ajustarse para una situación específica.

Por ejemplo, mi trabajo (Gloria) en la industria del cine se basa principalmente en proyectos. Durante la mayor parte del año puedo trabajar desde casa mientras los niños están en la escuela o durante sus siestas. Luego, cuando mi familia está en casa, trato de concentrarme exclusivamente en ellos. Dicho esto, hay momentos en los que tengo que estar ausente durante una semana u ocasionalmente varias semanas a la vez durante la producción o tendré que concentrarme completamente en las responsabilidades de preproducción que conducen a un rodaje. Estas ocasiones ocurren una o dos veces a lo largo del año y Robert entiende que el cambio de prioridades es temporal y tiene una fecha de cumplimiento.

Por otro lado, también ha habido ocasiones en que se me presentó la oportunidad de tomar proyectos consecutivos que tuve que rechazar. Aquí es donde el discernimiento y la dirección de Dios pesaron mucho en nuestras decisiones. Una cosa es tener que centrarme en mi trabajo durante un plazo muy largo, pero tener la capacidad de "compensarlo" el resto del año estando presente en casa. Es un escenario completamente diferente si se vuelve normal tener una fecha límite de un proyecto tras el otro, sin un final a la vista y sin una orden directa de Dios para tomar la carga de trabajo adicional. Cuando eso sucede, se convierte en una cuestión de un cambio de prioridad permanente en vez de un cambio temporal durante una estación.

El Tanque de amor

¿Has oído hablar de un tanque de amor? Es un concepto que dice que todos tienen un tanque de cosas que desean para sentirse satisfechos y amados, y cada vez que una persona importante hace una de esas cosas, llenan el tanque de amor, y el tanque de amor debe ser rellenado constantemente. .

En lugar de un tanque de amor, vamos a llamarlo un tanque de prioridades. Es tu responsabilidad mantener siempre lleno el tanque de prioridades de tu cónyuge. Cada vez que eliges a tu cónyuge o lo que es importante para tu cónyuge sobre otra cosa, estás depositando en su caja principal. Pero cada vez que eliges algo más (trabajo, fútbol, limpieza, incluso niños) sobre tu cónyuge, retiras de su categoría de prioridad. Hay momentos en los que necesitas hacer un retiro del depósito prioritario de tu cónyuge, pero si lo haces, recuerda que necesitas encontrar formas de hacer varios depósitos para volver a llenarlo. Si el depósito prioritario de tu cónyuge se queda vacío y permanece vacío durante demasiado tiempo, es posible que debas tomar medidas drásticas para asegurarte de que tu cuenta se mantenga al día.

SEAMOS PRÁCTICOS

Hemos enumerado nuestras prioridades, hemos discutido cómo demostrar esas prioridades, ahora queremos darte algunas ideas prácticas de la vida real para demostrar tus prioridades. De ninguna manera estos ejemplos cubren todos los escenarios, pero esperamos que te dará una buena idea de cómo aplicar este capítulo a tu vida diaria.

Sexo Vs. Sueño

Sea cual sea tu excusa, haz ajustes a tu horario o establece recordatorios para ti mismo. Si es importante para tu cónyuge, debería serlo para ti. Si en verdad estás completamente y totalmente agotado para el momento en que te mete a la cama, entonces cuando estés contemplando si debes terminar de hacer la ropa antes de acostarte o dejar de hacerla y acostarte con algo de energía aún reservada, elige dejar La Ropa a un lado. Entendemos que mentalmente puede ser difícil de dejar, pero debes preguntarte: ¿Cuál es mi prioridad aquí? ¿Tener todas mis tareas hechas con éxito durante el día y limpiar la casa antes de acostarme o es mi cónyuge mi prioridad? Como ya se discutió anteriormente en el capítulo, el cónyuge es la Prioridad #2 y tu trabajo asignado solo entra en la Prioridad #5. Si no estás seguro de cuál es más importante para tu cónyuge, pregúntele: ¿ropa interior limpia o sexo? Y parte de ahí.

Conversación Vs. Relajación

Ya sea que tengas ganas de hablar o de relajarte en el sofá, si es importante para tu cónyuge conectarse diariamente contigo, entonces reserva algo de energía durante todo el día para hacerlo. Yo (Robert) solía sentirme tan frustrado cuando entraba por la puerta de un día caótico en el trabajo y lo primero que Gloria quería hacer era hablar de todas las cosas aburridas, tediosas y fastidiosas que hacía todo el día: ¿qué sabor tenía el café que me tomé en la mañana? ¿Cómo fue la conversación con mi jefe (es decir, darle el transcrito de la conversación al pie de la letra)? ¿Qué ordené para el almuerzo? ¿Cómo me sentí acerca de tal y tal cosa? Lo último que quería hacer era hablar, hablé todo el día. Solo quería sentarme en el sofá en silencio. No quería tener que informarle sobre todo lo que había hecho tan pronto como llegaba a casa. Pero finalmente me di cuenta de que era importante para ella sentir que estaba incluida en mi día. Incluso si no estuvo conmigo todo el día, quería saber lo que hice y cómo me sentía con todo lo que hice. Entonces, en lugar de caminar por la puerta y frustrarme, cambié mi mentalidad. Seguí hacia adelante y lo agregué a mi calendario mental. Ya que se convirtió en algo que sabía que iba a hacer en cuanto llegara a casa, tenía todo el día para prepararme y no fuera tan frustrante. Conectarme a través de una una conversación acerca del día que aún no había terminado no es mi actividad favorita, pero hace que Gloria se sienta conectada conmigo- lo que lleva a otras formas de conexión física, a lo cual no me opongo.

Apreciación Vs. Perfección

Decide qué es más importante: una tarea perfectamente terminada o que tu cónyuge se sienta apreciado cuando intentan "ayudar". Si aún no lo has escuchado, a mi (Gloria) me encanta la eficiencia y la productividad. Así que, naturalmente, opero todos los aspectos de mi vida para alcanzar la mayor eficiencia posible. Esto se aplica inclusive a mi armario. A la mayoría de las personas organizadas les gusta organizar por color porque se ve bien. Pero he encontrado que esta es una práctica ineficiente, ya que habría varias prendas de vestir que no se usarían y no habría forma de filtrarlas. Así que organizo mi armario por tipo (de manga larga, de manga corta, camisetas) y luego coloco ropa recién limpia en el lado derecho de cada sección. Cuando necesito encontrar algo para ponerme, solo reviso las opciones en el lado izquierdo de cada sección. De esta manera, cuando llega el momento de la limpieza de primavera (y la limpieza de verano, otoño e invierno), puedo ver fácilmente lo que no usé durante toda la temporada y deshacerme de ello. Como puedes ver, este es un sistema muy delicado que he creado. Un día, Robert decidió ayudarme y guardar la ropa por mí. Cuando entré en mi armario esa noche, quería llorar. No porque lo que hizo hubiese sido especial, sino porque en un instante, perdí el trabajo de varios meses de rastrear lo que ya no me ponía. Robert había colgado la ropa en las secciones equivocadas y en los lados equivocados. Por supuesto, podría regresar y elegir las piezas que sabía que no estaban guardadas correctamente, pero eso significaba que perdería (respiro) 10 minutos de mi tiempo reorganizándome los cuales podría usar haciendo otra cosa.

Aun así, no había garantía de que no pasaría por alto una prenda de vestir que estuviese fuera de lugar. Estoy segura de que ves cuán perjudicial fue esto para mi existencia (sarcasmo extremo). Me molesté bastante, lo que fue extremadamente desalentador para Robert. En una situación en la que estaba haciendo todo lo posible por ponerme como una prioridad y hacer algo dulce por mí, falló. Pero lo peor de todo es que le hice saber que había fallado. Quería que él hiciera cosas dulces por mí, pero cuando intentó hacerlo, me enojé con él porque no lo hizo con mis estándares locos de perfección. De cierta manera, lo castigué por ser amable conmigo. ¿Los resultados? Dijo que nunca volvería a colgar mi ropa. Pasaron varios años e intentó colgar la ropa un par de veces más, no siempre a la perfección, pero he tenido que dar un paso atrás y preguntarme cuál es mi prioridad: ¿Es más importante que algo eternamente irrelevante se haga a la perfección o es más importante que cambie mi actitud y demuestre cuan agradecida estoy? Tengo un esposo que está dispuesto a hacer un esfuerzo adicional para ayudarme. La respuesta es simple si miramos de afuera hacia adentro, pero a veces podemos dejarnos llevar por el momento y olvidamos que nuestro comportamiento demuestra cómo están alineadas nuestras prioridades en realidad.

Cambiar Vs. Quedarse Terco

Tu cónyuge debe amarte tal como eres, pero también está bien que cambies tu comportamiento voluntariamente para hacerlos felices. Sabemos que esta declaración no es popular en la cultura actual y le hemos dedicado un capítulo completo (Capítulo 9: Espera menos, aprecia más). Todo este concepto en la cultura actual acerca de ser quien eres y no cambiar para nadie es simplemente no bíblico. Sí, ten confianza en quién eres y no, nunca debes cambiar para que alguien te quiera o te acepte. Sin embargo, todos tenemos una gran necesidad de crecimiento y cambio a lo largo de toda nuestra vida, incluso cambiamos biológicamente varias veces a lo largo de nuestra vida. No hay absolutamente nada de malo en mandar en cómo ocurre ese cambio. Si tu cónyuge prefiere el cabello largo, entonces no tiene nada de malo que te dejes crecer el cabello. No tienes que apoyarte en una base filosófica que dice que nunca deberías cambiar nada de ti. Tu cónyuge debe amarte sin importar qué, pero debes también estar dispuesto a cambiar algunas cosas para complacer a tu cónyuge. Por ejemplo, yo (Gloria) solía (esto podría decirse en tiempo pasado) tener una tendencia a ser un poco dramática. Una noche, nuestros dos perros se pelearon y extendí la mano para separarlos y nuestro perro más grande me mordió un poco la mano. Y cuando digo un poco, quiero decir, que sentí su diente dentro de mi mano, pero no se notaba a simple vista. Me puse muy dramática porque Robert le restó importancia y me miró como si estuviera loca. Lo cual obviamente condujo a una discusión. ¿Pero qué era más importante? ¿Que me aferrara a mi drama excesivo con respecto a todo en mi vida o que aprovechara esa oportunidad para madurar en esa área de mi personalidad? Y sí, para aquellos que están en total desacuerdo, absolutamente pueden cambiar aspectos de su personalidad. Estoy feliz de informar que mi reacción instintiva ya no es gritar y llorar, sino más bien tener un comportamiento "tranquilo, sereno y calmado" (la mayoría de las veces) hasta que mi interior deje de perder el juicio. Al principio no era natural, pero definitivamente es un cambio que ha funcionado para mi beneficio no solo en mi matrimonio, sino también en la relación con mis padres y profesionalment.

Familia Vs. Cónyuge

Cuando elegiste casarte con quien es ahora tu cónyuge, elegiste dejar atrás a tu familia (en el sentido de "dejar y partir"); Aunque te esfuerces por seguir honrándolos y respetarlos, tu cónyuge debe tener prioridad. Todos hemos escuchado decir que "cuando te casas con alguien, también te casas con su familia". Esto es cierto, pero sólo hasta cierto punto. La Biblia deja en claro que cuando nos casamos, comenzamos una nueva familia con nuestro cónyuge. Sería genial si todos en sus familias extendidas pudieran ser un gran grupo de personas felices. Pero esa no es siempre la forma en que funciona. A veces, tu "familia antigua" puede comenzar una batalla con tu cónyuge. Quién tiene la razón o quién está equivocado no es el punto y puede discutirse a puerta cerrada. Pero cuando te enfrentes ante la decisión de quién defender, tu cónyuge siempre debe ser tu prioridad. Tú y tu cónyuge siempre deben permanecer unidos ante cualquier otra persona. No debe haber un vínculo terrenal o lealtad más fuerte que su matrimonio.

> *"Por tanto el hombre dejará a su padre y a su madre y*
> *se unirá a su mujer, y serán una sola carne."*
> *–Génesis 2:24 (LBLA)*

El tiempo de Dios versus tu tiempo: puedes tener un llamado muy diferente de lo que estás experimentando ahora, pero si Dios es tu prioridad que todo lo consume, entonces Él desea controlar tu vida y debes permitírselo. Cualesquiera que sean las circunstancias, elegir entre hacer que algo suceda en tu vida por tu cuenta o elegir esperar el tiempo de Dios, es en última instancia indicativo de cómo atesoras tus prioridades. Cuando Dios está listo para que algo suceda en tu vida, Él puede hacer que suceda, siempre y cuando te mantengas enfocado en tu relación con Él y sigas Su voluntad.

COMUNICA TUS PRIORIDADES

¿Qué es importante para tu cónyuge? Sin saber lo que es importante para tu cónyuge, será difícil demostrarle que es tu prioridad. Tenemos que estar dispuestos a hablar sobre estos temas y conocernos. Las cosas cambian, las circunstancias cambian, las personas cambian: tenemos que seguir hablando para saber quién es nuestro cónyuge hoy y lo que consideran importante.

Cualquiera que sea la prioridad relacionada con tu escenario, antes de tomar una decisión, pregúntate, "al tomar esta decisión, ¿a quién estoy dando prioridad?"

ESPERA MENOS, APRECIA MÁS

#espectativas #apreciacion

cultura • El matrimonio se trata de encontrar a alguien que te ama tal y como eres
contra-cultura • El matrimonio se trata de amar a la otra persona tal y como es

ESPERA MENOS, APRECIA MÁS

Tendemos a vivir en un doble estándar en nuestra cultura actual. Esperamos la perfección de nuestros cónyuges, pero nos acomodamos mucho. Le pedimos a nuestro cónyuge que cambie las cosas sobre sí mismos, pero tenemos la actitud de que no deberíamos tener que cambiar por nadie. Esperamos que nuestros cónyuges aprecien cada pequeña cosa que hacemos, sin embargo, generalmente no hacemos todo lo posible para mostrarles a nuestros cónyuges que apreciamos lo que hacen. En esencia, todo se reduce a la falla humana del egoísmo y, a medida que intentemos atravesar el mundo feo de nuestro propio egoísmo, esperamos poder salir del otro lado al contrario; esperando menos de nuestros cónyuges y apreciando más de ellos.

EVITAR EL CAMBIO

Ser uno mismo. Eres perfecto tal y como eres. Nunca cambies. Sé sincero contigo mismo. Solo tú. No cambies por nadie.

Este tipo de frases ayudaron a Gloria a sentirse segura de ser ella misma durante las temporadas de inseguridad. Pero aunque estas declaraciones pueden ser bien intencionadas, llenas de ánimo y a menudo, verdaderas, muchas veces, también se usan como una forma para que las personas justifiquen las razones por las cuales no deberían tener que madurar en un área de su vida. La cultura ha tomado declaraciones destinadas a empoderarnos y las ha convertido en declaraciones que nos impiden el crecimiento.

Es absolutamente cierto que nuestros cónyuges deben amarnos y aceptarnos sin requerir que cambiemos, pero eso no significa que nunca debamos cambiar. Tal vez si ambos cónyuges dentro de un matrimonio se acercan a su relación con el objetivo de amar y aceptar a su cónyuge sin esperar que cambien, pero con la disposición de cambiar quiénes son para mejorar su matrimonio, ambos cónyuges se encontrarían felizmente casados a pesar de las diferentes temporadas.

Para de Poner Excusas

Algunas personas parecen tener un don para las excusas. No importa la circunstancia o la razón, su justificación siempre tiene que ver con algún evento o persona fuera de su control. La verdad es que la gran mayoría de las veces, las excusas y la culpa son solo formas de evitar ser responsables de algo, disculparnos y cambiar.

Por ejemplo, en mi caso (Gloria), tengo una leve tendencia a llegar tarde (aunque Robert siente que "leve" es minimizarlo). Robert intentará decirte que siempre llego tarde a todo. Pero eso no es verdad. Me las he arreglado para llegar a tiempo en algunas ocasiones a lo largo de mi vida, así que realmente no puede decir que "siempre" llego tarde. Eso no sería exacto. Sin embargo, tengo la tendencia de llegar tarde. No es porque sea floja o no programe las cosas adecuadamente. Realmente, es porque programo las cosas tan bien que termino teniendo 10-15 minutos de tiempo libre antes de que tenga que estar en algún lugar, y me parece un desperdicio llegar 10-15 minutos antes cuando podría estar usando ese tiempo para ser productiva y adelantar algo de trabajo. Así que como ves, mi lista de excusas cuando llego tarde es perfectamente legítima, para mí.

Nunca vi la necesidad de cambiar mi costumbre de llegar tarde porque lo justificaba con la productividad. Sin embargo, Robert (y todos los demás) acaban de ver una bolsa llena de excusas y un total desprecio por su tiempo. Aunque sentía que mis excusas eran válidas, mis excusas eran mi justificación para no tener que cambiar. Desde entonces me di cuenta de que mi tardanza era algo que necesitaba cambiar.

Tuve que guardar mis excusas, cambiar mi mentalidad y tomar decisiones para malgastar voluntariamente 10-15 minutos de mi tiempo al llegar temprano, o al menos a tiempo. No es divertido. Sería mucho más fácil y más conveniente para mí seguir inventando excusas en lugar de cambiar mi actitud sobre el valor de mi tiempo (y lo más importante, el tiempo de otras personas) y cambiar los hábitos establecidos desde hace mucho tiempo. A veces todavía llego tarde, pero creo que casi todos en mi pequeño mundo estarían agradecidos con Robert por empujarme a cambiar esa parte de mí mismo. Después de todo, el cambio es un signo de madurez.

El Cambio es Señal de Madurez

Todos cambiamos. Incluso biológicamente, casi todas las células, huesos y órganos de nuestro cuerpo se regeneran en el transcurso de unos días o varios años y renacen a partir de los alimentos que comemos[1]. Lo cual trae un nuevo significado a la frase "eres lo que comes". Eres, literalmente, lo que comes porque estás constantemente en un estado de regeneración biológica.

Lo mismo es cierto con tu personalidad. Estás cambiando, ajustándote y madurando constantemente a medida que avanzas en la vida y aprendes de diferentes experiencias.

Por ejemplo, cuando nuestros hijos eran niños pequeños, solían hacer berrinches cuando no obtenían lo que querían. Esto usualmente solo resultaba en algunas lágrimas; pero ocasionalmente llegaba al punto de caer al suelo, patear y gritar. Imaginamos que no te arrojas al suelo y lloras cuando no obtienes algo que quieres, ¿verdad? O al menos, esperemos que no lo hagas. La mayoría de los adultos han aprendido que hay formas más efectivas de reaccionar a las decepciones en la vida.

En un escenario más complejo, la mayoría de los adultos tienen ropa puesta, o al menos la gran mayoría de los adultos la tienen. Hemos aprendido que la sociedad considera inapropiado caminar en ropa interior. La mayoría de nosotros entendemos que si queremos tener comida, necesitamos dinero y para tener dinero, necesitamos conseguir un trabajo y, para conseguirlo, generalmente tenemos que usar ropa. Aunque estar desnudo es la esencia de ser "fiel a ti mismo" y de quién eres realmente, cambiamos la forma en que nos presentamos porque somos lo suficientemente maduros para comprender conceptos más allá del blanco y negro.

No somos perfectos y sin la voluntad de cambiar, nunca maduraremos. No seas tan terco y ni te aferres tanto a quien crees que eres, que te niegues a dejar que Dios te moldee a lo que Él te creó para ser. El cambio es cómo Dios nos transforma para ser más como Cristo y el cambio es cómo Él puede usarnos para alcanzar todo lo que nos ha llamado a ser y hacer. De hecho, el cambio es exactamente lo que Dios intenta hacer con cada uno de nosotros. En Romanos 12 se nos dice "no te conformes con este mundo, sino sé transformado por la renovación de tu mente". Vez, es el plan de Dios cambiarnos a medida que nos comprometemos con Él. Y a veces, tal vez muchas veces, él provoca ese cambio a través de nuestros cónyuges.

NO ESPERES UN CAMBIO

El cambio es algo bueno, es algo muy bueno, es algo necesario, es algo de Dios. El cambio no es algo para evitar. Por otro lado, entiende que Dios te ama "tal como eres" y esto es una piedra angular del cristianismo.

Dios no te pide que cambies nada de ti y te acepta de todo corazón con los brazos abiertos tal como eres. Cambiar o arreglar algo sobre ti o tu vida no hace que Dios te ame más, o menos. Dios nos ama pase lo que pase y debemos extender ese mismo tipo de amor a nuestros cónyuges: aceptar y amar a nuestros cónyuges tal como son sin esperar ni pedirles que cambien de ninguna manera.

Espera Menos

Antes de casarnos, pasamos por varias sesiones de asesoramiento prematrimoniales muy sinceras y extenuantes. Muchos de los puntos de vista que el consejero compartió con nosotros eran completamente opuestos a lo que yo (Gloria) creía en ese momento, aunque son creencias que mantengo ahora como verdades.

Durante una sesión en particular, el consejero me miró y me preguntó: "cuando te cases, ¿qué expectativas tienes para Robert como esposo?" Lo pensé por un momento y respondí: "Bueno, espero que él me sea fiel y que sea un líder espiritual para mí, que sea obediente a Dios y esté allí para mí ..." El consejero respondió: "¿Y qué harás tú?" si él no hace esas cosas? Respondí rápidamente con "No sé, no creo que él no haga esas cosas, esa es la razón por la que me voy a casar con él".

En ese momento el consejero me informó de que debería eliminar todas mis expectativas de Robert- que debía entrar en el matrimonio sin esperar nada de él. Yo argumente. Porque es lo que tiendo a hacer. Me perdí completamente de lo que me estaba diciendo. Y en lo único que pensaba era, "¿Qué le pasa? ¿Me debo casar con él sin esperar que el cumpla con su parte y dejarlo hacer lo que quiera?" Exactamente.

Suena como una locura. Pero nuestra tendencia natural es entrar en el matrimonio con la expectativa de que nuestro cónyuge continuará siendo quien creemos que es antes de casarnos o que sean exactamente lo que esperamos que sean cuando nos casemos. ¿Pero, y qué tal si dan un cambio para lo peor? ¿O si no cambian para mejorar? ¿Qué tal si fallan en cumplir con nuestra expectativa? ¿entonces que? ¿renunciamos a nuestro matrimonio? ¿nos sentamos malhumorados en la esquina? ¿atrapados en un matrimonio que no esperábamos tener?

Cuando pensamos en los votos matrimoniales estándar, "en las buenas y en las malas" tendemos a pensar en dificultades financieras o problemas de salud o temporadas difíciles. Es raro que interpretemos que "malas" significa que nuestro cónyuge no es la calidad de persona que esperábamos que fuera por el resto de su vida.

Podemos esperar que nuestro cónyuge sea todo lo que queremos que sea, pero esperar que cumpla con nuestras expectativas hace que nos pongamos a nosotros y a nuestro matrimonio en el fracaso. Básicamente es hacer la declaración: "Estoy comprometido contigo hasta que ya no cumplas con mis criterios".

Por eso es que los matrimonios se acaban- porque esperamos que nuestros cónyuges sean de cierta manera para nuestro beneficio y luego, cuando no lo son, deshacemos el matrimonio y acabamos con todo. El matrimonio como Dios lo quiere no funciona así. Es un compromiso. No hay salida, o no debería haberla.

Para algunos, usar la frase "no hay salida" suena deprimente o como un castigo. Pero por el contrario. Es la confirmación que puedes necesitar para ponerte de pie, amar a tu cónyuge, amarte a ti mismo, amar a Dios y seguir adelante aprovechando al máximo lo que podrías haber estado viendo como una situación difícil. Has escuchado la frase "si no puedes vencerlos, únete a ellos". Bueno, aquí hay uno nuevo: "si no puedes dejarlos, amalos".

Solo puedes cambiarte

Si te acercas a tu matrimonio con la expectativa de que puedes cambiar a tu cónyuge, te sentirás decepcionado a diario. Tu aceptación y amor por tu cónyuge nunca debe basarse en que cumplan con tus estándares o expectativas.

Solo puedes cambiarte. Si estás casado, estás casado sin importar en qué se convierta o no tu cónyuge. No puedes cambiarlos, ni debes esperar que cambien, ni debes retener tu amor y aceptación hacia ellos porque no cambian.

Solo Dios puede cambiarlos. Dios puede usarlos para desafiarnos a crecer o revelar áreas en nuestra vida que necesitamos cambiar; pero finalmente, solo Dios puede realmente cambiarlos. Si de alguna manera los regañas hasta el punto de que se ven obligados a cambiar, realmente no los cambiaste, simplemente cambiaste su comportamiento, y probablemente los hiciste amargados y resentidos en el proceso. Has cambiado lo que hacen, no por qué lo hacen.

Has cambiado su comportamiento, no has cambiado su corazón.

Pero Dios puede cambiarlos y cambia a las personas con amor y gracia. Déjale la obra de transformación a Dios. Cuando Él cambia a alguien, no es una modificación del comportamiento, es una transformación de la vida. No es un cambio de mentalidad, es un cambio de corazón.

Dos Errores no Hacen Un Acierto

¿Qué sucede cuando ponemos expectativas en nuestro cónyuge y no las cumplen? Si hemos determinado que nunca cambiarán y luego comenzamos a incumplir nuestra parte como cónyuge, nos estamos defraudando a nosotros mismos y a nuestro matrimonio. Dos errores no hacen un acierto.

Si te excusas de ser un mejor esposo / esposa porque tu cónyuge está fallando de alguna manera, eres tan culpable como ellos.

> *"Por tanto, no tienes excusa tú, quienquiera que seas,*
> *cuando juzgas a los demás, pues al juzgar a otros te condenas*
> *a ti mismo, ya que practicas las mismas cosas."*
> *-Romanos 2: 1 (NVI)*

Ya sea que te estés absteniendo de tus responsabilidades como esposo o esposa piadoso(a) o culpes a tu cónyuge por sus fallas, estás tan equivocado como tu cónyuge.

Te comprometiste con tu cónyuge. Incluso cuando no cumplan con su parte del compromiso, eso no te disculpa de no cumplir con las tuyas, ni te da permiso de "castigar" a tu cónyuge de alguna manera. Permite que Dios tenga la oportunidad de intervenir y manejar las cosas en su tiempo y a su manera. Tu eres responsable de tus propias acciones, no de las de tu cónyuge. Si intentas tomar medidas en tus propias manos e intentas corregir a tu cónyuge, sólo estás retrasando la oportunidad de que Dios obre en tu cónyuge. Te estás interponiendo en el camino. Da un paso atrás, examínate, ama a tu cónyuge y deja que Dios obre en cada uno de ustedes.

> *"No tomen venganza, hermanos míos, sino dejen el castigo en las manos de Dios, porque está escrito: «Mía es la venganza; yo pagaré», dice el Señor."*
> *-Romanos 12:19 (NVI)*

Es posible que no estés "castigando" o reteniendo el amor hacia tu cónyuge porque no está cumpliendo con tus expectativas, pero ¿lo estás culpando por sus fracasos? ¿Los estás utilizando como excusa para tus propias acciones en lugar de asumir tus responsabilidades?

Por ejemplo, tal vez tú y tu cónyuge están teniendo dificultades financieras y tu respuesta es "si hiciera un mejor trabajo cuidando a la familia y cocinando, ¡entonces no tendríamos que gastar dinero en salir todo el tiempo!" O tal vez sientas que no has alcanzado tu máximo potencial en la vida o no tienes la confianza para aprovechar grandes oportunidades y piensas: "si mi cónyuge me apoyara más, podría seguir mis sueños". Estas declaraciones pueden contener algo de verdad en ellas. Pero solo parcialmente. No uses a tu cónyuge como excusa para tus contratiempos.

A veces, es más fácil para nosotros encontrar a alguien más a quien culpar que esforzarnos por cambiarnos a nosotros mismos o cómo manejamos nuestras vidas. Pero estas excusas refuerzan aún más que dos errores no hacen un acierto.

Cuando yo (Robert) comencé a concentrarme en lograr una salud óptima, hice un esfuerzo diligente para encontrar tiempo para correr o ir al gimnasio. Quería estar en forma. Pero hubo momentos en que sentí que Gloria estaba trabajando en mi contra. Me llamaba y me preguntaba si quería almorzar con ella durante un tiempo que podía mejor aprovechar para ir al gimnasio. O cuando llegaba a casa, me pedía ayuda con diferentes tareas, haciendo que correr por el vecindario fuera demasiado complicado al no tener tiempo por las noches. Pasaban días o semanas en los que me perdía entrenamientos. Gloria preguntaba: "¿Pensé que estabas tratando de ponerte en forma?" A lo que respondía rápidamente: "Lo estoy, pero me estás saboteando". Es una excusa fácil. Y aunque contar con su apoyo hubiera aumentado enormemente mi capacidad para ponerme en forma, había cosas que podría haber hecho para asegurarme de hacer ejercicio. Podría haberme despertado una hora antes, podría haber rechazado la cita del almuerzo, ahorrar dinero e irme a hacer ejercicio (pero ¿quién quiere comer una ensalada en la oficina cuando podrían salir con su bella esposa a almorzar?) Podría haber corrido después de acostar a los niños en lugar de tirarme en el sofá.

La verdad es que, por mucho que quisiera culpar a Gloria por su falta de apoyo logístico en el área de mi salud y el estado físico de mi vida, tuve la misma culpa y tuve que asumir la responsabilidad de mis propias decisiones y acciones.

En lugar de tratar de equilibrar el error de nuestro cónyuge con el nuestro, Dios nos llama a sufrir. Si nuestro cónyuge no se comporta de la manera que deseamos, deberíamos continuar sirviéndole como el esposo/ esposa que Dios nos ha llamado a ser con mayor fervor. Gálatas 6: 9-10 dice: " No nos cansemos de hacer el bien, porque a su debido tiempo cosecharemos si no nos damos por vencidos". No estamos diciendo que es fácil cuando tu cónyuge no cumple con tus expectativas o cuando parezca que están luchando contra ti. Pero estamos diciendo que ser pacientes con ellos y continuar amándolos y estar comprometidos con ellos es lo que Dios nos llama a hacer y, a través de eso, será mucho más fácil para tu cónyuge ser receptivo a la transformación que Dios puede estar llevándolos.

Nuestro Cónyuge No Puede Ser dios para Nosotros

Tu cónyuge no puede ser dios para ti. A veces, nuestros cónyuges legítimamente no se comportan de la manera que deberían. A veces, son simplemente inmaduros y tenemos que orar para que Dios los haga crecer.

Otras veces, terminamos colocando expectativas poco realistas sobre nuestro cónyuge y se quedan cortos porque ellos no pueden ser un dios para nosotros. Nuestros cónyuges no pueden ser todo para nosotros todo el tiempo. No pueden hacernos sentir felices todo el tiempo y no deberían estar obligados a hacerlo. Mucha de la insatisfacción en el matrimonio proviene de que esperamos demasiado de nuestro matrimonio o de nuestro cónyuge cuando deberíamos mirar a Dios para que nos llene.

Si tu relación con Dios es correcta, no le exigirás a tu cónyuge ni a tu matrimonio que llene tu vacío espiritual.

Yo (Gloria) solía mirar a Robert para alentarme cada vez que me deprimía. Me enojaba y me molestaba cuando no podía sacarme de mi depresión. Lo hice sentir como un fracaso cuando no podía darme la alegría, la paz y la esperanza que debería haber estado recibiendo de parte de Dios. Pero él no estaba fracasando, yo estaba buscando satisfacción en el lugar equivocado.

Dios nos da un cónyuge para ayudarnos y alentarnos a través de la vida y nos da a nuestro cónyuge para ayudarlos y alentarlos. Pero nuestros cónyuges no pueden darnos la plenitud de vida que solo Dios puede proporcionar.

Céntrate en tu relación con Dios: amar y ser obediente a Él terminará liberándote para amar y respetar más profundamente a tu cónyuge. Dios puede usar el matrimonio para acercarnos a Él y con esa cercanía viene una alegría en el matrimonio que realmente puede superar cualquier imperfección del cónyuge.

CENTRARSE EN LAS COSAS BUENAS

La apreciación es muy importante: en los negocios, con los amigos, en tu relación con Dios y tu relación con tu cónyuge. Si podemos llegar al lugar donde realmente podemos amar y aceptar a nuestro cónyuge tal como es y, aun así, estar dispuestos a hacer ajustes en nosotros mismos para mejorar nuestro matrimonio, entonces estamos a medio camino. La otra mitad de la ecuación es para nosotros aprender a apreciar a nuestro cónyuge y hacerle saber que le apreciamos.

Permanece en las Cualidades Buenas

SIEMPRE habrá algo que podrás apreciar de tu cónyuge, elige pensar constantemente y hablar sobre esas cosas.

> *"Por último, hermanos, consideren bien todo lo verdadero, todo lo respetable, todo lo justo, todo lo puro, todo lo amable, todo lo digno de admiración, en fin, todo lo que sea excelente o merezca elogio."*
>
> *-Filipenses 4: 8 (NVI)*

Nos encanta cómo los filipenses parecen enfatizar en "TODO lo que sea excelente o merezca elogio ..." Es como si el autor (Pablo) estuviera reconociendo que hay una extensa lista de negativos y quejas válidas, pero si hay algo que podría ser bueno, de alguna manera, entonces permanece en ello.

Esperamos que aplicar esto a tu matrimonio no sea un escenario tan extremo. Después de todo, en algún momento de tu vida, si no actualmente, estabas locamente enamorado de tu cónyuge y querías pasar cada minuto de cada día con ellos por el resto de tu vida. Así que tenía que haber al menos una cosa sobre ellos que realmente te gustara. Quizás con el tiempo, las cualidades cegadoramente buenas perdieron su frescura y comenzaste a ver todos los defectos.

Yo (Gloria) siempre me he considerado una persona "brutalmente honesta". Por alguna razón, solía asociar siempre la honestidad con la negatividad. Si alguien me pedía mi opinión "honesta", algo en mi cerebro me decía que estaban buscando una crítica negativa. Y aunque por lo general me pedían que señalara las fallas, eso no significaba que no pudiera también señalar todas las cosas buenas. Y ciertamente tampoco significaba que tuviera que quedarme solo con los negativos impresos en mi mente.

Reconocer fallas en tu cónyuge no significa que tengas que descartar todas sus cualidades buenas y detenerte solo en lo negativo. Y centrarse en las cosas buenas no significa que te hagas el ciego y vivas en la abnegación de

179

las áreas donde tu cónyuge necesita mejorar. Te sugerimos que reconozcas que tu cónyuge tiene fallas, ayúdalo cuando puedas pero quédate primero con sus rasgos buenos. Elije solo pensar y hablar sobre las cosas buenas de tu cónyuge.

La tendencia cultural es definir la realidad por lo que sea más negativo. Pero el hecho de que elijas concentrarte en los elementos positivos de una situación o persona no significa que estés viviendo en la abnegación. De hecho, las personas que eligen ver solo lo negativo en una situación están viviendo en el mismo engaño que aquellos que se niegan a admitir que hay algo negativo en absoluto. Existen elementos positivos y negativos en casi cualquier escenario o persona, entonces, ¿por qué no elegir creer lo mejor?

Por ejemplo, vimos este maravilloso meme advirtiendo a la población en las redes sociales de los peligros de un compuesto químico en particular que se encontraba en casi todo lo que consumían. Los hechos se enumeraron de la siguiente manera: se puede sintetizar químicamente quemando combustible para cohetes, el consumo excesivo puede causar sudoración excesiva, orina e incluso la muerte, el 100% de todos los asesinos en serie, violadores y traficantes de drogas han admitido haberlo consumido, es el ingrediente principal en herbicidas y pesticidas, es la principal causa de ahogamiento y, finalmente, el 100% de todas las personas expuestas a él morirán. ¡Suena bastante horrible! ¡Al escuchar los hechos presentados, sin duda te hace querer descubrir qué es para que puedas asegurarte de alejar a tu familia de este terrible compuesto químico! ¿Ya sabes lo que es? El Agua.

A pesar de que todo lo que se dijo sobre el agua en el meme descrito es completamente real, solo centrarse en los hechos negativos hizo que la sustancia química más esencial y vivificante en nuestro planeta pareciera un desastre tóxico. Así sucede con todo en la vida, incluso en nuestros matrimonios.

Si eliges hablar solo sobre lo que le pasa a tu cónyuge y sobre lo que necesitan mejorar, y cada vez que piensas en tu cónyuge, te frustras por sus imperfecciones: de lo que una vez estuviste ciegamente enamorado podrá de repente parecer algo ya no puedes soportar más en tu vida. No es vivir en la negación de no ver lo negativo: estás eligiendo darle vida a tu matrimonio en tus pensamientos en lugar de tratar de destruirlo.

Deja de Quejarte

Entonces, ¿cómo le das vida a tu matrimonio? Deja de quejarte. Deja de pensar o hablar sobre todas las cosas que no te gustan de tu cónyuge o que desearías que cambiaran. Es realmente así de simple.

> *"No salga de vuestra boca ninguna palabra mala, sino sólo la que sea buena para edificación, según la necesidad del momento, para que imparta gracia a los que escuchan. Y no entristezcáis al Espíritu Santo de Dios, por el cual fuisteis sellados para el día de la redención. Sea quitada de vosotros toda amargura, enojo, ira, gritos, maledicencia, así como toda malicia."*
> *-Efesios 4:29-31 (LBLA)*

Entre más te quejes, más te reafirmarás y recordarás todas las cosas malas de tu cónyuge, y más te disgustarán. Es un proceso muy lógico. Si constantemente permaneces en los pensamientos de lo mal que te va, te deprimirás. A veces todo lo que se necesita es un cambio de perspectiva.

Una noche, yo (Gloria) me molesté bastante con Robert porque me sentía abrumada y sentía que él no estaba haciendo lo suficiente para ayudarme a arreglar las cosas de la casa. No me importaba que me hubiera ayudado a cuidar a los niños por las noches, que lavara los platos varias veces esa semana, sacara todas las malezas en el patio sin que yo se lo pidiera y me trajera al bebé a la cama en las madrugadas cuando yo estaba demasiado cansada para levantarme de la cama.

Lo único en lo que podía pensar era en el telón que se había bajado y debía volverse a subir, las sillas de la cocina que debían repararse y la otomana que tenía una pata rota. Le había estado pidiendo que hiciera esas cosas durante una semana y, aunque tuvo tiempo para sentarse y ver 45 minutos de un programa de televisión en dos ocasiones distintas esa semana, no utilizó por lo menos una de esas oportunidades para arreglar algo . Entonces me molesté. Al pensar en las otras cosas a la mañana siguiente, me di cuenta de lo inmensamente agradecida que debería haber estado por tener un esposo que me ayuda tanto como él.

Es sorprendente lo triviales que se vuelven las cosas negativas cuando las pones en perspectiva junto con todas las cosas por las que puedes estar agradecido. Por todo lo que puedes quejarte, también puedes encontrar muchas otras cosas por las que estar agradecido.

Aprecia que Son Diferentes

Si tu cónyuge fuera igual que tú, entonces no necesitarían que los complementaras y tú no los necesitarías para equilibrarte. Si no puedes pensar en nada más por lo que estar agradecido, agradece que hay algo con lo que necesitan su ayuda mutua.

Por ejemplo, yo (Robert) puedo olvidar mucho ciertas cosas. Recuerdo una vez que se olvidó sacar la basura. Gloria me recordó cuando me desperté, así que me escribí una nota adhesiva y la pegue a la altura de mis ojos en la puerta que uso para salir de la casa, luego puse la bolsa de basura en el centro del camino en el garaje. La moví a un lado para hacer varios viajes poniendo algunas cosas en mi automóvil, y cuando realmente me metí en mi automóvil, me olvidé por completo de la bolsa de basura. Ella se frustró conmigo por un tiempo, pero luego tuvo una epifanía. Si yo no fuera tan olvidadizo, entonces ella no tendría la oportunidad única de encontrar maneras de ayudarme en mi debilidad. Ella agradece que yo agradezca que ella está allí para ayudarme a recordar.

Hay una lista masiva de cosas que puedes apreciar sobre tu cónyuge dependiendo de cómo lo mires. Aprecia que siempre se vean tan bien cuando salen o aprecia que se sienten cómodos saliendo relajados y no están tan preocupados por tener que aparentar. Aprecia que cenan en la mesa con la familia cuando podrían estar trabajando o aprecia que tienen habilidades increíbles en los videojuegos y saben cómo alejarse del trabajo y tomar un descanso. Si te esfuerzas un poco en cambiar tu perspectiva, puedes encontrar algo bueno sobre cada situación.

Antes de terminar este capítulo, toma un lápiz y papel. ¿Ya lo tienes? No, ok ¿Ya lo tienes? Bueno, esperamos...

Ok, ahora queremos que hagas una lista de lo que PODRÍAS apreciar de tu cónyuge. No solo lo que aprecias de ellos (aunque también puedes incluirlos) sino lo que PODRÍAS (si cambiaste un poco tu perspectiva) apreciar. No vamos a asignar un número de cosas. Si solo has agregado una cosa a tu lista, eso es todo lo que necesitas, pero es probable que, si te tomas un tiempo, puedas completar ambos lados de esa hoja de papel.

MÉTODOS DE APRECIACIÓN

Ahora que tienes una lista de cosas que puedes apreciar sobre tu cónyuge, estas son algunas formas prácticas de comunicarle esas cosas a tu cónyuge. Esta no es una lista extensa de ninguna manera, pero con seguridad te vas a ir por el camino correcto.

Díselo

Este punto se explica por sí mismo. No importa cuán insignificante parezca, si piensas en algo que te gusta de tu cónyuge, infórmaselos de inmediato. Llámalos, envíales un mensaje de texto, publícalo en tus redes, etiquétalos en tu historia, envía una paloma mensajera, hazles llegar el mensaje como puedas. La más pequeña declaración de agradecimiento puede significar el mundo para alguien. Suma cada comentario pequeño complementario en el transcurso de los meses y podrías tener un matrimonio completamente diferente.

Robert tiende a ser olvidadizo y dice que piensa en cosas buenas que decirme, pero luego se le olvida cuando llega el momento en que me puede decir. Entonces desarrollamos una solución alternativa. Todas las noches, o tan a menudo como podemos, cuando estamos terminando el día, nos decimos tres cosas que apreciamos que la otra persona hizo durante el día. No tiene que ser nada grande o extravagante. Una noche, las tres cosas de Robert para mí fueron: 1- que fue a buscar un poco de talco para bebés del closet del baño y notó lo fácil que era encontrarlo porque todo estaba en su lugar y aprecié que mantuviera las cosas organizadas, 2- le gustó que le conté a nuestro hijo una historia divertida antes de acostarse y finalmente 3- le gustó la camisa que yo tenía puesta ese día. Esas son cosas bastante pequeñas y nada de lo que hice es fuera de lo normal como cualquier otro día, pero fue agradable escuchar que se dio cuenta de esas cosas.

Dile a Otros

Presúmele de tu cónyuge a tus amigos, tu familia, en las redes sociales, que el mundo sepa lo buenos que son. Esto tiene muchos beneficios. Primero, hace que tu cónyuge se sienta bien al saber que piensas algo bueno sobre ellos. En segundo lugar, les da mucha más confianza porque se sienten afirmados frente a los demás de que son un cónyuge exitoso (el reconocimiento público puede ser muy útil). Tercero, es una capa protectora para tu matrimonio contra la infidelidad. Estás aclarando que tienes un cónyuge, que estás perfectamente satisfecho con ellos y que no se necesitan extraños. Y finalmente, te ayuda a sentirte bendecido al estar casado con tu cónyuge.

Al igual que quejarse puede deprimirte por tu matrimonio, verbalizar las buenas cualidades de tu cónyuge, especialmente públicamente, puede ayudarte a cambiar tu propia perspectiva de tu cónyuge y recordarle lo bueno que es. En esencia, creas el cónyuge que deseas.

No dejes que los momentos de agradecimiento público y privado sean solo palabras vacías. Sé genuino acerca de tus cumplidos y declaraciones. El hecho de que elijas anunciar la única cualidad buena de las noventa y nueve negativas no significa que mientas o solo aparentes. Significa que estás tomando una decisión a conciencia para afirmar que tu cónyuge es de buena calidad. Este es el matrimonio al que te comprometiste. No puedes (o no debes) obtener un nuevo cónyuge y realmente no puedes cambiar el que tienes, por lo que deberías considerar las cosas buenas.

Respetarlos

No se trata solo de decir cuánto los aprecias, sino cómo los respetas. No te hace mucho bien elogiarlos públicamente y luego ignorarlos por completo y devaluarlos a puerta cerrada. Acabarás negando tus esfuerzos. Concéntrese también en el valor de tu cónyuge en privado. Escucha sus pensamientos y opiniones y hazles sentir que son valiosos para ti. Si realmente respetas a alguien, no lo excluyes, te importa lo que tengan que decir y tomas sus opiniones y contribuciones seriamente.

Ayudarlos

¿No eres bueno con las verbalizaciones? Entonces crea menos trabajo para ellos. Sin que ellos pregunten, haz una tarea que normalmente harían o ayúdalos a relajarse después de un largo día. Frase clave, "sin que ellos pregunten". Si tu cónyuge tiene que pedirte ayuda, entonces realmente no es una muestra de aprecio, es más como cumplir una solicitud por obligación. Tomar la iniciativa de servirlos de alguna manera comunica que reconoces su esfuerzo y lo que contribuyen a la familia y que su tiempo es tan valioso como el tuyo.

¡Asegúrate de que Se Sientan Apreciados!

Hay muchas maneras de mostrar aprecio. La forma en que elijas apreciar a tu cónyuge variará enormemente según su relación y tu personalidad. La conclusión clave de esta sección es que tu cónyuge se sienta apreciado. Comunícate con ellos y descubre qué puedes hacer para que se sientan apreciados y entonces hazlo.

LAS COSAS PEQUEÑAS EQUIVALEN A GRANDES CAMBIOS

¿Te imaginas el cambio en tu matrimonio si aplicas el contenido de este capítulo? ¿Qué pasaría si dejáramos de esperar que nuestros cónyuges cumplan con un estándar inalcanzable de perfección que creamos para ellos, ¿si en realidad estuviéramos dispuestos a cambiar y crecer y nos esforzáramos por enfocarnos y comunicar lo que apreciamos de nuestros cónyuges? Incluso en tan solo una semana, la atmósfera de la mayoría de nuestros matrimonios cambiaría drásticamente.

ROPA INTIMA

#sexo #romance

cultura • El romance es para los cuentos de hadas, y el sexo
se acaba después del matrimonio
contra-cultura • El romance es parte del matrimonio y el sexo siempre es mejor

ROPA INTIMA

A menudo se dice que el sexo termina después del matrimonio y que el romance se muere. De hecho, una vez escuchamos una broma sobre un avance científico que proclamaba que los médicos habían identificado un alimento que disminuye el deseo sexual del ser humano hasta en un 80%: el pastel de bodas. Bueno, obviamente eso no es cierto, pero eso no niega el hecho de que las parejas tienden a perder su conexión sexual no mucho después de la luna de miel. ¡Pero Dios tiene la intención de que ocurra lo contrario en tu matrimonio! La canción de Salomón describe un matrimonio que no solo está lleno de una vida sexual vibrante (y aventurera), sino también un matrimonio que rebosa los dulces aromas del romance.

¿Entonces qué pasó? De alguna manera, la cultura lo alteró. Mira cómo se retratan el sexo y el romance en estos días. Casi todos los programas de televisión y películas sugieren que antes del matrimonio, el romance está en su apogeo y el sexo es solo una parte normal de una relación de noviazgo (o una relación de no noviazgo dependiendo de con quién hables). Así que, si ves programas de televisión y películas con parejas casadas, el mensaje es claro: las parejas casadas no tienen relaciones sexuales ni romance.

Es un fenómeno tan triste que los dos regalos más íntimos que Dios diseñó para la vida matrimonial se encuentran en abundancia fuera del matrimonio y están casi extintos en la mayoría de los matrimonios (o eso nos dicen los medios de comunicación).

Vamos a cambiar un poco el flujo sobre este tema y abordar algunos puntos específicos en los conceptos erróneos comunes que rodean el sexo y el romance.

MALENTENDIDO SEXUAL # 1:
EL SEXO TERMINA DESPUÉS DEL MATRIMONIO

Hay un orden apropiado para el sexo y el matrimonio. Desafortunadamente, debido a que muchas parejas experimentan el sexo antes del matrimonio, el sexo ya no es un regalo esclarecedor y estimulante que proviene del matrimonio, sino un pasatiempo que parece desaparecer a medida que la vida se ocupa. Pero ese es un tema para otro libro. Ya estás casado, así que vamos a abordar el tema desde allí.

Dado que Dios no tenía la intención de que el sexo comenzara hasta que una pareja se casara, ese solo hecho debería aclarar la idea errónea de que el sexo termina después del matrimonio. Dios espera que tengas una vida sexual vibrante después del matrimonio.

¿Que es Saludable?

Podría argumentar que su vida sexual es un buen indicador de la salud de su matrimonio. Parece una afirmación divertida, especialmente en el mundo cristiano, donde el sexo a menudo se ve como un acto superficial e incluso ligeramente negativo, incluso si se hace dentro de los límites del matrimonio. Pero el sexo, como Dios procuraba, no es superficial ni pervertido.

El sexo tiene un peso legítimo y espiritual. Es una forma no verbal de reconocer que pase lo que pase, tú y tu cónyuge están juntos. Es una reconciliación física constante que representa una unidad espiritual y surge de una cercanía emocional. Por lo tanto, en su mayor parte, si tiene un matrimonio saludable, generalmente tiene una vida sexual saludable.

¿Cómo definimos una vida sexual saludable? Bueno, eso difiere de una pareja a otra. Para algunas parejas, es necesario tener relaciones sexuales todos los días para que ambas partes se sientan satisfechas con su vida sexual. Para otras parejas, una vez a la semana o una vez al mes es todo lo que necesitan. La clave para "saludable" es que tanto el esposo como la esposa están tomando una decisión consciente y proactiva de tener suficiente sexo para satisfacerlos a ambos, independientemente de cuál sea la norma social.

Consecuencias Emocionales

Sabemos que, típicamente, son los esposos los que están en el extremo deseado del espectro sexual y las esposas en el extremo que se niegan, pero en un esfuerzo por no asumir que cada matrimonio es igual, haremos todo lo posible para no representar los deseos sexuales a un género específico.

Al igual que hay consecuencias físicas obvias de tener relaciones sexuales fuera del matrimonio, la mayoría de las cuales probablemente hayas escuchado sobre la sexualidad, hay consecuencias emocionales deseables por tener relaciones sexuales en el matrimonio. Una persona que se siente sexualmente deseada por su cónyuge (es decir, su cónyuge es proactivo al iniciar el sexo), también aumentará su confianza en otras áreas de su vida.

La pasión en el sexo es algo muy saludable. Una esposa sexualmente plena y activa irradia cierta energía. Un hombre que está sexualmente satisfecho con su esposa emana una sensación de confianza. Un esposo o una esposa que está sexualmente satisfecho es liberado para enfocarse en otras cosas importantes en su vida.

No subestimemos los vastos efectos del agotamiento sexual. Una persona que está sexualmente frustrada podría caminar con esa nube de frustración sobre su cabeza en el trabajo, con respecto a su fe y con sus amigos. Es probable que se conviertan en seres egoístas y que solo piensan en sí mismos.

Hay algo en el cumplimiento sexual que te da la energía y la actitud para conquistar el mundo. Y hay algo en sentirse sexualmente deseable que da una confianza que se desborda en otras áreas de su vida.

Aunque esto podría ir en ambos sentidos para hombres y mujeres, yo (Robert) siento que esto es especialmente cierto para los hombres y va un paso más allá. Gloria podría hacer todo lo demás en nuestro matrimonio: hablar bien de mí, apoyarme, permitirme liderar, sorprenderme con café en el trabajo todos los días, pero si no tuviera relaciones sexuales conmigo, no me sentiría amado por ella. . No es solo que me sentiría sexualmente frustrado o que me sentiría indeseable, sino que no me sentiría emocionalmente conectado con ella. Al igual que Gloria necesita conversaciones emocionalmente profundas conmigo para sentirse conectada conmigo, yo necesito el acto físico del sexo para sentirme emocionalmente conectado con ella.

¿Que es Aceptable?

Cuando hablamos de una vida sexual apasionada, pueden comenzar a formarse preguntas sobre lo que es aceptable. En la cultura Cristiana, la modestia en la vestidura y en el habla es muy respetada, pero en el sexo, la modestia no es una palabra que se relaciona bien con la pasión.

Dios es un Dios de pasión y planea y desea que el sexo entre un esposo y su esposa sea igualmente apasionado. La intimidad sexual en el contexto correcto es una forma de expresión espiritual y alabanza hacia Dios.

Lo dijimos antes y lo diremos nuevamente, el sexo no es pervertido. Es la pasión física en su estado puro. Nuestra cultura ha causado que el sexo y todo lo relacionado con el sexo se pervierta y se vea como pervertido y distorsionado. Hay tantas perversiones del sexo, que en nuestra cultura, considerar el sexo como un acto sagrado, parece inapropiado. Pero es un acto sagrado, si se usa en el contexto que Dios procuraba.

¿Qué es aceptable en cuanto al sexo? Tratamos de resumirlo en una declaración: cualquier actividad sexual que se realice exclusivamente entre un esposo que consienta y su esposa que consienta en mutuo acuerdo, que no sea no bíblica o prohibida es probablemente aceptable. No decimos que esa debe ser la declaración final con respecto a lo que es apropiado en tu vida sexual, pero es un buen lugar para comenzar.

Por lo tanto, si tú y tu cónyuge están interesados en explorar algunos actos o posiciones sexuales "creativas", si no se declara claramente como incorrecto bíblicamente, decimos que lo intentes. Que te diviertas. Seas creativo. Sí, ese acto sexual en el que estás pensando en este momento (si no es inmoral o no bíblico) probablemente esté bien. Sin embargo, asegúrate de que tu motivo para probar estas ideas nuevas nazca de tu deseo de explorar una mayor intimidad sexual con tu cónyuge y no sea algo que estés tratando de recrear a partir de una relación pasada o adicción al porno.

Si los motivos en el sexo son incorrectos, este se sentirá barato y devaluado. No es que lo que estás haciendo sea barato, pero sí lo que tú (o tu cónyuge) sentirán al respecto si está motivado por algo más que un deseo sexual por ellos.

MALENTENDIDO SEXUAL# 2: EL SEXO ES SOLO FÍSICO

El sexo no es solo físico. El sexo siempre tiene implicaciones espirituales y emocionales. Tratar o ver el sexo como un acto exclusivamente físico es evidencia de una depravación emocional y espiritual y, si continúas viéndolo así, solo conducirás a más consecuencias espirituales y emocionales negativas.

El sexo, usado apropiadamente, es un regalo que cosecha muchos beneficios positivos, incluyendo tanto el deleite físico como la intimidad emocional con tu cónyuge. Eso no significa que cada vez que tengas relaciones sexuales con tu cónyuge solo deba ser una experiencia espiritual intensa o íntima.

Piensa en tus interacciones no sexuales con tu cónyuge: a veces puedes hablar sobre vulnerabilidades profundamente emocionales, a veces estás discutiendo juguetonamente qué restaurante tiene los mejores camarones y sémola, a veces estás explorando nuevas ideas para tu futuro y otras simplemente estás enviando mensajes de texto diciéndole a tu cónyuge que no se olvide de recoger a los niños a las 5 p.m. No todas las interacciones que tienes con tu cónyuge son conversaciones íntimas, pero todas las interacciones los conectan colectivamente de una forma u otra, incluso si esa conexión es solo la logística de vivir la vida juntos.

Así es con el sexo. Parte del regalo del sexo son las diferentes formas en que este puede tomar forma dentro del matrimonio, sea rápido y espontáneo, lento y romántico, por mantenimiento o cualquier otra expresión, es una representación de su compromiso mutuo. El sexo es una expresión externa de su compromiso interno como conyugues y todo lo demás es un insulto a cómo Dios pretendía que fuera.

El Ojo del Espectador

Incluso cuando hablamos de atractivo físico, no es solo físico. La deseabilidad sexual no es universal, es decir, no todos en el mundo encuentran atractivas las mismas características físicas. Parece una afirmación obvia: algunas personas prefieren rubias o curvas o abdominales modelados, y las preferencias físicas continúan.

Aún se vuelve más extremo cuando lo miras desde una perspectiva cultural. En los Estados Unidos, una cintura tallada con un tono de piel impecable generalmente se considera deseable. Sin embargo, en otras partes del mundo, cuanto más grande es una mujer, más deseable, hasta el punto de que algunas niñas son alimentadas a la fuerza para aumentar su deseabilidad física, una práctica conocida como "leblouh"[1]. Hay partes del mundo donde las imperfecciones leves se consideran más bellas que las caras perfectas: dientes torcidos (llamados "yaeba" en Japón[2]), lunares faciales, y más, alguna cultura en el mundo probablemente encuentre ese rasgo sexualmente deseable.

La diversidad en la definición cultural de belleza nos dice que no hay un estándar universal comprobado y verdadero de belleza. La belleza, y la deseabilidad sexual, son un fenómeno cultural. Y si se aprende culturalmente, eso significa que se puede cambiar mediante un ajuste en la perspectiva de un individuo. La perspectiva está fuertemente controlada por la emoción y el elemento de elección. Así que la belleza está realmente en el ojo del espectador.

¿Específicamente qué significa eso para ti? Significa que el sexo no es solo físico, y que también el por qué te atrae o no tu cónyuge física y sexualmente, tampoco es solo físico. Si piensas que desearías a tu cónyuge más sexualmente si ciertas cosas sobre su apariencia física cambiaran, no estarías completamente en lo correcto. Como era de esperarse, y como la mayoría de las demás cosas en el matrimonio, no se trata tanto de que tu cónyuge cambie, sino más bien de que tu cambies de perspectiva. En este caso, busca la ayuda de Dios para que tus atracciones sexuales se alineen con lo que tu cónyuge tiene para ofrecerte.

¿Esto significa que si tu cónyuge cambia su apariencia física para adaptarse a tus preferencias, no los encontrarías más atractivos? La respuesta simple es no. Si crees que tu cónyuge podría ser más atractivo sexualmente al cambiar su apariencia física, entonces probablemente estés haciendo una declaración precisa.

Sin embargo, ¿tiene que cambiar tu cónyuge su apariencia física para que te sientas más atraído sexualmente? ¿Es esa la única forma de que te atraiga más sexualmente? ¿Es esa la forma correcta de abordar el problema de la falta de atracción sexual? Las respuestas a todas estas preguntas es lo que estamos abordando aquí.

Si no te sientes atraído o excitado sexualmente para nada a tu cónyuge, entonces ese es un tema diferente en un libro diferente; tal vez deberías buscar ayuda médica o cambiar un poco tu dieta. Pero, para este libro, asumimos que hay algo que te atrae sexualmente de tu cónyuge. Si tienes problemas para encontrar a tu cónyuge atractivo sexualmente, entonces algo está sucediendo contigo, y no es necesariamente tu cónyuge o sus atributos físicos. Tal vez estés desconectado emocionalmente, tal vez te haya entrenado visualmente para encontrar atractivos y atributos físicos específicos en lo que vez regularmente o tal vez hayas atribuido ciertas características físicas a una emoción positiva a través de relaciones inapropiadas con personas del sexo opuesto que no sean tu cónyuge.

Cualquiera que sea el aspecto de tu cónyuge, puedes optar por sentirte más atraído sexualmente por ellos. Eso no significa que sea incorrecto que quieras que tu cónyuge se tiña el cabello de un color determinado o que pierda algo de peso o volumen para que te sean más atractivos sexualmente, o que quieran hacer esas cosas por ti. Lo que sí significa es que el cambio físico de tu cónyuge no debería ser el factor definitivo para determinar si tu cónyuge te excita sexualmente o no.

Para ser claros, esto nunca debería iniciarse como una conversación de "si hicieras esto, me sentiría más atraído por ti". Si surge una conversación sobre los rasgos físicos que te parecen atractivos, será mejor que te asegures de que esas conversaciones se lleven a cabo con amor y una aceptación completa, independientemente de si tu cónyuge va tras tus ideas o no.

Nuevamente, la belleza está en el ojo del espectador. Cuanto más te enamores emocionalmente de tu cónyuge, más te atraerán físicamente. Tu definición de belleza está definida por lo que amas.

Yo Doy

"No obstante, por razón de las inmoralidades, que cada uno
tenga su propia mujer, y cada una tenga su propio marido.
Que el marido cumpla su deber para con su mujer,
e igualmente la mujer lo cumpla con el marido."
-I Corintios 7:2-3 (LBLA)

Si has estado en el contorno de la iglesia el tiempo suficiente, es posible que ya sepas que si quieres hablar sobre la naturaleza erótica del amor Bíblicamente, vas al Cantar de los Cantares. En Cantar de los Cantares, la palabra "amor" se usa varias veces, como se espera. Pero lo que es realmente interesante es la palabra hebrea original para "amor" - "ahavah".

En hebreo, esta palabra se compone de tres caracteres. Los dos caracteres fundamentales, traducidos literalmente, se traducen como "Doy". Es el tercer carácter hebreo que modifica la palabra completa para que signifique "amor". Entonces, incluso en el libro de mayor sexualidad en la Biblia, donde desglosar el texto puede revelar contenido sexual explícito más allá de las relaciones sexuales, la palabra principal que usan para "amor" ni siquiera significa un amor "erótico": es un amor sacrificial.

Como cultura, hemos disminuido el sexo para ser simplemente un medio de satisfacer los impulsos eróticos, pero fuimos creados para ser más que animales salvajes que satisfacen los deseos carnales. Dios creó el sexo para ser un método en el cual un esposo y una esposa pueden demostrar físicamente su amor sacrificial. El sexo saludable representa la relación de dar y recibir que debe reflejarse en un matrimonio saludable.

I Corintios 7: 3 (MSG) declara que "la cama matrimonial debe ser un lugar de mutualidad: el esposo busca satisfacer a su esposa, la esposa busca satisfacer a su esposo". Si uno de ustedes siempre está recibiendo y solo espera que el otro dé, pueden estarse perdiendo de la plenitud que una vida sexual saludable proporciona en la relación no sexual entre esposo y esposa.

Amigos con Beneficios

Al investigar más a fondo la traducción hebrea del "amor", también aprendemos que ocasionalmente, la palabra "ahava" también se usa para significar "amistad".

¿La Biblia tolera un estado de relación de "amigos con beneficios"? No nos enredemos aquí. Lo que esto puede enseñarnos es que una vida sexual sana y apasionada dentro del matrimonio se basa tanto en la amistad como en el deseo sexual.

En definitiva, todo va de la mano. El buen sexo proviene de una gran amistad con tu cónyuge y una gran amistad proviene de una conexión profunda y una conexión profunda proviene de la voluntad de sacrificarse.

Claro, podrías tener relaciones sexuales fugaces que brinden un deleite a nivel superficial, pero entonces solo estás probando la superficie de lo genial que realmente puede ser el sexo, ¿y quién quiere sentir que se está perdiendo del mejor sexo?

No solo es Físico.

Cuando es "Solo Físico"

I Corintios 7:2 (RVC) dice que "pero por causa de la inmoralidad sexual, cada hombre debe tener su propia esposa y cada mujer su propio esposo". En otras palabras, vivimos en un mundo enloquecido por el sexo, pero una de las razones por las que Dios nos dio el matrimonio fue para que pudiéramos tener una gran vida sexual sin ser absorbidos por las consecuencias del pecado sexual.

El sexo es una forma de mantener tus deseos sexuales centrados exclusivamente en tu cónyuge. Las influencias externas, como la pornografía, distorsionan tu enfoque y te alejan de tu cónyuge mental, emocional y físicamente.

Si el matrimonio es el plan de Dios para que cumplas con tus deseos sexuales sin pecar, entonces la pornografía te niega por completo cualquier beneficio que Dios pretendía que recibieras de las relaciones sexuales. Ya hemos insistido en que el sexo no es solo físico, así que el porno toma algo que debe tener una profundidad inmensa y lo convierte en algo superficial y físico, y elimina todos los demás elementos vitales que hacen que tu matrimonio sea saludable.

Hay muchos libros increíbles sobre pornografía, como "La batalla de todos los hombres" de Stephen Arterburn, por lo que no sentimos la necesidad de repetir lo que ya se ha dicho. Sin embargo, debido a que el porno es tan desenfrenado, definitivamente queremos tocar el tema brevemente.

Pornografía

Pornografía. Hay una palabra que probablemente evoca muchas emociones diferentes. Algunas iglesias lo discuten abiertamente, pero para la mayoría de las iglesias es un tema profundamente tabú. Sin embargo, es un tema que probablemente ha afectado cada una de nuestras vidas de alguna manera. La pornografía, en cualquier cantidad, dañará, si no destruye el matrimonio. Si no destruye tu matrimonio legalmente, entonces lo destruirá emocional y espiritualmente.

La pornografía, como muchos otros pecados, comienza siendo pequeña y se convierte en algo destructivo, por lo que incluso una pequeña cantidad de pornografía es destructiva. El peligro real de la pornografía en comparación con otros hábitos que amenazan la vida, como las drogas, el alcohol, etc., es que es algo tan oculto y las consecuencias son invisibles hasta que es demasiado tarde.

Podría decirse que puede ser mejor para alguien tener una adicción a las drogas o al alcohol, porque esos son hábitos visibles que pueden eliminarse físicamente de la vida de alguien y, en todo caso, al menos las personas cercanas a un drogadicto o alcohólico son conscientes de que esa persona necesita ayuda. La pornografía es privada y el recuerdo de las imágenes de la pornografía está siempre accesible. Tiene la capacidad de destruir una vida de adentro hacia afuera sin que nadie sepa lo que sucedió.

Y no pienses que el porno solo afecta al espectador. Si estás casado, afectará a tu cónyuge en el nivel más íntimo. La pornografía puede hacer que tu cónyuge se sienta inútil y avergonzado, incluso si no son ellos los que la están viendo. La pornografía hará que te sientas muy insatisfecho con tu cónyuge hasta el punto de llegar al abuso emocional y verbal. Es posible que ni siquiera te des cuenta de que lo estás haciendo, pero cuando tienes acceso a algo que te proporciona un nivel alto que tu cónyuge no puede igualar, no hay otra forma para tu cerebro de procesar la comparación, excepto disminuyendo a tu cónyuge con un "no eres lo suficiente." En lugar de amar y apreciar a tu cónyuge, puedes convertirte en el agresor, derribando la sensación de seguridad emocional y sexual de tu cónyuge.

Si no puedes experimentar un deseo sexual por tu cónyuge y estás participando de la pornografía, te estas apuñalando por la espalda. Estás causando tus propios problemas. La pornografía puede disminuir o eliminar por completo tu deseo sexual por tu cónyuge.

Los problemas relacionados con la pornografía no siempre pertenecen a un solo cónyuge que lo ve en privado. Ver porno con tu pareja es igual de perjudicial. Un argumento que hemos escuchado a menudo es que el porno mutuo parece estar bien porque no codiciaban a los actores en los videos, pero los excitaba a ambos sexualmente para que tuvieran una vida sexual activa.

Aunque podemos entender esta lógica, sigue siendo peligrosa por varias razones. Ninguno de nosotros tiene antecedentes de consumo de drogas, pero hemos escuchado que tener relaciones sexuales durante el éxtasis es una experiencia notable. También nos han dicho que la desventaja es que tener relaciones sexuales sin éxtasis era tan insípido que ni siquiera valía la pena, así que después de tener relaciones sexuales con éxtasis, la única forma de experimentar el sexo era continuar usando las drogas.

Puedes aplicar la misma lógica al argumento de volverte dependiente de ver pornografía para poder tener una vida sexual activa con tu cónyuge. Si usas porno para "estar listo" el tiempo suficiente; eventualmente, es posible que nunca puedas "estar listo" sin pornografía. Entonces, la pareja casada que solo comenzó a ver porno para obtener una vida sexual saludable ahora son dependientes. Además de eso, debido a que la pornografía fue invitada al matrimonio, se convierte en un elemento permisible en sus vidas y se le abre paso en el estilo de vida de las personas, aparte del cónyuge.

Más importante que cómo afecta tu matrimonio negativamente, es cómo afecta tu relación con Dios. A Dios le rompe el corazón ver a uno de sus hijos, para quien tiene grandes planes, caer en un patrón tan oscuro como la pornografía. La pornografía, aunque privada, evitará que puedas cumplir todo lo que Dios ha planeado para ti. La pornografía es pecado e invitar el porno al hogar y verlo (incluso como pareja) es simplemente entretenerse con el pecado. El deseo de Dios es que se entretengan el uno con el otro.

Y no es que Dios se retire de ti si eliges ver pornografía, es que lentamente te alejarás de Él. Si eres un creyente nacido de nuevo, por mucho que intentes ocultarlo o no admitirlo, hay un elemento de vergüenza cada vez que miras porno. Esta vergüenza constante, si no se presenta ante Dios, hará que una persona se aleje de Dios. Cualquier adoración o devoción se sentirá un poco menos genuina y, por lo tanto, tu relación con Dios se reducirá lentamente a una religión superficial. Y nunca podrás crecer más íntimamente con Dios, debido a lo que te niegas a renunciar.

MALENTENDIDO SEXUAL #3: EL SEXO ES SOLO UNA HERRAMIENTA

Hemos aclarado el punto de que el sexo no es solo físico: el sexo tiene un propósito, emocional y espiritual. Pero ese propósito no debe usarse como una herramienta. El sexo no es algo que deba usarse para obtener dinero o para negociar o simplemente para procrear. No es algo que guardes en tu caja de herramientas y extraiga cuando necesites hacer una tarea.

El sexo no es un chip de negociación

El sexo es un regalo que cada cónyuge le da al otro para recordarles lo deseados que son. El sexo debe darse libremente al cónyuge sin limitaciones ni reservas. Glorificas a Dios cultivando un deseo sexual por tu cónyuge y aceptando el deseo sexual de tu cónyuge hacia ti.

Cuando comienzas a regatear el sexo o a retenerlo porque estás enojado, estás pisando un territorio peligroso.

> *"No pongáis dificultades a vuestra mutua entrega, a no ser de común acuerdo y por cierto tiempo con el fin de dedicaros a la oración. Pero luego debéis volver a la vida normal de matrimonio, no sea que, incapaces de guardar continencia, Satanás os arrastre al pecado. Esto os lo digo más en plan de concesión que de mandato."*
> *-I Corintios 7:4-6(BLP)*

No vamos a salir y decir que negarte a tener relaciones sexuales con tu cónyuge es un pecado, pero la frase "con el fin de" ciertamente se presta a la conclusión de que no está completamente permitido abstenerse de tener relaciones sexuales si tú y tu cónyuge no están de acuerdo o cuando el motivo no es el ayuno o la oración.

Tenemos que mirar esta escritura en contexto. En la Versión Reina Valera Actualizada, el versículo anterior comienza con la declaración: "La esposa no tiene autoridad sobre su propio cuerpo, sino su esposo; asimismo el esposo tampoco tiene autoridad sobre su propio cuerpo, sino su esposa". Lo que nos dice que el autor estaba abordando directamente el tema de los esposos y/o esposas que tienen la actitud de que "este es mi cuerpo y si no tengo ganas de tener relaciones sexuales contigo, no tengo que hacerlo".

Obviamente, hay muchas razones logísticas por las que abstenerse de tener relaciones sexuales puede ser inevitable: licencia militar, enfermedad grave o discapacidad, tragedia, y la lista continúa. Pero este versículo no está abordando los obstáculos logísticos, está abordando los obstáculos relacionados con la manera en que nosotros, como individuos dentro de nuestro matrimonio, percibimos la autoridad que tenemos sobre nuestro propio cuerpo. En pocas palabras, se dirige a nuestros corazones.

Cuando se casaron, se convirtieron en "una sola carne", lo que significa que ya no eres dueño de tu propia carne, tu cónyuge es dueño de tu carne y ya no eres dueño solo de tu carne, ahora también eres dueño de la carne de tu cónyuge. Eso significa que técnicamente no tienes derecho de retenerte a ti mismo.

Veamos esto desde una perspectiva biológica. Si una mujer está embarazada, técnicamente hay dos vidas en un cuerpo. Debido a que el bebé en formación es el ser físicamente más débil de las dos personas, el cuerpo de la mujer siempre se asegurará de que se cuide al bebé por encima de la salud de la mujer. Por ejemplo, si la mujer no está bebiendo suficiente agua o ingiriendo suficientes nutrientes, el cuerpo de la mujer tomará automáticamente el agua y los nutrientes disponibles del cuerpo de la mujer y los difundirá al cuerpo del bebé. La mujer no tiene otra opción en el asunto. No puede decidir que necesita el agua y los nutrientes y el bebé tendrá que esperar hasta más tarde. Su cuerpo toma la decisión por ella automáticamente porque hay dos cuerpos en uno y los recursos tienen que ir a donde más se necesitan. Los recursos que sostienen la vida no van a donde la mamá o el bebé "sienten" que deberían ir.

Este mismo tipo de relación de "una sola carne" sucede en un matrimonio. Tú y tu cónyuge son una sola carne: idealmente, cada uno proporciona al otro lo que necesita para sobrevivir en cada aspecto de su ser. No puede simplemente decidir a dónde deben ir los recursos (en este caso, el recurso es el sexo) en función de cómo se sienten. Si tú o tu cónyuge "necesitan" tener sexo; de manera predeterminada, entonces el conyugue lo debe proporcionar de una manera automática.

No estamos diciendo que tengas que funcionar de manera automática en cada situación, pero el objetivo final es que comprendamos que es la voluntad de Dios que cubramos las necesidades sexuales de nuestro cónyuge.

Dicho esto, la estrategia que implementen es algo que deben resolver entre ustedes. Pueden implementar una regla de 24 horas (donde puedes cancelar, pero reprogramar y mantener esa cita dentro de las 24 horas). Si hay una limitación de tiempo o energía, quizás incluyas opciones alternativas para proporcionarle una liberación sexual a tu cónyuge fuera de las relaciones sexuales prolongadas. Dejaremos esas opciones a su imaginación, pero hay formas de satisfacer las necesidades del cónyuge que no incluyen una sesión de maratón sexual. Tal vez deberían programarlo en el calendario para asegurarse de que a nadie "se le olvide". Aunque esto puede parecer aburrido, otra perspectiva es que puede traer emoción y anticipación por el evento programado para el día. Es importante llegar a un acuerdo con tu cónyuge en el que ambos puedan estar de acuerdo y que dejará a cada cónyuge satisfecho sexualmente dentro del matrimonio.

Termina siendo un acto de equilibrio: los esposos deberían sacrificarse por sus esposas y las esposas no deberían negarles a sus esposos el sexo "solo porque". Si ambas personas se esfuerzan por ser generosas con la otra, ambas se encontrarán en algún punto intermedio.

El punto que realmente queremos que se lleven con ustedes es: como norma, el sexo debe darse libremente al cónyuge sin negociaciones, culpabilidad o amenazas. No debe ser retenido como una forma de castigo o una moneda de cambio. El sexo no es la oportunidad de la esposa para manipular la cadena de mando. El sexo no es una negociación comercial. En su forma más pura, es un regalo dado a aquellos que se comprometen con el matrimonio.

Como exención de responsabilidad, en el caso de que alguien quiera tomar estas declaraciones fuera de contexto y torcerlas a sus propias justificaciones pecaminosas, también deberíamos mencionar brevemente que el sexo no debe tomarse por la fuerza. Aunque el cuerpo de tu cónyuge puede no ser "propio", no está en el carácter de Dios forzar su voluntad sobre otra persona. Dios es nuestro creador y todos somos propiedad de Él y, si así lo deseara, podría controlarnos sin un argumento justificable; pero aun así, Dios espera pacientemente a que lo aceptemos. Por lo tanto, esta es la misma actitud que debemos exhibir en todos los aspectos de nuestros matrimonios (y vida).

Por otro lado, recuerda que el cuerpo de tu cónyuge puede no ser suyo, pero el tuyo tampoco es tuyo. La configuración de este sistema por parte de Dios está diseñada para impulsarlos a un acuerdo saludable trabajando juntos para satisfacer las necesidades el uno del otro.

El sexo es solo para la procreación

Hemos dejado en claro que no tenemos derecho a utilizar el sexo como una herramienta emocional dentro de nuestro matrimonio. Creemos que hay tres razones bíblicas por las que se creó el sexo: para simbolizar físicamente el significado de "una sola carne" en un matrimonio, por placer y por procreación. Lo que eso significa es que no eres más religioso o espiritual si solo tienes sexo para la procreación.

La idea de que el sexo se use para el placer no es algo que nuestra civilización occidental- moderna concibiera en nuestras mentes. Sí, nuestra cultura ciertamente ha pervertido muchos aspectos del sexo, pero la idea de que el sexo sea placentero no está pervertida en sí misma. El sexo entre marido y mujer se siente bien y es sagrado al mismo tiempo.

En la cultura judía, la capacidad de preservar la línea familiar es de suma importancia: después de todo, son "El pueblo elegido", por lo cual prolongar la existencia del "pueblo elegido" es uno de los aspectos más importantes de sus vidas. Pero incluso en esa cultura, una mujer judía tiene tres derechos: comida, ropa y el "onah". "Onah" significa el derecho a tener relaciones sexuales aparte del deber de la procreación.[3]

Lección de biología

Es simple probar este enfoque de "sexo por placer", ya que Dios creó partes de nuestra anatomía para no tener otro propósito que no sea el placer sexual. Podemos ir a la lista de casi todos los órganos sexuales y escribir su propósito relacionado con la procreación, pero hay partes de nuestro cuerpo que no tienen absolutamente ningún uso, excepto para proporcionar una sensación de placer[4], lo que significa que Dios tiene la intención de que experimentemos el placer a través del sexo.

Antes de casarnos, somos bombardeados con todos los "malos" riesgos sexuales para la salud. Pero también hay algunos beneficios de salud bastante impresionantes de la actividad sexual. Estos beneficios fueron descubiertos por diferentes estudios científicos en los últimos años[5]. Agrupamos todos los beneficios médicos en una gran lista, pero estos diferentes efectos secundarios positivos se derivan de varios aspectos de la actividad sexual.

Los beneficios de la salud sexual, la actividad sexual y otros componentes del sexo incluyen:

Actúa como un antidepresivo natural, reduce la ansiedad naturalmente, mejora la calidad del sueño, aumenta la energía, mejora la concentración, mejora la memoria, mejora el estado de alerta mental, ayuda con el mantenimiento del embarazo, mejora la presión arterial, aumenta la inmunidad, aumenta el autoestima, aumenta el comportamiento sexual iniciado por la mujer (cuanto más una mujer tiene relaciones sexuales sin protección, más productos químicos hay en su torrente sanguíneo que aumentan su libido), reduce el dolor ("Me duele la cabeza" Ya no se puede usar como una excusa real), reduce drásticamente las posibilidades de cáncer de próstata, combate el envejecimiento, cura las heridas internas y externas, aumenta la salud cardiovascular y, según un estudio realizado por la Universidad Estatal de Carolina del Norte, reduce el riesgo de cáncer de mama en un 40%.

Entonces, si te encuentras como una persona deprimida, malhumorada, generalmente enferma, sin ningún deseo sexual ni energía; en lugar de medicamentos, quizás deberías considerar tener relaciones sexuales más saludables y sin protección con tu cónyuge. Nota importante: dependiendo de tu situación familiar (tu deseo de tener hijos o de tener más hijos), es posible que necesites encontrar una manera de programar el requisito "desprotegido" para la mayoría de estos beneficios para la salud.

Sexo Santo

Los escritos de la cultura judía incluso van un paso más allá y explican que cuando un hombre y su esposa tienen relaciones sexuales, están invitando a la presencia de Dios[6]. El sexo es una gran parte de la vida de una persona casada. No es solo físico, no es algo que se pueda usar solo para descargarte (juego de palabras), no es solo para poblar la Tierra y ciertamente debería ser una parte regular y activa de cada matrimonio. Deja de lado las perversiones y distorsiones del sexo y date cuenta de que el sexo es algo hermoso que fue creado por Dios como un regalo para las parejas casadas.

Cada vez que participamos en una actividad sexual de corazón puro con nuestros cónyuges, estamos, en esencia, glorificando a Dios por su bondad y generosidad en su creación del sexo.

ROMANCE

BUENO. Ya basta de sexo, ¡hablemos de romance! Cuando pensamos en el romance, tendemos a pensar en ese tipo que enamora a esa chica y se van al atardecer. Y entonces se acaba la película.

Si construyes todo tu matrimonio sobre la idea del romance de un cuento de hadas, terminarás decepcionado. Porque hay una diferencia significativa entre las mariposas que sientes cuando te "enamoras" y los componentes fundamentales que conforman un matrimonio próspero que conduce a un verdadero "felices para siempre". Nos sumergimos más profundamente en ese concepto en el Capítulo 11: Lujuria vs. Amor.

El romance en el matrimonio debería ser más como el postre emocional de una relación saludable y menos como el plato principal. El romance ocurre en momentos y puede satisfacerte en ese momento, pero no te sostendrá hasta la próxima vez. Sería el equivalente a tratar de vivir un estilo de vida saludable comiendo nada más que postres decadentes. Si eso es lo único que comes, es posible que no vivas lo suficiente como para disfrutar el próximo postre o serás miserable en tu vida porque tu cuerpo no funcionaría como está diseñado. En cambio, un estilo de vida saludable y equilibrado debe consistir en una dieta saludable y un postre ocasional. De esa manera, te sentirás genial viviendo tu vida y podrás vivir lo suficiente como para experimentar tu próximo postre.

Asumimos que ambos quieren que su matrimonio dure lo suficiente como para continuar experimentando el romance en su relación. Si ese es el caso, entonces tu matrimonio debe basarse en los fundamentos bíblicos que se encuentran en este libro y no solo en las emociones fugaces que componen los momentos románticos.

DEFINIENDO ROMANCE

¿Qué consideras romántico? ¿Pétalos de rosa que conducen a una cena a la luz de las velas para dos? ¿algo poético susurrado en tu oído? ¿Un letrero hecho a mano que diga "Te amo" el cual se muestre en la pantalla gigante de un partido de fútbol? ¿Tus flores favoritas entregadas a domicilio en la oficina?

Todos tenemos nuestras personalidades únicas y con eso vendrán nuestras propias definiciones de lo que encontramos romántico. Pero en el corazón de cada acto romántico hay un rasgo definitivo: nos hace sentir especiales. Definimos algo como romántico porque nos muestra que nuestro cónyuge nos presta atención exclusiva o nos da algo solo a nosotros, lo que nos hace sentir especiales de alguna manera.

El Caballero Con Armadura Brillante

Para ilustrar este punto, veamos algunas versiones diferentes de un escenario romántico clásico:

Un caballero con una armadura brillante cabalga sobre un hermoso caballo blanco y derrota al dragón para salvar a su princesa. ¿Romántico? Además de la reacción instintiva para que las mujeres reclamen su independencia y se aseguren de que todos sepan que no son una damisela en apuros, la mayoría de las mujeres estarían de acuerdo en que, en esencia, es un ideal romántico.

¿Qué pasa si cambiamos un poco la historia? Ahora, un caballero con una armadura brillante cabalga sobre un hermoso caballo blanco y derrota al dragón para salvar a un pueblo entero de personas, incluida su princesa. ¿Aún es romántico?

¿Qué tal esta versión de la historia: un caballero con una armadura brillante cabalga sobre un hermoso caballo blanco y derrota al dragón para salvar a su princesa? Luego, al día siguiente, viaja a una ciudad diferente para derrotar a otro dragón y salvar a la princesa de otra persona porque es un buen hombre. Luego, al día siguiente, se va a una tercera ciudad y derrota a otro dragón para salvar a un anciano. ¿Aún es romántico? El tipo obviamente es bastante exitoso en matar dragones y suena como un ciudadano honroso, ¿pero aún romántico? No tanto.

¿Por qué esos pequeños cambios disminuyeron el "romance"? Después de todo, salvó a su princesa en cada situación y parece un gran hombre. Por desgracia, las versiones alternativas de la historia parecen significativamente menos románticas. Si el acto es romántico o no, no se trata de que el caballero salve a su princesa ni tenga nada que ver con que la princesa esté en apuros y necesite ser salvada, y no tiene nada que ver con lo genial que es el hombre. Lo que hizo que la historia fuera romántica es que la princesa era tan especial para el caballero que arriesgó su vida solo para salvarla.

Si salvó a una aldea como su deber de caballero, es algo muy valiente, pero en realidad no la hace sentir especial, solo está haciendo una gran labor. En la tercera versión de la historia, cada vez que hace exactamente lo mismo por otras personas, disminuye el romance de su princesa. ¿Por qué? Porque era romántico porque era especial y cuanto más se repite el mismo acto para otras personas, menos especial se vuelve y, por lo tanto, va perdiendo el romanticismo.

Para que algo sea especial, Google dice que tiene que ser mejor, mayor o diferente de lo habitual. Lo que hace que algo sea romántico no es necesariamente un acto romántico. Es que sea cual sea el acto, haga que la persona en el extremo receptor sienta que es más importante o especial de alguna manera que cualquier otra persona.

El Romance no tiene Comparación

> *"Sea bendita tu fuente, y regocíjate con la mujer de tu juventud, amante cierva y graciosa gacela; que sus senos te satisfagan en todo tiempo, su amor te embriague para siempre."*
> *-Proverbios 5:18-19*

En estos tiempos, nos reímos de una escritura como Proverbios 5:18-19. Nos parece un poco extraña. Pero si miramos el subtexto de esta escritura, veremos un indicio del romance que Dios quiso que tuviéramos en nuestros matrimonios.

Primero, la escritura no dice que se deben gustar todos los senos. Para el hombre, estamos bastante seguros de que casi siempre es un hecho. El versículo aclara con cuales senos el esposo debe estar satisfecho, con los de "la esposa de su juventud".

Esa declaración nos dice dos cosas: una, son los senos de SU esposa de los que debería estar enamorado y dos, esos senos ya no son jóvenes. Para aquellos que recién están comenzando este viaje de la vida, les puede sorprender saber que después del parto y de varios años, los senos y el cuerpo de una mujer tienden a cambiar. Lo mismo es cierto para los hombres. Sin intervención médica, simplemente no tienes el mismo cuerpo a los 60 años que tenías cuando tenías 20 y tantos. Sin embargo, si el sexo y el romance se hacen a la manera de Dios, no necesitaran cirugía plástica para que su cónyuge continúe satisfaciéndole incluso en su vejez.

Proverbios está instruyendo a un esposo a estar tan enamorado y tan cautivado por su propia esposa que no importa qué senos tenga cualquier otra mujer y no importa cómo se vean los senos de su esposa en sus años más adultos o posteriores al parto.

El esposo en Proverbios no solo se está conformando con su esposa. Él está tan enamorado de ella, está entusiasmado por su amor. Esa es una gran palabra. Otras traducciones usan la palabra "intoxicado" con su amor[7]. Su amor por ella es el mismo en su vejez que su amor (y sus cuerpos) cuando eran jóvenes.

De hecho, su amor es mucho mayor. Cuando eran jóvenes, tenían sus cuerpos juveniles para mantenerse atraídos y complementar sus sentimientos emocionales. Pero en su vejez, el amor del esposo trasciende todas las formas superficiales de atracción.

Yo (Gloria) no estoy segura de que los hombres puedan relacionarse con el nivel de romance en el verso y lo que describe, pero creo que la mayoría de las mujeres pueden. Para mí, no hay nada más romántico que el hecho de que Robert esté tan cegado por su amor por mí que él derriba todas mis inseguridades más privadas a pesar de mis constantes comparaciones con mi antiguo yo u otras mujeres.

En términos más simples, la esposa en Proverbios 5:19 es especial para el esposo. Ella es diferente a cualquier otra persona en su vida. Para él, ella es mejor, ella es mayor y no hay competencia.

CONCEPTO ERRÓNEO DEL ROMANCE #1:
EL ROMANCE CUESTA DINERO

El romance no se trata de cuánto dinero gastas o qué tan elaborados sean tus gestos. Se trata de tu corazón y de cómo puedes identificar lo especial que es tu cónyuge para ti.

Si el único requisito para ser romántico es que encuentres alguna manera de hacer que tu cónyuge se sienta especial, eso abre una gran cantidad de opciones económicas. También te da un buen punto de partida para la chica anti-femenina. ¿Tu esposa no encaja en el molde de la damisela en apuros? Bien, yo tampoco (Gloria). Pero eso no te libra de la tarea de encontrar formas de hacerla sentir especial.

Especial no tiene que costar mucho dinero, pero sí tiene que costar algo. Puede costar tiempo, atención, esfuerzo, energía emocional. La clave aquí es que tiene que ser un gesto fuera de lo común para que tu cónyuge se sienta especial y si estás haciendo algo que siempre haces o siempre debes hacer, eso no califica como especial.

Puedes tomarte el tiempo para escribirle a tu cónyuge una nota diciéndole cuánto le amas. Puedes pasar por una heladería en el camino a casa y llevarle su helado favorito. Puedes llamarlos de la nada y decirles que estabas pensando en ellos. En lo privado, puedes volverte vulnerable y compartir tus emociones con tu cónyuge. Puedes publicar espontáneamente una actualización de estatus en las redes sociales declarando tu amor por ellos cuando NO es su cumpleaños, Día de las Madres, aniversario, etc. (recuerda, especial, lo que no sería normal ni esperado).

Personalmente, uno de mis favoritos (Gloria) es cuando escuché de la boca de otra persona todas las cosas maravillosas que Robert había dicho sobre mí a sus compañeros de trabajo. Me hizo sentir especial por muchas razones: que pensaba en mí cuando no estaba cerca de mí, que pensaba tanto en mí, que era obvio que no esperaba nada a cambio (porque yo ni siquiera estaba allí, y él no sabía que me iba a enterar) y lo declaró públicamente. No le costó ni un centavo, pero me hizo llorar (que, para ser justos, no es difícil de hacer, pero romántico de todos modos).

CONCEPTO ERRÓNEO DEL ROMANCE #2:
EL ROMANCE ES SOLO PARA TENER SEXO

Esto nos lleva a nuestro próximo error sobre el romance. El romance puede ponerlos de animo para el sexo, pero si haces algo con el solo propósito deponerlos de animo, ya no se considera romance, solo engaño.

El punto central de algo romántico es demostrar que alguien es especial para ti y si solo estás haciendo algo especial por tu cónyuge porque quieres algo a cambio, eso no los hará sentir especiales. Los hará sentir manipulados.

Además de no ser romántico, va contra la necesidad más básica de la mujer de sentirse segura en su relación. Si la única vez que le dices a tu cónyuge lo especial que es para ti es cuando quieres algo, ¿cómo se supone que deben saber realmente cómo te sientes? No hay afirmación ahí. No hay seguridad.

CONCEPTO ERRÓNEO DEL ROMANCE #3:
EL SEXO ES ROMÁNTICO

Puede haber un pequeño y selecto grupo que piensa que querer tener relaciones sexuales con su cónyuge califica como hacerlos sentir especiales y, por lo tanto, califica como romanticismo. Aunque, en algunas situaciones, tener relaciones sexuales puede calificar como un gesto romántico, creemos que en la mayoría de los casos, simplemente no califica.

Por un lado, el acto físico del sexo puede ocurrir entre cualquier hombre y cualquier mujer. No estamos diciendo que deba ocurrir entre dos personas casuales, pero todos entendemos que biológicamente, puede suceder entre dos personas casualmente. Por lo tanto, si deseas tener relaciones sexuales con tu cónyuge esto no hará que se sienta especial porque esto solo, no comunica claramente que deseas tener relaciones sexuales solo con ellos. Sencillamente, querer tener relaciones sexuales con tu cónyuge solo comunica que deseas tener relaciones sexuales y que son tu única opción moral.

El romance requiere que no hagas sentir a tu cónyuge como si fuera la única opción; sino más bien, que si se te dieran todas las opciones en el mundo, tu cónyuge sería la única persona con la que elegirías o con la que querrías estar. Esto es difícil de comunicar a través del deseo sexual por sí solo.

De hecho, si la única vez que le demuestras a tu cónyuge que los quieres y son especiales es cuando te acercas a ellos para tener relaciones sexuales, esto puede hacer que tu cónyuge se sienta común y nada más que una prostituta glorificada. En lugar de sentirse especial, tu cónyuge puede terminar sintiéndose usado.

A medida que maduramos, la mayoría de las personas se dan cuenta de que alguien que quiere tener sexo contigo no te hace especial porque no eres TÚ a quien quieren, es el sexo. En el contexto del matrimonio, esto puede desarrollar rápidamente celos sexuales dentro de tal. Si el sexo parece captar toda la atención del esposo y todo el deseo del esposo, la esposa puede terminar sintiéndose como la "intermediaria" en el matrimonio entre el esposo y el sexo. Esto no hace que la esposa se sienta especial. Si el sexo fuera una persona, esto haría que el sexo se sintiera especial.

Tu cónyuge tiene que saber que es la persona más increíble en tu vida, no solo por algo que puede proporcionarte, sino porque es muy especial para ti. Poder comunicar eso- eso es romántico.

CONCEPTO ERRÓNEO DEL ROMANCE #4: HACER UN ACTO ROMÁNTICO ES LO MISMO QUE SER ROMÁNTICO

¿Alguna vez escuchaste la declaración, "si tengo que preguntar, entonces no cuenta"?

Hemos discutido en capítulos anteriores que los hombres y las mujeres no piensan igual y que tenemos que aprender a comunicar exactamente lo que queremos en lugar de esperar que nuestros cónyuges lean nuestras mentes.

Sin embargo, cuando se trata del romance, no es tanto que tu cónyuge quiera que descubras cómo expresarles tu amor, sino que para que algo sea realmente romántico, se requiere el deseo de hacerlo. Si solo estás haciendo exactamente lo que tu cónyuge te pidió, entonces se sentirá más como obediencia que romance.

En lo que corresponde al romance, tu cónyuge no quiere que solo hagas las cosas por inercia. Si quieren romance, quieren que estés tan enamorado de ellos que simplemente brote de ti y si no se los expresas de alguna manera, explotarás. Ok, tal vez eso es un poco exagerado, pero ese es el sentido.

Simplemente tener un gesto romántico sin querer serlo de corazón, es el equivalente a que tu cónyuge tenga relaciones sexuales contigo y este pensando en la cantidad de ropa que tiene que lavar. Al final del día, técnicamente ambos tuvieron un acto de romance y un acto sexual, pero no es nada comparado con un gesto romántico que surge de un corazón que realmente piensa que su cónyuge es increíble o cuando el sexo se inicia con pasión.

VOLVIENDO A LO BÁSICO

La mayoría de los esposos quieren que sus esposas los deseen sexualmente por lo que él puede hacer por ella, y no solo por quién es él. Las esposas quieren que sus esposos las deseen románticamente por lo que ella es, no solo por lo que puede hacer por él. Se arraiga a las necesidades básicas y profundas de respeto y seguridad. A los esposos les gusta ser respetados y sentirse exitosos, y las esposas quieren sentirse seguras en el amor de su esposo por ellas. El sexo y el romance son formas relacionales para apoyar aún más esas necesidades.

La próxima vez que tengas relaciones sexuales con tu cónyuge o hagas algo romántico por ellos, antes de continuar, tómate un momento para concentrarte en por qué estás haciendo lo que estás haciendo. Esforzarse solo un poco para estar realmente de animo antes de tener sexo o meditar sobre lo maravilloso que es tu cónyuge antes de hacer algo romántico, eventualmente se convertirá en la norma dentro de tu matrimonio y con el tiempo tu matrimonio se desbordará con sexo y romance satisfactorios.

¿QUE TIENE QUE VER EL AMOR CON ESTO?

#lujuria #amor

cultura • Sigue tu corazón
contra-cultura • Sigue la Palabra de Dios y tu corazón te seguirá

once

¿QUE TIENE QUE VER EL AMOR CON ESTO?

Somos una sociedad impulsada por nuestras emociones. Nuestra cultura determina cuál es la decisión "correcta" en función de cómo nos sentimos en lugar de lo que Dios afirma que es verdad en su Palabra. Tendemos a vivir para nuestras emociones, ya sea en una película, la vida de otra persona o la nuestra. La dependencia que muchos de nosotros tenemos de nuestras emociones para hacernos sentir "vivos", tristemente ha dejado un rastro de hogares destrozados y personas destrozadas la vez.

No es la intención de Dios que tengamos un matrimonio sin pasión o una existencia sin vida. Nuestras emociones son un regalo de Dios para darle color a nuestras vidas, pero debemos aprender a controlarlas y a ponerles límites para que podamos usarlas para crear una obra maestra en lugar de un desastre salpicado.

DEFINIÉNDONOS

Hay una diferencia más grande entre "lujuria" y "amor" de lo que la mayoría de la gente piensa. Pero antes de que podamos sumergirnos en las diferencias, debemos tener una comprensión clara de quiénes somos y cómo nos relacionamos con otras personas.

Mateo 28:19 (RVA 2015) nos dice que Dios está compuesto de tres partes, "el Padre, el Hijo y el Espíritu Santo". También sabemos que "Dios creó al hombre a su propia imagen ..." (Génesis 1:27 RVA 2015). Por lo tanto, entendemos que también constamos de tres partes: nuestro "espíritu, alma y cuerpo ..." (1 Tesalonicenses 5:23 RVA 2015).

Como seres que contienen todos estos componentes, componentes que a menudo están en guerra consigo mismos, somos criaturas complicadas. Se vuelve aún más complicado cuando comenzamos a analizar cómo estas tres partes de nuestra existencia interactúan entre sí y cómo están influenciadas por estímulos externos y por otros seres igualmente complicados.

La Metáfora Del Perro

Puede ser más fácil visualizar quiénes somos si piensas en ti mismo como una persona que pasea a un perro con una correa: tu cuerpo físico es el perro, tu alma es la correa y tu espíritu es el paseador de perros.

Mientras llevas a tu perro (cuerpo) a pasear por el mundo, el perro se enfrenta a muchos estímulos. Es natural que tu perro olfatee algo en el aire y se ponga alerta, vea una ardilla y quiera ir a perseguirla, olfatee un perro y quiera volverse agresivo de forma innata si es del mismo sexo o sentirse descontroladamente atraído si es un perro de el sexo opuesto. Pero sin importar los estímulos o la distracción, si el perro está sujeto con una correa y el paseador de perros tiene el control firmemente, no se necesita mucho para tirar al perro de regreso al camino correcto y volver a centrarse en dónde debe ir. El paseador de perros tiene el control y el resultado es un hermoso y tranquilo paseo por el parque, con el paseador de perros y el perro, llegando a su destino determinado.

Ese es el escenario ideal. Desafortunadamente, lo que es mucho más común ver en nuestro mundo, metafóricamente hablando, es un gran perro corriendo desenfrenado en las calles, atado a una correa que arrastra ya sea a un paseador de perros muerto (no cristiano) o a un paseador de perros terriblemente débil y endeble (cristiano débil) que tropieza impotentemente tras el perro. Esto crea una situación en la que tenemos un perro que está causando estragos en las calles; persiguiendo cada olfato en el aire, reaccionando exageradamente con miedo ante los basureros ruidosos, y/o haciendo sus necesidades en medio de la acera para que otros lo pisen accidentalmente. Un perro suelto y fuera de control ya es bastante malo, pero este perro también arrastra una correa y a una persona al otro extremo, lo cual multiplica los resultados exponencialmente.

Así es nuestra vida cuando nuestro cuerpo, nuestra carne, tiene el control total y nuestros espíritus son demasiado débiles para dictaminar lo contrario. Cada decisión que tomamos se basa en nuestra respuesta biológica, nuestra alma (mente, voluntad y emociones) se alinea rápidamente con nuestros cuerpos a medida que es arrastrada por el barro y nuestros espíritus, la única parte de nosotros que tiene algún sentido espiritual, es arrastrada sin poder hacer nada.

Recuerda, en nuestro ejemplo, el perro, la correa y el paseador de perros están unidos permanentemente entre sí, así como nuestro cuerpo, alma y espíritu no tienen más remedio que coexistir hasta que nuestro cuerpo muera. Por lo tanto, simplemente soltar la correa no es una opción viable: la única forma en que el paseador de perros (nuestro espíritu) puede controlar al perro (nuestros cuerpos) es volviéndose más fuerte que el perro. La correa, que representa nuestra alma, siempre se alineará y apoyará a cualquier parte que tenga el control, ya sea que eso signifique que estaremos arrastrando nuestras almas a través del barro o que nuestras almas se mantengan limpias y se usen para un propósito.

Esta es una excelente representación visual de la declaración, "fortaleciendo su espíritu y matando de hambre a su carne" en relación a convertirse en un creyente más maduro. Ese consejo es perfecto, pero muchas veces es difícil para las personas captar y aplicar adecuadamente a sus vidas.

Si estás viviendo una vida alineada con "presenten sus cuerpos como sacrificio vivo, santo y agradable a Dios, (Romanos 12:1 RVA-2015), entonces, metafóricamente hablando, eres un fisiculturista de 250 libras caminando con un perrito de juguete de 5 libras. No importa cuán distraído estés, cuando ese perrito de juguete tenga la necesidad de perseguir algo, tu, como el fisicoculturista no tendrás ningún problema para mantener a tu perrito de juguete en línea. Eso no significa que al perrito de juguete no le den ganas de hacerlo, incluso intentará hacerlo, pero está sujeto a una correa que está siendo controlada por un fisiculturista; por lo tanto, todo se mantendrá alineado.

Entonces, ¿cómo convertimos nuestro escenario de "Un San Bernardo de 250 libras, arrastrando a una persona hambrienta, moribunda, de 80 libras en soporte vital" al escenario de "un perrito de juguete de 5 libras siendo caminado por un fisiculturista de 250 libras"? ¿Cómo fortalecemos nuestros espíritus y debilitamos nuestra carne?

Dedica unos minutos a hacer un inventario de las cosas que alimentan tu carne, luego comienza el proceso de privar a tu carne de esas cosas. Si algo llama tu atención, no dejes que tus ojos se prorroguen ahí. Si un pasatiempo siempre te conlleva a la tentación, abandona el pasatiempo. Si un pensamiento entra en tu cabeza, no lo acaricies, cambia lo que estás pensando. Encuentra a alguien a quien le puedas rendir cuentas, para ayudarte en la jornada.

Al principio, comienza con negarle a tu carne pequeños bocados: los pequeños "triunfos". Incluso cuando no sientas que una pequeña decisión es importante, con cada oportunidad que tienes para negarle a tu carne lo que sabes que no está alineado con la Palabra de Dios, harás que muera de hambre lentamente. Esta es una de las razones por las que el ayuno es tan increíblemente poderoso. Es una oportunidad para ir más allá de nuestras decisiones normalmente "correctas" y negar completamente a nuestra carne de su fuente de vida: los alimentos. Si tu carne ya está débil, entonces el ayuno es una forma de asegurarte de que esté bien y muerta. Si tu carne necesita ser debilitada, entonces el ayuno te dará un gran impulso para comenzar en ese trayecto. Si el ayuno es un concepto nuevo para ti, te recomendamos encarecidamente el libro "Ayuno" de Jentezen Franklin.[1]

Sin embargo, no te servirá de mucho tener una carne débil y aún así tener un espíritu débil. Metafóricamente hablando, serias entonces como un perrito de juguete de 5 libras paseado por un niño de 1 año, de 20 libras, que está aprendiendo a caminar. Cuando el perrito de juguete sienta la necesidad de perseguir algo, va a ser difícil volverlo a alinear: a veces el perrito ganará y otras veces el niño de 1 año ganará.

Es igualmente importante hacer cosas para fortalecer nuestros espíritus, a través de la oración, la lectura de nuestras Biblias, el ayuno y la adoración, cosas que nos acercan a la fuente de vida de nuestro espíritu: Dios. Otra disciplina importante pero menos popular es la obediencia. Toda oportunidad de obediencia a Dios y a Su Palabra es una invitación a la intimidad. Eres tú quien elige negar la carne por el bien de Cristo. Incluso los pequeños actos de obediencia son recompensados por el fortalecimiento de tu Espíritu. Al principio puede ser una lucha involucrarse en esas disciplinas espirituales (porque recuerda, tu mente, voluntad y emociones son fácilmente influenciables para apoyar toda área que sea más fuerte) y podrá parecer que no estás ganando nada al obedecer, pero continúa y lentamente, tu espíritu crecerá y te convertirás en un fisiculturista de 250 libras.

Jesús nos dice en Mateo 26:14 que "velad y orad para que no entréis en la tentación; el espíritu está dispuesto, pero la carne es débil "(LBLA). Esencialmente, lo que Jesús nos está diciendo es que nuestro Espíritu siempre está de acuerdo con la voluntad de Dios y nuestra carne siempre está en oposición y la única forma de alinearlos es a través de la oración, la cual nos irá llevando a una relación más profunda e íntima con Dios, al fortalecer nuestro espíritu y haciendo posible que nuestra carne se someta. La mejor experiencia será cuando tu alma haga la transición de ser arrastrada por el lodo detrás de tu cuerpo y finalmente sea levantada en el aire y apoye la dirección de tu espíritu, ese momento cuando experimentes el deseo emocional de acercarte a Dios y anhelas Su presencia, en lugar de tener que obligarte siempre a hacerlo.

Quizás tener que hacer crecer tu espíritu y debilitar tu carne parezca mucho trabajo y te estás diciendo a ti mismo: "Solo quiero vivir libre y feliz ... Quiero ser el perro que vive en la naturaleza, libre para hacer lo mío". . "

El problema es que eso no existe. Claro, si eres un perro sin correa o tal vez solo una correa corta, entonces tal vez puedas correr salvajemente y ser feliz. Pero no eres solo el perro. También eres la correa y el que lo camina. Eres un ser tripartito. Entonces, incluso si se te permitiera perseguir a cada conejo "libremente", podrías encontrar algo de felicidad fugaz en el momento, pero aún estás ligado a la persona muerta en el otro extremo y esa persona muerta siempre será un peso muerto, eso te deprimirá después de que hayas atrapado a todos los conejos salvajes que tu corazoncito desea.

Pregúntale a casi cualquier experto en perros y te dirá que los perros más felices no son los vagabundos que viven en las calles, ni son los perros que están malcriados, pero que aún no son amados. Los perros más felices son los que están entrenados para un propósito, los que son amados y valorados por sus dueños[2]. Cuando tenemos una relación genuina con un Dios amoroso que nos entrena y nos guía hacia el propósito para el que fuimos creados, es cuando realmente somos "felices".

Así que "libre y feliz" es un oxímoron. Debería ser "desatado y vacío" o "sometido y feliz" porque "libre y feliz" no existe.

CÓMO NOS RELACIONAMOS CON LOS DEMÁS

Una vez establecidos los elementos que conforman quienes somos internamente, ahora podemos cambiar cómo nos relacionamos con los demás. De manera similar a las partes que componen nuestro ser (cuerpo, alma y espíritu), hay tres formas en que podemos relacionarnos con las demás personas a nuestro alrededor.

Podemos relacionarnos biológicamente (cuerpo), cualquier respuesta que se pueda detectar en un sentido físico medible. Podemos relacionarnos con alguien mental o metafísicamente a través de nuestra mente, voluntad y emociones (alma), por ejemplo, cuando "nos gusta" alguien, tenemos una "conexión" o sentimos una emoción hacia alguien o algo. Finalmente, podemos relacionarnos con personas en un nivel espiritual (espíritu), cuando nos preocupamos por el bienestar de alguien o los amamos.

Puedes sentir cualquiera de esos componentes hacia una persona. Dos de cada tres componentes hacen de alguien una persona valiosa en tu vida y los tres componentes es lo que debes tener con tu cónyuge para tener un matrimonio verdaderamente pleno.

LUJURIA

Definir la diferencia entre "lujuria" y "amor" puede ser una tarea desalentadora, especialmente cuando Google define "lujuria" como un "deseo sexual muy fuerte" y define "amor" como un "sentimiento intenso de afecto profundo". Bíblicamente, ambas definiciones en realidad caerían bajo la palabra "lujuria" mientras que el "amor" permanecería en gran medida indefinido por nuestro mundo. Si una pareja bien intencionada intentara construir su matrimonio sobre el "amor" de acuerdo con la definición de Google, pueden encontrarse cuestionando su "amor" por su cónyuge cuando ya no "sienten" nada. Una simple definición errónea de las palabras puede hacer que todo nuestro mundo se desmorone. Esta mala definición va aún más allá cuando miramos cómo la Biblia define el "amor" en la siguiente sección.

Culturalmente, la "lujuria" se entiende en la mayoría de los casos como un deseo impulsado sexualmente, hasta el punto de perversión. Algunas personas pueden definir con mayor precisión la "lujuria" como un fuerte deseo de cualquier cosa que satisfaga nuestros cuerpos (sexo, comida, bebida, bienes materiales, etc.). Bíblicamente, la palabra usada para la "lujuria" es "'avah", que literalmente significa "desear, anhelar (como en la comida o la bebida)" o "desear, anhelar, codiciar (de apetitos corporales)[3]". La palabra "lujuria" se usa en las Escrituras para describir algo pecaminoso o justo según el contexto del versículo. Dada la amplia gama de definiciones de "lujuria" en nuestra cultura, para las intenciones y propósitos de este capítulo, nos gustaría definir "lujuria" como una atracción romántica hacia alguien que es tan intensa que puedes sentirla físicamente.

Cuando conocemos a alguien por primera vez, nuestros primeros juicios son generalmente biológicos. ¿Son físicamente atractivos para nosotros?

¿Nos "quitaron el sueño" cuando los vimos por primera vez? ¿O sentimos rechazo por su apariencia? Estas cosas son respuestas biológicas que pueden aumentar aún más con nuestra creciente respuesta mental hacia alguien.

Cuanto más conocemos a una persona, comenzamos a determinar si tenemos una conexión mental con ella. ¿Nos gusta o no? ¿Tenemos intereses similares? ¿Nos gusta salir con ellos o nos vuelven locos? Cuanto más nos sumergimos en una conexión mental con alguien, más usamos palabras como "conexión del alma", "espíritus afines" y finalmente "almas gemelas" para describir la intensidad de la conexión mental que tenemos.

A medida que nuestras "almas se conectan", también lo hacen las respuestas biológicas hacia esa persona: las mariposas, las pupilas dilatadas y las palmas sudorosas. El problema es que es en este punto que nuestra cultura define el "amor" y ahí es donde se encuentra la confusión y se causan los estragos en nuestras vidas.

Estas respuestas biológicas entran en la categoría de "lujuria". Sí, la conexión mental puede ser completamente genuina, pero las respuestas biológicas durante esta fase se le atribuyen al "amor", cuando, de hecho, el verdadero "amor" no tiene nada que ver con las emociones.

Como dijimos anteriormente, necesitas las tres conexiones con tu cónyuge para tener un matrimonio satisfactorio: la conexión biológica, la conexión mental y la conexión espiritual. Sin embargo, atribuir tales reacciones biológicas temporales al "amor" es ofensivo ante quién es Dios, si "Dios es Amor" (I Juan 4: 8 RVR-2015) y Dios "no cambia" (Malaquías 3: 6 RVR-2015), entonces el "amor" ciertamente no puede definirse por emociones ni respuestas biológicas que han demostrado ser tan circunstancialmente temporales.

La lujuria no es necesariamente incorrecta en todos los contextos. Es una parte vital de la manera cómo Dios nos creó y es una fase esencial de la forma cómo desarrollamos una relación con nuestro cónyuge en el principio. Pero si la lujuria se desarrolla con alguien que no es el cónyuge o si la lujuria es el único vehículo que impulsa la conexión entre tú y tu cónyuge, entonces ahí si hay un problema.

Las Caídas

Cuando yo (Gloria) pienso en la primera vez que tuve ese sentimiento por Robert, pienso en dos momentos orquestados brillantemente. Éramos novios de la secundaria, así que tendrás que ponerte el sombrero de drama adolescente para que lo que voy a decir tenga sentido. La primera vez que sentí una atracción física por Robert fue cuando lo vi salir del comedor con su bandeja de comida. Llevaba una camisa de cuadros amarillos y blancos con botones, pantalones caqui ligeramente sueltos y botas de color marrón. Giro en la esquina y mis ojos se encontraron con los suyos y pensé que me iba a derretir en el suelo. Creo que mi corazón dio un vuelco y literalmente me dejó sin aliento. Fue mágico

La segunda vez fue cuando conducíamos en mi automóvil y yo estaba golpeando juguetonamente el colgante superior que cada graduado de la escuela secundaria cuelga del espejo retrovisor de su automóvil (es decir, antes de que comience la universidad y le da vergüenza que todos sepan que es un estudiante de primer año.) En medio de nuestro juego, "de alguna manera" la mano de Robert rozó ligeramente la mía y, de nuevo, esas "mariposas" eran tan intensas que casi me hacían sentir mal del estómago. Estoy segura de que la mayoría de ustedes tiene una historia muy similar.

Aunque estos momentos compartidos entre nosotros son hermosos y divertidos, lo más importante para reconocer de la lujuria es que podría suceder con casi cualquier persona. Al igual que tuve esos momentos de "amor a primera vista" con Robert; es cierto que también sentí esas mismas mariposas y sentimientos con cada enamoramiento que tuve durante mi adolescencia. Luego, después de algunas semanas, me sentía un poco desagradada por mi objeto de afecto y seguía adelante. La única diferencia con Robert fue que nunca me desagrado ni siquiera un poco. La intensidad de esas respuestas biológicas disminuyeron después del tiempo típico de la etapa de enamoramiento (se cree que no es más de 18 meses a 3 años)[4], pero se quedaron el tiempo suficiente para que yo realmente desarrollara un amor por él. Entonces, en esencia, me casé con Robert porque él fue el único chico que eventualmente no me desagrado. Jajaja La Historia Romántica del Año.

Sigue Tu Corazón

Es en esos momentos intensamente emocionales que las personas tienden a quedarse ciegas y arrojan todos los razonamientos lógicos por la ventana. La lujuria es una experiencia basada en la emoción sin ningún peso de consecuencias, ni realidad, ni moral.

No estamos diciendo que la lujuria no produzca emociones reales y genuinas. Entendemos que las emociones derivadas de la lujuria son intensas y pueden sentirse más "reales" que nuestras realidades cotidianas. Sin embargo, el hecho de que sintamos una emoción fuerte, tiene muy poco que ver con si esos sentimientos son correctos o no, o si nos llevarán a la decisión correcta. Nuestras emociones son la forma más susceptible y vulnerable de que el enemigo nos pueda desviar.

Nuestra cultura ha puesto tanta dependencia en nuestras emociones que para algunas personas se ha convertido en una especie de adicción. En lugar de buscar la próxima aventura o el próximo trago, están buscando el próximo momento que les proporcione un éxtasis emocional. Incluso si realmente desean tomar decisiones piadosas para sus vidas, pueden estar tan atrapados por sus propias emociones que la idea de dejar ir esos altibajos emocionales parece ser mortal. Puede parecer extremo, pero ¿alguna vez has escuchado la frase "No puedo vivir sin ti"? Algunas veces esa frase es una hermosa declaración de amor y otras es una declaración encarnada por las emociones de la lujuria.

Lo único peor que sentirse atrapado por tus propias emociones es ni siquiera saber que estás atrapado en absoluto. Ese es el estado en el que se encuentra la sociedad: siguiendo ciegamente el corazón, a veces hasta su propia destrucción.

Todo lo que tienes que hacer es ver nuestras películas, revistas y programas, y verás que todo celebra la emoción sobre el compromiso. El mantra de casi todas las historias románticas y curiosas es "seguir al corazón" y cuanto más prohibido o tabú sea un amor, mayor es la intensidad emocional.

Toda la filosofía de "seguir nuestros corazones" es errónea y absolutamente contradictoria con lo que Dios nos muestra en su Palabra. Jeremías 17: 9 dice que Más engañoso que todo, es el corazón, y sin remedio; ¿quién lo comprenderá? (LBLA) Y, sin embargo, cada consejo que recibimos culturalmente es que confiemos en nuestros corazones. No es de extrañar que seamos personas tan quebrantadas. Hemos basado toda nuestra existencia en algo que es engañosamente fugaz.

Yo (Gloria) recuerdo estar sentada en un teatro viendo la película "Spanglish"[5]. En la película, hay un esposo, una esposa y una criada. El esposo es un tipo de buen corazón que realmente está haciendo todo lo posible para que su matrimonio funcione y asegurarse de que sus hijos sean amados. La esposa es una verdadera psicópata con la que nadie debería tener que vivir. Ella es fría, superficial, obsesiva, egoísta y casi loca. La criada es una hermosa madre soltera que es compasiva, comprensiva, inteligente y estimable.

La historia de amor que el público quería recibir era el final feliz entre el esposo y la criada. Hubiese sido una gran historia de amor y habrían formado una hermosa familia llena de amor y felicidad. Sin embargo, al final de la película, antes de que sucediera algo irreparable, la criada tomó la determinación de que ella no sería "esa mujer" y empacó sus maletas, tomó a su hija y se fue. Y el esposo regresó a su casa con la esposa psicópata, que admitió haber mostrado un signo de cordura esperanzador al final de la película. Y eso fue todo. El fin.

Yo odiaba ese final. Por dentro, estaba gritando "¡¡¡¡NOOOOOO !!!!" ¡¿Por qué terminó de esa manera, ese tipo y la criada eran perfectos el uno para el otro, además esa esposa está loca y no lo merece! " No era el "final feliz" que yo quería.

Y luego me golpeó como una tonelada de ladrillos. En ese momento, Robert y yo éramos parte esencial en el desarrollo de un ministerio de la Escuela Dominical para matrimonios jóvenes en nuestra pequeña iglesia local. Abogaba por los matrimonios y la capacidad de Dios para restaurar cualquier matrimonio, sin importar cuán difícil fuera. ¿Cuándo llegué al punto en que permití que la sociedad me influyera tanto que esperaría el fracaso de un matrimonio a favor de la felicidad emocional, incluso en el contexto de una película?

Creo que fue en ese momento que Dios plantó una semilla para el "Matrimonio contracultura". Fue la primera vez que Dios abrió mis ojos y pude ver cuánto influye la cultura en la manera cómo vivimos nuestras vidas, incluso los cristianos que viven un estilo de vida piadoso no son inmunes a las influencias desprotegidas del mundo.

Sexo & Romance

Ya hemos discutido cómo la palabra "lujuria" no se trata solo de un intenso deseo sexual por algo en especial, es un deseo intenso por cualquier cosa. Ese "cualquier cosa" puede ser pornografía, novelas románticas, dejarse llevar por una película romántica, encontrarse soñando despierto con un hombre o una mujer que no sea tu cónyuge, ya sea que la conozcas o no.

Puedes desear casi cualquier cosa. Y nosotros, especialmente como cultura cristiana, damos énfasis a los peligros del porno y tendemos a dejar pasar las novelas románticas y las obsesiones por las películas basadas en la fantasía. Pero esas cosas son tan lujuriosas e igual de incorrectas.

Algunas personas están más orientadas al sexo visual y algunas personas están más motivadas por el romance emocional. Pero el deseo sexual y las emociones provienen de la misma cosa: la carne. Es posible que no permanezcas ni pases tu tiempo disfrutando de imágenes visuales de material pornográfico, pero eso no significa que estés menos involucrado en un comportamiento lujurioso y dañino.

Las mujeres que alimentan sus impulsos emocionales de romance y drama no son en lo absoluto diferentes a un hombre que cumple sus deseos sexuales a través del porno. No es diferente. Es exactamente el mismo pecado. Estás alimentando un apetito poco saludable, persiguiendo uno éxtasis tras otro.

Y así como el sexo es un regalo para las parejas casadas, lo mismo ocurre con las emociones. Nuestras emociones son un regalo, pero cuando comenzamos a pervertir el sexo y pervertir nuestras emociones, convertimos algo que estaba destinado a la belleza en un desastre.

¿Es lujuria?

Si te preguntas si estás tomando decisiones basadas en la lujuria, hay una regla fácil que puedes utilizar en cada decisión.

> *"Porque del corazón salen los malos pensamientos, los homicidios,*
> *los adulterios, la inmoralidad sexual, los robos,*
> *los falsos testimonios y las calumnias."*
> *-Mateo 15:19 NVI*

Este versículo clasifica muchas cosas como "malvadas": asesinato, adulterio, inmoralidad sexual, robo, falso testimonio y calumnia. Entonces, si la decisión que tomas eventualmente te llevará a uno de esos elementos "malvados", estás batallando con la lujuria. Puedes, de manera segura, ignorar lo que sientes y tomar tus decisiones basadas solo en las Escrituras.

Nadie es Inmune

Hace años, hablamos con una pareja que estaba lidiando con una aventura que el esposo estaba teniendo. La esposa habló con una de las amigas del esposo quien apoyó su aventura y la respuesta que le dio a la esposa fue: "Dios quiere que él sea feliz y él es feliz con esa otra mujer, ¿no quieres que él también sea feliz?"

La declaración suena absurda escrita en esta página. Sin embargo, es exactamente cómo la mayoría de las personas en nuestra cultura viven sus vidas. Lo que es aún más triste es que la felicidad temporal que el esposo habría obtenido al estar con esa otra mujer ni siquiera llega a la superficie de la alegría y la paz que recibiría al hacerlo a la manera de Dios. El consejo dado no fue bíblico ni correcto. Era solo una justificación para la satisfacción temporal.

Cuando estás operando por lujuria, usarás todo para justificar lo que estás haciendo. La justificación estándar es culpar al cónyuge: que alguien "perdió el amor" por su cónyuge, su cónyuge no tiene sexo con ellos, su cónyuge no es romántico o no se abre emocionalmente, etc. Todos están buscando cómo justificar sus pecados y ya que nadie es perfecto, la mayoría de las personas pueden apelar a una justificación que parece legítima.

Hemos leído innumerables artículos que afirman que la causa de los asuntos o las adicciones a la pornografía comienza con algo que falta en un matrimonio. Pero eso sería equivalente a decir que los cristianos pecan porque Dios no es perfecto, lo cual todos sabemos que no es verdad. Por supuesto, nuestros cónyuges no son perfectos de ninguna manera, pero si la humanidad es capaz de traicionar y lastimar a Dios incluso cuando Él proporciona todo lo que necesitamos, entonces es una idea tonta pensar que el problema de una persona, la adicción al porno o la obsesión romántica se desarrolla exclusivamente porque el cónyuge no lo estaba satisfaciendo de alguna manera o porque le faltaba algo en el matrimonio.

No estamos diciendo que no hay cosas que un cónyuge podría haber cambiado para que sea más fácil para una persona mantenerse fiel en sus pensamientos y comportamientos, pero estos problemas pueden desarrollarse en los matrimonios donde el cónyuge "inocente" no tiene la culpa así como en matrimonios donde falta algo. Los comportamientos lujuriosos tienen mucho que ver con la persona que comete el pecado y muy poco que ver con la capacidad o incapacidad de su cónyuge para satisfacerlos adecuadamente.

Incluso los matrimonios más fuertes y satisfactorios son susceptibles a las tentaciones de nuestra carne. En el momento en que empezamos a creer que estamos por encima de una tentación, es cuando bajamos la guardia y el enemigo puede atacar con mayor eficacia para tomarnos por sorpresa.

Al darnos cuenta de cuán fácilmente el enemigo puede hacerse camino en nuestras vidas y cuán fácilmente podemos caer en la tentación, especialmente dada la conveniencia de la persona/producto adecuado en las circunstancias correctas durante el tiempo suficiente, entonces comenzamos a entender la importancia de por qué vivir una vida en comunión activa con Dios, con nuestra guardia en alto, límite y rendición de cuentas establecidas, es crucial para el éxito de superar o evitar la tentación. A veces, las circunstancias que hacen conveniente el pecado son el enemigo y, a veces, nos ponemos en esas circunstancias. Tenemos que estar constantemente conscientes de no solo "no pecar", sino también de las circunstancias que permitimos que existan en nuestras vidas las cuales podrían ser un campo de cultivo para el pecado.

El enemigo nos persigue activamente con alguna área de la lujuria de la carne. Si adoptamos un enfoque pasivo-agresivo para defender nuestras vidas, el enemigo ganará. Si el enemigo nos persigue activamente, debemos perseguir activamente a Dios y estar atentos a las puertas que permitimos que se abran en nuestros pensamientos y comportamientos. Siempre debilitando nuestra carne y fortaleciendo nuestro espíritu.

Algo Nuevo

Si has mantenido un gran matrimonio íntimo, con ojos y corazón solo para tu cónyuge, entonces lo más probable es que te sientas realizado en esta área de tu vida. Sin embargo, si son como la mayoría de los matrimonios en todo el mundo y has permitido la pornografía o la lujuria extramatrimonial en tu matrimonio, entonces has permitido que una nueva experiencia emocional o sexual entre en el. Desafortunadamente, eso es algo que tu cónyuge nunca podrá ser para ti, algo nuevo y por descubrir. Una vez que han sido "nuevos" nunca podrán ser "nuevos" otra vez.

Ese sentimiento de descubrir algo nuevo tenía la intención de ser una emoción que Dios usaría para encender una relación de unidad entre tú y tu cónyuge. Cuando te sales de tu matrimonio y decides reavivar ese "nuevo" sentimiento con alguien u otra cosa en lugar de nutrirlo dentro de tu matrimonio, invitas al conflicto de comparación en tu vida y tu cónyuge estará enfrentándose contra probabilidades imposibles. El deseo de algo nuevo siempre te llevará a ir al siguiente nivel para continuar experimentando algo nuevo: es una experiencia nunca satisfactoria que eventualmente te dejará roto.

Se traza hasta el Jardín del Edén. Adán y Eva tenían todo lo que podían esperar y estaban completamente satisfechos. Pero la tentación de descubrir algo nuevo y tener los ojos abiertos a un mundo del conocimiento del bien y del mal fue una tentación que no superaron. Sí, sus ojos se abrieron y ciertamente descubrieron muchas cosas que eran nuevas, pero con ese descubrimiento también vino la introducción del mal en sus vidas, lo cual condujo a un mundo de sufrimiento y dolor para todos los que siguieron.

¿Valió la pena? Creo que si volviéramos atrás y le preguntáramos a Adán y Eva si descubrir algo nuevo valía la pena perder la perfección del Jardín del Edén, su respuesta sería un rotundo "no". No siempre entendemos lo que arriesgamos por ser desobedientes o abrir puertas de curiosidad hasta que es demasiado tarde. Es importante confiar en que Dios sabe lo que está haciendo y su deseo es protegernos de experimentar el dolor, las batallas y los remordimientos que el pecado puede traer consigo. No vale la pena.

Como se ilustra con nuestra metáfora del perro anteriormente en este capítulo, si te sometes en obediencia a la Palabra de Dios, tus emociones seguirán tu ejemplo. No de la noche a la mañana, sino con el tiempo, la lujuria se desvanecerá y operar en el amor se convertirá en lo que eres y nunca querrás volver atrás. Algo real traerá mucha más profundidad y satisfacción que la euforia temporal de algo nuevo.

Matrimonio Sin Pasión

Todos podemos estar de acuerdo en que en alguna temporada de nuestro matrimonio, cuando este ya no era nuevo, las mariposas se desvanecieron. Pueden ir y venir, pero no permanecen tan intensas como la etapa de enamoramiento del matrimonio. Entonces, ¿qué hacemos entonces? Nadie quiere vivir en un matrimonio sin pasión, pero también te has comprometido a estar con tu cónyuge para siempre.

Hemos encontrado que hay cuatro cursos de acción que una persona toma cuando siente que la pasión ha desaparecido de su matrimonio: 1.

encuentra esa pasión con otra persona 2. Culpan a su cónyuge, directa o indirectamente y siguen viviendo en este estado de culpa 3. Lo ignoran y simplemente se llevan bien como compañeros amables de apartamento o compañeros de apartamento contenciosos o 4. Van tras un amor espiritual más profundo.

Puede haber otros métodos para hacer frente a la transición del enamoramiento al amor, pero todos ellos prácticamente caen en una de estas cuatro categorías. Las opciones parecen bastante devastadoras, excepto por una.

AMAR

En el contexto de las relaciones matrimoniales, donde la lujuria nos deja insatisfechos y con ganas constantes de más, el amor nos deja sintiéndonos satisfechos y realizados. El amor es el tercer tipo de conexión que discutimos anteriormente: una conexión espiritual.

Definiendo El Amor

En hebreo, hay tres palabras asociadas con "amor": "eros", "phileo" y "ágape". Estas tres palabras se correlacionan directamente con las tres partes de nuestro ser (cuerpo, alma, y espíritu) y las tres formas en que nos relacionamos con las personas (sexual, mental y espiritualmente).

"Eros" se trata de un tipo de "amor" embriagador y a veces podría traducirse como nuestra palabra inglesa "lujuria" pero sin la perversión insinuada de la palabra "lujuria". Es la sensación abrumadora que tenemos cuando nos "enamoramos" de alguien.

"Phileo" es otra forma de decir "me siento atraído por ti y siento algo por ti". Es un "amor" basado en la amistad que insinúa que hay una conexión con alguien. Es lo que se usaría cuando decimos que somos "espíritus afines" con alguien o "almas gemelas" (en relaciones románticas y amistades).

Por último, está el amor "ágape". Este es el amor divino a nivel espiritual. Cuando la Biblia dice "Dios es Amor", está diciendo que Dios es "ágape".

No es una emoción o un sentimiento, es la naturaleza abnegada de darse por otra persona.

Dado que solo tenemos una palabra en inglés para "amor", en la mayoría de las traducciones bíblicas, estas tres palabras muy distintas se traducen con mayor frecuencia a nuestra única palabra en inglés "amor". Es una traducción precisa, pero puede causar cierta confusión cuando estamos tratando de averiguar si "amamos" o no a nuestro cónyuge o cómo continuar "amando" a nuestro cónyuge.

Por el bien de la claridad, ya que usamos la palabra "amor" en este capítulo, definiremos "amor" como un compromiso abnegado con alguien que supera cualquier emoción conflictiva.

El Amor no es Una Emoción

El amor puede existir completamente vacío de emoción. Por ejemplo, a menudo usamos la palabra "cuidado" como una forma menos intimidante de expresar la palabra "amor" definida bíblicamente. En general, si nos preocupamos por alguien, nos preocupa su bienestar, incluso cuando no tiene nada que ver con nuestra existencia.

En Mateo 22:39, se nos manda "'ama a tu prójimo como a ti mismo'". Eso no significa que necesitemos tener una conexión emocional con nuestro prójimo, significa que se nos ordena preocuparnos genuina y abnegadamente por ellos. Ya sea que se trate de tu abuelo gruñón que no te gusta, pero aún lo amas o los niños hambrientos en un país en vía de desarrollo - puedes preocuparte por alguien sin experimentar una afluencia de emociones hacia ellos.

¿Cuál es la diferencia entre el amor /cuidado que tenemos por otras personas y el amor que tenemos por nuestro cónyuge y cómo nuestras emociones juegan en todo esto? La diferencia radica principalmente en cuán mentalmente conectados estamos con alguien. "Sentimos" que amamos a nuestro cónyuge y a nuestra familia más que a los niños hambrientos en África porque tenemos una mayor conexión mental con ellos. Recuerda que nuestra conexión mental es nuestra "conexión del alma" que incluye nuestra mente, voluntad y emociones. Así que cuanto más conectados estamos con alguien mentalmente, más se involucran nuestras emociones y mayor es nuestro amor hacia ellos.

El amor es interminable y no tiene limitaciones. Sin embargo, nuestra alma tiene un suministro limitado – sólo podemos crear una cantidad limitada de conexiones del alma con las personas. Esto es en gran parte por qué, cuando fomentas una conexión mental con alguien que no es tu cónyuge, tu conexión mental con tu cónyuge disminuye – exacerbando aún más la idea de que estás "perdiendo el amor" por tu cónyuge.

En la misma línea, si nuestra alma es nuestra mente, voluntad y emociones y tener una conexión mental produce emociones que dirigen nuestra voluntad, entonces fomentar una mayor conexión mental con alguien es una clave para fomentar una relación amorosa más profunda.

El amor no es una emoción. El amor es un mandato desinteresado. Dentro del matrimonio, es un compromiso abnegado con alguien que supera cualquier emoción conflictiva.

¿Es Amor?

Si estás teniendo dificultades para determinar si estás operando en amor o no, aplica la misma estrategia que cuando determinaste si estabas operando con lujuria o no.

> *"El amor es paciente, es bondadoso. El amor no es envidioso ni jactancioso*
> *ni orgulloso. No se comporta con rudeza, no es egoísta, no se enoja*
> *fácilmente, no guarda rencor. El amor no se deleita en la maldad,*
> *sino que se regocija con la verdad. Todo lo disculpa, todo lo cree,*
> *todo lo espera, todo lo soporta."*
> *-1 Corintios 13:4-7*

Esa es una lista larga. Les ruego que no solo ojeen ese pasaje, sino que lo lean de nuevo y determinen cuidadosamente qué es el amor. Si un comportamiento que estás considerando no refleja uno de los elementos en I Corintios 13, entonces no estás actuando por amor.

¿Cómo explicamos a las personas que tienen una aventura y deciden dejar a su cónyuge y casarse con la "otra persona" y terminan teniendo un segundo matrimonio genuinamente amoroso? ¿Cómo explicamos a las personas que dicen que "se casaron con la persona equivocada" y viven una vida satisfactoria, llena de amor real, después del divorcio?

Es nuestra creencia personal que no hay una sola persona en el planeta que pueda convertirse en tu "alma gemela". Como hemos explicado en este capítulo, las "almas gemelas" son creadas por conexiones mentales profundas y esas conexiones probablemente se pueden fomentar con varios individuos diferentes si se les da la oportunidad.

Eso no significa que Dios no tenga una pareja que Él haya elegido para ti en Su voluntad perfecta, solo significa que la persona con la que te casas puede no ser la única persona en el universo con la que eres capaz de tener una "conexión". Simplemente encontrar a otra persona que parece cumplir con los criterios de "alma gemela" no significa que te casaste con la persona equivocada.

Simplemente significa que circunstancialmente te encontraste con otra persona que tiene los atributos de alguien con quien habrías sido compatible si hubiera sido la voluntad de Dios. Cuando lo hacemos más complicado de lo que es, es cuando empezamos a tomar decisiones tontas porque creemos que hay alguna razón por excelencia para cualquiera que entre en nuestra vida. Dios puede usar cada encuentro con un individuo para hacerte crecer, pero no todos los que encuentras están allí por designación divina. Algunas personas simplemente entran en tu vida porque casualmente toman café en la misma cafetería donde obtienes café.

Operando en Amor
Hay una diferencia entre "amor" y "operar en amor" que lo cambia todo. Puedes "amar" algo o a alguien y no estar "operando en amor". El "amor"

es una entidad que se puede aplicar a cualquier persona de cualquier cosa en varias cantidades y profundidades. Tú puedes genuinamente "amar" a alguien y todavía comportarte de una manera que los lastimas. "Operar en amor" significa tomar decisiones que se alinean con los atributos bíblicos del "amor".

Por ejemplo, es completamente posible amar a tu cónyuge y, sin embargo, no expresar ninguna paciencia hacia sus defectos. El hecho de que no le muestras a tu cónyuge paciencia cuando deberías tenerla, no significa necesariamente que no ames a tu cónyuge, significa que en ese momento, no estabas operando en amor hacia tu cónyuge. ¿Ves la diferencia?

Una persona puede amar a su cónyuge y al mismo tiempo sentir amor por otra persona porque han permitido un cambio en su conexión mental para alejarse de su cónyuge. No están operando en amor como las Escrituras mandan y deben alinear su espíritu de acuerdo con la Palabra de Dios y su alma eventualmente seguirá su ejemplo.

Entender la diferencia entre "amor" y "operar en el amor" realmente puede hacer toda la diferencia.

CONSTRUYENDO UN MATRIMONIO EN AMOR

Un matrimonio basado en la lujuria es un matrimonio construido sobre emociones siempre cambiantes, pero un matrimonio construido sobre el amor se construye sobre Dios y ese fundamento siempre permanecerá constante. Hemos pasado los últimos diez capítulos buceando en cómo se ve un matrimonio construido sobre Dios a través de la fundación de la Palabra de Dios y circunstancialmente, pero es muy difícil de mantener todo bajo control si somos guiados por lo que sentimos y no por lo que sabemos que es verdad.

Protegiendo tu Corazón

La mejor manera de evitar que tengas que luchar con las emociones equivocadas es evitar que desarrolles esas emociones desde un principio.

Como dijo una vez Benjamín Franklin, "una onza de prevención vale más que una libra de cura".

Definitivamente no es un concepto popular en estos días que las personas casadas no deberían tener amigos del sexo opuesto. La mayoría de la gente en el mundo consideraría que se trata de una regla ultraconservadora. Lo admitiremos, no vemos nada que indique que tener amigos del sexo opuesto es un pecado de ninguna manera. El problema no es el amigo, es lo que estás nutriendo.

Puede comenzar inofensivo y casual, pero si comienzas a hacer un hábito el confiar en otra persona, desarrollar recuerdos con otra persona, desarrollar un grupo entero y amigos aparte de tu cónyuge, entonces eventualmente la transición a desarrollar emociones hacia otra persona no es un paso muy lejano.

(Gloria) Mi hermana me contó una historia divertida hace un tiempo. Ella estaba contestando los teléfonos en nuestra iglesia un día y recibió una llamada de una mujer que quería hablar con una pastora. Nuestra iglesia siempre tiene un pastor asignado a la responsabilidad de cuidar a las personas que necesitan ayuda u oración en un día determinado. El pastor asignado ese día, sin embargo, era un hombre. Cuando se le ofreció la opción de hablar con el pastor, la mujer declaró que no podía hablar con un hombre porque estaba casada.

Mi hermana, siendo el alma inquisitiva que es, quiso aclarar. Resulta que la mujer no solo solicitaba hablar con una pastora, sino que literalmente no hablaría con un hombre. Ella creía que las mujeres casadas nunca deberían comunicarse directamente con un varón.

Ahora, no estamos sugiriendo nada tan extremo. Honestamente, ni siquiera sé cómo pasarías un día normal con este tipo de regla. Sin embargo, estamos diciendo que debería haber algunos límites para tus relaciones con personas del sexo opuesto.

Siempre hay excepciones a la regla, pero para la gran mayoría de los escenarios, hemos encontrado que una de las tres cosas suceden cuando continúas fomentando una relación con una persona del sexo opuesto: desarrollas una atracción o una preferencia por la compañía de ese amigo(a) en lugar de con tu cónyuge, tu amigo(a) desarrolla una atracción por ti (lo admitan o no), o causa inseguridad, conflictos o una división invisible en tu relación con tu cónyuge.

Cualquiera de estas tres cosas puede causar un problema significativo en tu matrimonio. Desafortunadamente, en el momento en que descubras que una de estas tres cosas ha sucedido, la situación ya se ha puesto grave.

Depende de ti y de tu cónyuge determinar los límites de su matrimonio. Cada matrimonio es diferente y no queremos imponer nuestras propias reglas personales sobre su matrimonio si no es por mandato bíblico. Sin embargo, en nuestro propio matrimonio, nuestras reglas son que esas amistades no existen. Somos amigables con las personas con las que trabajamos y compartimos tiempo en grupos, pero nunca se permite que ninguno de nosotros "pase tiempo" con alguien del sexo opuesto a solas.

Incluso vamos tan lejos como exigir esto para las relaciones comerciales. Debido a que yo (Robert) soy pastor, la iglesia con la que trabajo exige el mismo tipo de reglas y se que nunca tendré que decirle a mi jefe por qué no puedo tener un almuerzo de negocios con una compañera de trabajo.

Sin embargo, este no siempre fue el caso. Antes de ser llamado al ministerio, trabajé en ventas y hubo momentos en que tuve que explicarle a mi jefe por qué no podía conducir 4 horas fuera de la ciudad o estar en viajes nocturnos con una compañera de trabajo atractiva sacar a un cliente juntos a tomar vino y cenar. Mi jefe no entendía, porque no tenía los mismos valores, pero no me despidieron y se hicieron otros arreglos para que el trabajo se pudiera completar sin que tuviera que ponerme en una situación comprometedora. Estos son los momentos en que debemos orar por sabiduría y discernimiento. No todas las situaciones serán iguales ni se pueden manejar de la misma manera.

En el campo de trabajo de Gloria, se espera que haya almuerzos de negocios, entrevistas con café y viajes con un colega o socio. No ha sido fácil mantener nuestros límites, especialmente porque los "almuerzos de negocios" son tan justificables. Pero esos almuerzos de negocios son todo lo que el enemigo necesita para plantar semillas de división en tu matrimonio. Afortunadamente, hemos podido encontrar soluciones discretas cada vez que surge ese escenario: entrevistas por Skype, conducir por separado, incluir una persona adicional en los almuerzos, etc. Los colegas no siempre saben la razón del arreglo alternativo, pero nunca lo han cuestionado.

Gloria ha estado en el negocio del entretenimiento durante más de diez años y solo ha habido una situación para la cual no pudimos encontrar una solución adecuada. Eso es uno en más de diez años. Por lo tanto, por justificable que parezca, sabemos que en la mayoría de los casos, desarrollar una relación personal con un compañero de trabajo del sexo opuesto es altamente evitable si realmente se proponen.

Tener un amigo, especialmente un amigo cercano del sexo opuesto no es un pecado, pero tampoco es necesariamente sabio. Si estableces tus límites justo en la frontera, entonces cuando tengas un lapso momentáneo de juicio, fallarás. Pero si estableces límites lo más lejos posible de la frontera, entonces te preparas con señales de advertencia y banderas rojas que en última instancia pueden salvar a tu matrimonio de tener que trabajar a través de fracasos devastadores. Sabemos que son esas señales de advertencia a tiempo las que salvaron nuestro matrimonio en varias ocasiones.

Proteger tus emociones no se trata solo de proteger tu matrimonio. Necesitamos proteger nuestras emociones de apegarnos a cualquier cosa que nos aleje de Dios y de nuestro cónyuge y estos objetos de afecto no siempre son personas.

Tomando el Control de Tus Emociones

Como hemos dicho anteriormente, el amor de Dios es interminable. El amor de Dios a través de ti es interminable. Pero tus emociones tienen limitaciones. No puedes derramar todas tus emociones en tu cónyuge y también derramar todas esas emociones en alguien o algo más.

Anteriormente en este libro, explicamos cómo demostrar las prioridades utilizando la ilustración de un "cubo de prioridades". La misma ilustración se puede usar aquí, pero en lugar de un cubo de prioridades, tenemos frascos de emociones y digamos que esas emociones están representadas por pequeñas canicas.

Todos y todo tienen un frasco lleno de canicas emocionales que pueden regalar y todos y todo tiene un frasco vacío que se puede llenar con las canicas de otra persona. Puedes mover tus canicas como quieras, pero las canicas que tienes son limitadas. No puedes hacer más canicas.

Ya que estás casado, asumimos que derramaste todas tus canicas en el frasco de tu cónyuge y tu cónyuge derramó todas sus canicas en tu frasco. Pero después de un tiempo, tomas la decisión de sacar una de tus canicas del frasco de tu cónyuge y ponerlo en el frasco de otra persona o en el frasco de la pornografía. Entonces digamos que esa otra cosa que ha estado recibiendo tus canicas emocionales, comienza a llenar tu frasco con sus canicas, llenándolo de tal manera que no haya más espacio para las canicas de tu cónyuge.

¿Qué está pasando ahí? Cuando le das tus emociones a alguien o algo más, ya no "sientes" esas emociones por tu cónyuge. Cuando alguien o algo más está llenando tu frasco con sus canicas, ya no tienes espacio suficiente para reconocer o recibir las canicas de tu cónyuge. Incluso así sean perfectos y estén derramando su amor sobre ti, no puedes recibirlo porque has permitido que alguien más llene tu frasco con sus emociones por ti.

Así que realmente, cuando haces la declaración de que ya no estás "enamorado" de tu cónyuge, por lo general, te lo has hecho a ti mismo. De alguna manera, algo más consiguió tus emociones (canicas): niños, agenda ocupada, la necesidad de cuidar de todo y de todos, pornografía, carrera, etc.

No siempre son cosas malas en las que has derramado tus emociones. Se supone que debes derramar tus emociones en tus hijos, pero si viertes todas tus canicas emocionales en el frasco de tu hijo, entonces no te quedará nada para tu cónyuge.

Se trata de equilibrar y distribuir tus emociones de manera adecuada. Si no estás contento con cómo te sientes hacia tu cónyuge, detente y piensa en dónde pusiste todas tus canicas y tómalas de regreso. Tenemos que ser intencionales sobre dónde estamos derramando nuestras emociones y qué emociones estamos recibiendo.

SALTE DEL HOYO

Entonces, ¿qué hacemos si ya estamos atrapados en nuestras lujurias? ¿Cómo salimos de ellas? Repasaremos brevemente algunos puntos clave aquí, pero si esto es algo con lo que estás luchando, te recomendamos encarecidamente que obtengas asesoramiento o busques otros libros que se centren exclusivamente en estos temas. Dos de nuestros favoritos son "La Batalla de Cada Hombre" de Stephen Arterburn y "La Batalla de Cada Mujer" de Shannon Ethridge. Por ahora, aquí hay algunos pasos clave para tomar en tu misión de recuperar tu bienestar emocional. Admítelo. El primer paso para la recuperación es admitir que tus emociones no están donde se supone que deben estar. En otras palabras, confiesa tus pecados.

Deja de justificar tus emociones o atracción por alguien o algo más, deja de negar que lo que estás sintiendo o batallando es "normal". No culpes a nadie más. Reconoce que tienes un problema que necesita ser solucionado.

Acéptalo

Una vez que has admitido que tienes un problema, tienes que aceptarlo. Es fácil caer inmediatamente en la desesperación porque no sabemos cómo solucionar nuestro problema. Ahora nos damos cuenta de que estamos atrapados y no podemos simplemente ocultar nuestras luchas volviendo a ese éxtasis emocional o imagen. Comprende que cambiar tus emociones no sucede instantáneamente, pero durante ese proceso, debes saber que Dios todavía te ama y te acepta. Tienes que creer que eres perdonado y que hay luz al final del túnel.

Evítalo

Evita lo que sea que está alimentando tus deseos extramatrimoniales o agotando tus emociones por tu cónyuge. En términos espirituales, arrepiéntete o aléjate de ello. Esto significa cortar todos los aspectos de esa cosa de tu vida, ya sea físicamente, emocionalmente, digitalmente o en tu pensamiento.

Enfócate

Una vez que arrancas algo de tu vida evitándolo, simultáneamente tendrás que llenar ese vacío con otra cosa. Mantente enfocado en tu relación con Dios y Su voluntad para tu vida. Cuanto más te concentres en tu relación personal con Dios, Su propósito para tu vida y Su guía, más se debilitarán las emociones que solían abrumarte.

Mantén la Guardia

Reconoce tus debilidades y establece las limitaciones apropiadas para ti. Una vez que hayas terminado, no bajes la guardia. Usa la sabiduría. No vivimos en el pasado, pero necesitamos aprender a tomar decisiones sabias para nuestras situaciones individuales. Fue Andy Stanley quien lo expresó tan elocuentemente cuando declaró: "A la luz de mi experiencia pasada, las circunstancias actuales, las esperanzas y los sueños futuros, ¿qué es lo más sabio que debo hacer?"

COMPROMÉTETE

Si el matrimonio se trata solo de "estar enamorados" y hacernos felices, tendríamos que obtener un nuevo matrimonio cada dos a tres años. Pero Dios nos ha llamado a estar comprometidos con nuestros cónyuges a través de cada temporada, independientemente de cómo nos sintamos.

Pasamos por varias temporadas en nuestras vidas y matrimonio y cada temporada puede verse un poco diferente. En lugar de permitir que las circunstancias de nuestras vidas nos separen, debemos asegurarnos continuamente de que estamos colocando nuestras emociones donde necesitan ir y tomando decisiones basadas en el amor y no en la lujuria. De esta manera, aunque cambiemos y nuestras circunstancias cambien e incluso nuestras emociones cambien, nos mantendremos arraigados en el amor y este compromiso nos obliga a evolucionar más hacia "una sola carne" para la cual fuimos creados.

TU + YO = UNO

#compromiso

cultura • un matrimonio exitoso es aquel que logra no divorciarse
contra-cultura • un matrimonio exitoso es aquel en el que el amor, gozo, paz,
unidad y propósito son constantes

doce

TU + YO = UNO

¿Qué hace que un matrimonio sea exitoso? ¿La pareja que solo ha estado casada cinco años está descalificada de saber cómo tener un matrimonio exitoso? ¿Un matrimonio exitoso significa que no hay más discusiones? ¿O que la pareja vive en un estado continuo de felicidad? ¿La pareja que ha estado casada 50 años recibe automáticamente un premio de matrimonio exitoso? La respuesta a cada una de estas preguntas es: "eso depende".

Un matrimonio exitoso no se define por la cantidad de tiempo que ha logrado no divorciarse o por el nivel de su felicidad. No se limita a tu falta de experiencia matrimonial o cuántos o qué tan pocos desacuerdos tienes con tu cónyuge.

Una pareja que ha estado casada 50 años puede simplemente no tener la energía para cambiar su estilo de vida a pesar de que son increíblemente infelices, o al menos no increíblemente felices. La pareja que es increíblemente feliz en su matrimonio puede ser feliz porque cada cónyuge ha acordado permitir que el otro haga lo que quiera, sin hacer preguntas. La pareja que nunca discute, puede estar realmente en la misma página todo el tiempo o pueden haber elegido dejar de comunicarse entre sí en lo absoluto y la pareja que ha estado casada 2 años puede no tener mucha experiencia matrimonial, pero aprendieron a obedecer la Palabra de Dios como se aplica a su matrimonio y, por lo tanto, han cosechado el beneficio de un matrimonio exitoso desde el principio.

Si deseas determinar si alguien tiene o no un matrimonio exitoso, tenemos que mirar más allá de lo que está en la superficie. Un matrimonio verdaderamente exitoso se mide por la rapidez con la que puedes operar al unísono con tu cónyuge en obediencia a Dios.

¿EL MATRIMONIO VIENE CON UNA OPCIÓN?

En los últimos años nos hemos hecho extrañamente conscientes de cómo nuestra cultura nos ínsita a estar divididos dentro de nuestros matrimonios.

Hace varios años estábamos leyendo una revista muy popular de asesoramiento financiero y uno de los artículos enfatizaba la necesidad de que cada cónyuge tuviese cuentas financieras separadas en caso de que algo saliera mal dentro del matrimonio. Memes, artículos, blogs y prácticamente cualquier medio de nuestra cultura hacen eco de esta filosofía con pasión. ¿Qué pasaría si esa pasión se volcara en enfatizar la importancia del compromiso en el matrimonio en lugar de prepararse para su fracaso?

De alguna manera, a lo largo de las décadas, la institución del matrimonio se ha convertido en algo tan casual que no es mucho más que un compromiso como comenzar un negocio, elegir una especialización en educación, comprar una casa con una hipoteca de 30 años o elegir una carrera. Todas son decisiones importantes que bien podrían requerir un compromiso de por vida y una vida de consecuencias.

La diferencia entre esas decisiones y el matrimonio es que esas decisiones, a pesar de que cambian la vida, pueden cambiarse y, en muchos casos, deberían cambiar a lo largo de tu vida- lo que amerita la necesidad de planes alternos y otras opciones.

Si Criamos como nos Casamos

¿Qué pasaría si tuviéramos la decisión de convertirnos en padres de la misma manera que ahora hemos llegado a ver el matrimonio? Dejando a un lado todos los casos extremos, supongamos que tú y tu cónyuge han estado orando durante años por un hijo y finalmente descubren que ya hay un embarazo. Ambos pasan nueve meses emocionados y planeando para el gran día y luego llega el gran día y, a pesar de los dolores asociados con el parto, tú y tu cónyuge se sienten en la cima del mundo. Todo el mundo está sano y todo es perfecto. Sabes que habrá tiempos difíciles por delante, pero nada puede compararse con la dicha que sientes en ese momento.

Un par de años más tarde, entras en la época de los terribles dos en donde debes entrenarlos para ir al baño y tu dulce y amoroso bebé se ha convertido de alguna manera en esta pequeña persona loca que exige su camino, no da nada a cambio, nunca te escucha y te agota hasta el punto de un colapso constante día tras día.

Empiezas a tener dudas acerca de tu decisión de tener un hijo. Esto no era lo que esperabas. No puedes retroceder, así que tienes que descubrir otro plan. Amas a tu hijo y todavía estás comprometido con él, pero ahora existe la posibilidad de que nunca supere sus rabietas de los terribles dos y piensas para ti mismo que si no cambian en un par de años, no crees que puedas vivir. Después de todo, a veces, tienes que asegurarte de que eres una prioridad y primero tienes que considerar tu bienestar.

Así que al día siguiente, vas al banco y abres una cuenta y comienzas a ahorrar. ¿Para qué estás ahorrando? Un día lluvioso, por supuesto, ¡porque ese es el paso siguiente y lógico que hay que tomar! En el caso de que tu hijo no madure por sus rabietas y formas egoístas, has determinado que necesitarás ahorrar suficiente dinero para pagar los honorarios legales y pagar los gastos que conllevara la búsqueda de padres perfectos para adoptar a tu hijo. Dado el infierno por el que tu hijo te ha sometido, sabes que probablemente tendrás que pagarle a otra persona para que lo adopte en lugar de ser al contrario.

A medida que tu cuenta de emergencia crece, también crece tu hijo. Ahora tiene cinco años y, aunque algunas cosas han cambiado, simplemente le ha tomado demasiado tiempo mostrar signos reales de mejoría y estás esperando otro hijo, que con suerte será mucho mejor que tu primer hijo. Pero emocionalmente, simplemente no puedes manejar a ambos. Así que empacas las cosas de tu hijo, lo tomas de la mano y lo llevas a la agencia de adopción. Sacas tu chequera y tu bolígrafo y te sientes tan aliviado que pensaste en ahorrar para este momento. Escribes ese cheque y lo entregas, junto con tu hijo, a la mujer salva vidas detrás del mostrador. Dices adiós y te vas.

Te rompe el corazón, pero había que hacerlo. Aprendiste muchas lecciones importantes y podrás hacerlo mejor la segunda vez. La lección más importante que has aprendido es que siempre debes tener un plan de respaldo.

El Matrimonio No es un Compromiso Menor

No hay mucho más que decir sobre ese escenario. Para la gran mayoría de nosotros, el escenario anterior es absolutamente absurdo. Ni siquiera nos podemos relacionar con ello en el pensamiento, no es realista ni lógico.

Y sin embargo. Es exactamente la manera como muchas personas manejan sus matrimonios. El argumento puede ser que tener hijos es un compromiso mucho más serio que casarse. Pero no ante los ojos de Dios.

Cuando estás casado, te conviertes en "una sola carne" (Marcos 10:8). Ya no "tienes autoridad sobre [tu] propio cuerpo, sino que la cedes a [tu cónyuge]" y viceversa (I Corintios 7:4). Están tan entrelazados entre los dos que se ordena que "nadie te separe" (Marcos 10:9).

Los niños, por otro lado, solo están contigo por un corto tiempo. Cuando encuentren un cónyuge, "dejarán [a sus padres] y se unirán a [su cónyuge]" (Efesios 5:31). Cuando los niños crecen, es bíblico para ellos "recompensar a sus padres..." (1 Timoteo 5:4) lo que implica que ya no viven junto a sus padres, sino que viven sus propias vidas por aparte y solo "devuelven el favor", por así decirlo, como adultos. Los niños son "flechas en las manos de un guerrero" (Salmo 127:4) para que los críes y luego los lances a cumplir sus propios destinos dados por Dios.

Los niños pueden venir a través de nuestra carne biológicamente y podemos estar dispuestos a dar nuestras vidas por ellos, pero no estamos llamados a operar como un solo ser con nuestros hijos toda la vida. Estamos llamados a caminar al unísono con Dios y con nuestro cónyuge– nuestros hijos, por otro lado, desarrollarán sus propias identidades al unísono con Dios y con sus propios cónyuges. Los hijos son quienes se nos encarga criar por una temporada, nuestro cónyuge es parte de lo que somos en Cristo.

Nuestro cónyuge no debe tomar el lugar de nuestra identidad y realización en Cristo como individuos, pero Dios nos ha llamado a unirnos tan íntimamente que nuestra existencia con nuestro cónyuge está tan entrelazada que no es posible para nosotros separarnos de nuestro cónyuge.

VIVIR COMO UNO

Recuerda que cuando te casaste, tú y tu cónyuge se convirtieron en uno. Esta transformación a una sola carne no solo significaba que compartirías el mismo apellido, cambiarías tu estado civil y presentarías tus impuestos de manera diferente. Tampoco significaba que ahora podrían unirse física y sexualmente, lo que simula el convertirse en uno. Yendo un paso más allá, tampoco solo significaba que sus vidas irían para siempre en la misma dirección o que de alguna manera incluirían a su cónyuge en absolutamente todo lo que hacen. Todas estas cosas son ciertas en cierto sentido, pero convertirse en una sola carne va un paso más allá. Significa que ya no debemos vivir vidas separadas mientras tratamos de incluirnos el uno al otro. ¡Ahora se nos ordena vivir una vida, juntos!

Significa que ya no eres tu propia persona aparte de tu cónyuge. Al igual que cuando eres salvo, tu identidad espiritual está en Cristo como Cristo está en ti, cuando te casas, tu identidad siempre estará conectada con quién es tu cónyuge. Sí, sigues siendo un individuo único, pero después del matrimonio, quién eres como individuo no debe tener prioridad sobre quién eres en relación con tu cónyuge. Tu individualidad se utiliza para complementar la individualidad de tu cónyuge para que el resultado sea un matrimonio, "un ser" en perfecta unidad.

UNA SOLA CARNE

Para enfatizar esto, la Biblia deja en claro que cuando te casas, la afirmación, "es mi cuerpo" ya no es válida. A pesar de que físicamente, es tu mente biológica la que controla cómo levantas la pierna para caminar o en qué dirección gira tu cabeza, metafísicamente, renuncias a la autoridad de tomar esas decisiones sin tu cónyuge.

> *"La mujer no tiene autoridad sobre su propio cuerpo, sino el marido.*
> *Y asimismo el marido no tiene autoridad sobre su propio cuerpo,*
> *sino la mujer."*
> *—I Corintios 7:4 (NBLA)*

A algunas personas les puede parecer beneficioso poner un gran punto bien resaltado después de esa primera declaración, "la esposa no tiene autoridad sobre su propio cuerpo, pero el esposo sí". Pero no es un punto, es un punto y coma porque el matrimonio no se trata de que una persona pueda controlar lo que hace su cónyuge en todo momento como en un escenario maestro-esclavo. Se trata de que ambos cónyuges tengan la autoridad para dictar lo que el otro cónyuge hace de acuerdo con sus roles individuales dentro del matrimonio.

> *"Por esta razón el hombre dejará a su padre y a su madre, y los dos serán*
> *una sola carne; así que ya no son dos, sino una sola carne."*
> *—Marcos 10:7-8 (NBLA)*

"Uno" se define como "singular" y "carne" se define como un "organismo vivo". Así que podemos decir que cuando nos casamos, nos convertimos en "un organismo vivo". Obviamente, todavía eres físicamente dos cuerpos "de piel y hueso", pero metafísicamente, ¿puedes decir que tú y tu cónyuge operan como si fueran un organismo vivo? ¿Dos cuerpos físicos capaces de manejar diferentes tareas y estar en diferentes lugares pero operando con el mismo cerebro espiritual?

Así como tu cuerpo ya no te pertenece, lo mismo es cierto para otras "partes" de ti. Tus pensamientos, acciones, posesiones materiales, heridas emocionales, tu equipaje del pasado, estos ya no te pertenecen solo a ti tampoco. Ahora pertenecen a tu cónyuge. Si tienes un problema, entonces tu cónyuge ahora es dueño de ese mismo problema y ahora depende de ambos encontrar una solución.

¿Cómo Hacerlo de una Manera Práctica?

De acuerdo. Así que somos dos personas diferentes con dos cuerpos diferentes y dos personalidades diferentes, pero de alguna manera, ¿se supone que debemos ser "una sola carne" y vivir nuestras vidas como un solo ser?

¿Eso significa que nos atamos las piernas como si hubiéramos comenzado una carrera de tres patas y nunca nos separamos físicamente? Aunque eso sería gracioso, no es el caso. Prácticamente la manera en la que practicas convertirte en "una sola carne" con tu cónyuge es difícil de explicar y puede parecer diferente para cada matrimonio.

Es la mentalidad en la forma en que abordas todo lo que haces. Ambos tienen sus propias tareas por separado, pero no están separados. Es una transición de tener toda una vida para operar como uno mismo, a ahora tener que funcionar al mismo paso que otra persona. Si tienes dificultad para comprender esto, aquí hay algunos ejemplos prácticos para ayudarte a comenzar:

Aprecia las Diferencias

Las diferencias de tu cónyuge son lo que te equilibra para que tu "una sola carne" pueda ser un ser completo. Estamos seguros de que no tenemos que decirte que eres diferente a tu cónyuge. Pero en lugar de que te irrites porque tu cónyuge es tan diferente, trabajen juntos para que la brecha entre sus diferencias disminuya y los impulse a ambos a una unidad perfecta.

Por ejemplo, si eres dolorosamente tímido y tu cónyuge es escandalosamente extrovertido, entonces aprender a operar en unidad los llevará a un equilibrio perfecto, pero tienen que estar operando juntos para que esto funcione.

Digamos que tú y tu cónyuge asisten a una función social e inmediatamente van a tomar un ponche y un puñado de galletas saladas y salsa de queso, te encuentras un asiento acogedor en la esquina detrás de la puerta abierta y te acomodas para observar a la gente a través de la ventana de la puerta, secretamente esperando que nadie te vea y sienta la necesidad de ir a hablar contigo. Tu cónyuge, por otro lado, rebota extravagantemente en la habitación y comienza a reír y contar chistes de un grupo de personas a otro: cada grupo se ilumina cuando tu cónyuge se une a ellos, pero descansan al poder volver a sus conversaciones cuando tu cónyuge salta para entretener al siguiente círculo de mejores amigos, sin detenerse a tener conversaciones reales o escuchar las historias de otra persona. Al final de la noche, tu cónyuge viene por ti y ambos salen por la puerta.

Ustedes son una pareja casada que pasó toda la noche disfrutando juntos. Pero en realidad no. Porque no pasaron tiempo juntos y realmente no se beneficiaron de todo el concepto de "una sola carne". Sigues siendo igual de torpemente tímido y tu cónyuge es igual de intensamente extrovertido.

Veamos el mismo escenario. En lugar de entrar por las puertas e ir por caminos separados, traten de operar al unísono, equilibrando sus diferencias, complementándose entre sí para formar un ser perfecto.

Digamos que ambos toman algunos bocadillos y van de grupo en grupo. Tu cónyuge socialmente agresivo te obliga a salir de tu esquina para al menos ser visto entre las personas y escuchar lo que tienen que decir, hasta el punto en que terminas empujándole discretamente en las costillas cuando observas que las personas en el grupo se están molestando con su charla imparable: tu cónyuge acata la pista y deja que la gente hable un poco.

Ahora, pueden salir exitosamente de la fiesta declarando que han pasado la noche juntos. No solo eso, fueron ustedes JUNTOS los que crearon mejores versiones de ustedes mismos, lo que los hizo como unidad más divertidos socialmente. Se desafiaron mutuamente, se mantuvieron bajo control y entraron en los mundos del otro.

Sueñen Juntos

Adopta el sueño de tu cónyuge como tu propio sueño. Alinea tu visión con la de tu cónyuge. Mis sueños (Robert) son los sueños de Gloria para mí y para nosotros, los sueños de Gloria son mis sueños para ella y para nosotros. Cada uno de nosotros tenemos diferentes tareas relacionadas con nuestros sueños, pero ambos somos tan apasionados por cumplir los sueños del otro como los nuestros. No solo eso, sino que cada uno de nuestros sueños, aunque parezcan naturalmente separados en la superficie, en realidad son solo funciones diferentes del mismo sueño que tenemos para nosotros mismos en nuestro matrimonio. O debería decir, que Dios tiene para nosotros en nuestro matrimonio.

Esa es la clave. Al fin y al cabo, es el sueño o visión que Dios nos ha dado como pareja. Dios no te dará un llamado que te requiera divorciarte de tu cónyuge. Debemos separar nuestros sueños de los sueños dados por Dios porque es muy fácil confundir ambos. Requiere de tiempo buscando a Dios y de una vida en obediencia a Él para que El nos revele las tareas que nos ha encomendado en esta tierra. Esas tareas jamás harán que vivamos en desobediencia a Dios en nuestros matrimonios.

Si te sientes llamado a las misiones, pero tu cónyuge no, terminará siendo un asunto de confianza. El poder confiar en Dios para dirigir tus pasos y los pasos de tu cónyuge en la dirección correcta.

Hace varios años, Gloria estaba trabajando como actriz (antes de convertirse en productora) sin el deseo de tener hijos. Yo (Robert), por otro lado, quería una familia y acababa de conseguir un gran trabajo ganando mucho dinero en una compañía Fortune 500 y no quería alejarme de nuestra iglesia ni familia. El trabajo de Gloria era regular, nada sustancial y habíamos estado discutiendo durante años la posibilidad de mudarnos al otro lado del país donde ella pudiera perseguir más agresivamente lo que sentía que Dios la había llamado a hacer. La discusión siempre se basó en declaraciones similares a "si esto es lo que Dios me ha llamado a hacer, entonces necesito ser diligente y hacer lo que esté en mi poder para hacerlo".

Fueron discusiones que cambiaron nuestras vidas. Si hubiéramos operado como individuos y sólo hubiésemos "obedecido" a Dios en un área de nuestra vida mientras sacrificábamos la obediencia a Él dentro de nuestro matrimonio, es muy posible que estuviésemos divorciados en este momento. Después de todo, todo se hubiese reducido a una discusión sobre quién pudo seguir su carrera y sus aspiraciones familiares y quién no. No podíamos tener hijos y no tener hijos y no podíamos quedarnos donde estábamos mientras yo subía la escalera corporativa y al mismo tiempo mudarnos a la costa oeste, donde Gloria se dedicará más a su carrera. Entonces, ¿quién "ganó"?

Afortunadamente, tan agresiva como Gloria tiende a ser, ella era sumisa al esperar que yo orara por eso y obtuviera paz sobre una decisión y también tenía la madurez espiritual para entender que Dios abriría las puertas en Su tiempo sin que ella tuviera que hacer que nada sucediera. ¿La decisión final? Simplemente no sentía que Dios quería que nos mudáramos. Eso significaba que Gloria aparentemente tendría que "renunciar" a sus sueños dados por Dios mientras yo perseguía los míos.

Todo se redujo a la confianza. En última instancia, a pesar de que no era la decisión que ella quería, confiaba en que yo siguiera la dirección de Dios, o incluso, si yo tomaba la decisión equivocada, Dios bendeciría su obediencia.

Casi diez años después y debido a nuevos incentivos gubernamentales, la industria del entretenimiento se ha movido agresivamente de la costa oeste al sureste. Gloria recibió claridad en su papel dentro de la industria del entretenimiento y casi de inmediato tuvo ofertas de múltiples proyectos. Por mi parte, recibí un llamado al ministerio y la oportunidad de continuar mi educación, a través de entidades locales. Viéndolo en retrospectiva, ningún plan que hubiésemos trazado podría haberse comparado en lo absoluto a la manera como Dios orquestó que sucedieran las cosas.

Fue el resultado de soñar juntos y poner nuestras decisiones ante Dios, confiando en Su tiempo, caminando en obediencia a Su Palabra, así como operando audazmente en nuestros roles bíblicos dentro del matrimonio. Es por eso que se llama "fe", porque superficialmente, la mayor parte de lo que Dios nos dice en Su Palabra o a través de Su Espíritu parece el final de todo lo que nosotros queremos en la vida, pero tenemos que tener fe de que Él es fiel en medio de nuestra obediencia. La única forma en que podemos perdernos de lo que Dios tiene para nosotros, es dejando de seguir Su dirección.

Sincronicen sus Pasos

No tomes ninguna decisión sin el conocimiento y el acuerdo de tu cónyuge. Ninguna decisión es "tuya" para tomar. Cada decisión se toma en conjunto. Ahora, déjame aclarar. Lo que comes para el desayuno puede ser tu decisión, a menos que, seas como yo (Gloria) y hayas hecho un terrible acuerdo con tu esposo, de que sólo puedes comer fideos Ramen una sola vez a la semana y no para el desayuno, en ese caso, incluso lo que comes para el desayuno no es tu decisión.

Yo (Gloria) estaba un poco sorprendida por cómo las personas individualistas operan en sus matrimonios. Hace varios años, antes de la aparición de Instagram, Robert y yo tuvimos un desacuerdo sobre si yo debería o no aceptar solicitudes de Facebook de personas que lo conocen del trabajo, pero que en realidad yo no conocía directamente. Soy minimalista, así que me gusta que la lista de amigos de Facebook sea súper limpia: la pauta que me doy a mí misma es aceptar solo aquellos con los que interactúo al menos una vez al año en persona. Ocasionalmente hago una excepción, pero es muy raro.

Por otro lado, Robert sintió que se reflejaba mal en él si yo no aceptaba a esas personas, y que era grosero de mi parte, ya que él era algo así como una figura pública dentro de nuestra pequeña comunidad. Era un caso clásico de productividad vs. personas.

Fue un debate alegre lleno de destellos cómicos, así que me dirigí a Facebook para hacerle una encuesta a mis amigos. Lo cual, por cierto, es altamente no recomendable, viéndolo bien, me equivoqué al hacerlo, sin embargo, hizo que pudiera contarles esta historia.

Aparte de todo, me sorprendió la seriedad con la que mis amigos de Facebook tomaron el tema. Aquello que pensé que generaría un espacio para bromear, se convirtió en una plataforma para que las personas declararan su independencia de su cónyuge. Comentarios como "es tu página de Facebook, haz lo que quieras" y "Él no puede decirte a quién puedes aceptar como tus amigos" llenaron la publicación.

Lo que me hizo pensar. Fue una "broma" para mí porque en mi mente Robert tenía el derecho de opinar sobre lo que yo hacía con mi página de Facebook: nunca se me ocurrió la posibilidad de cuán fuerte e independientemente operan las personas de sus cónyuges.

Sí, hay momentos en los que puedes tomar decisiones independientes de tu cónyuge. No llamo a Robert para preguntarle cómo debo hacer cada cosa: qué comer para el almuerzo, en qué voy a trabajar hoy, qué libros leer, cómo disciplinar a nuestros hijos, etc. Pero, incluso esas pequeñas decisiones, están completamente alineadas con las decisiones más grandes de cómo estamos manejando nuestras vidas. En cierto sentido, estoy tomando decisiones en unidad con Robert incluso en las cosas simples.

Elijo comer aguacates y pollo para el almuerzo en lugar de un burrito congelado lleno de conservantes de $0.99 centavos porque Robert y yo, decidimos que necesitamos comenzar a comer más saludable. Elegí escribir este libro hoy en lugar de trabajar en la película que estoy produciendo actualmente porque Robert y yo decidimos, que este libro era una prioridad dada por Dios y necesitaba obligarme a mí misma a sentarme una vez a la semana para trabajar en terminarlo. Elegí leer el libro de Lisa Bevere, "Pelea como Mujer" este mes (un gran libro, ustedes damas deberían echarle un vistazo) en lugar de alguna novela porque Robert y yo dialogamos acerca de la importancia de aprender siempre y las diferentes cosas con las que estoy batallando durante esta temporada (que resulta ser, encontrar mi lugar como líder femenina en lugar de liderar como lo haría un hombre).

Elegí disciplinar las quejas de mi hijo haciéndolo repetir una confesión positiva en lugar de darle un tiempo de descanso silencioso porque Robert y yo, hemos estado hablando de que las palabras negativas de nuestro hijo se han convertido en un hábito demasiado grande.

Incluso la esposa de Proverbios 31 tomó decisiones ella misma: qué tierra comprar, dónde plantar el viñedo, qué ropa hacer, en cuánto vender su mercancía en el mercado. Pero dados estos versículos en contexto con lo que el resto de la Biblia nos dice sobre el matrimonio, podemos asumir con seguridad que ella no solo se levantó y decidió tomar esas decisiones; sino que a puerta cerrada, acordó con su esposo de antemano sobre la dirección en la que debían dirigirse esas decisiones. Y no se trata solo de que la esposa obtenga el permiso de su esposo para tomar esas decisiones, sino que va en ambos sentidos. El esposo necesita tomar decisiones en sintonía con lo que ha acordado con su esposa.

Ninguna decisión es una decisión única. Cada decisión se toma juntos como pareja directa o indirectamente.

Manteniéndose en Contacto

Ponte en contacto con tu cónyuge varias veces al día de la manera que puedas (llamadas, mensajes de texto, abrazos, besos, etc.). No podemos vivir como "una sola carne" si no nos conectamos de alguna manera. Siempre hay circunstancias atenuantes- como si tu cónyuge está desplegado en el extranjero- pero estamos hablando del día a día.

Si escuchas algo interesante o emocionante, ¿quién es la primera persona a la que quieres contarle? ¿Tu mejor amiga, tu hermana o tu cónyuge? Gran parte de eso depende de que es lo interesante, pero si te encuentras constantemente llamando a alguien que no sea tu cónyuge para contarle lo que sucede, es posible que desees recapacitar de por qué no llamas a tu cónyuge. Volviendo al primer capítulo sobre la amistad, nuestro cónyuge debe ser nuestro mejor amigo. No son alguien a quien tenemos que soportar, son alguien con quien deberíamos estar emocionados de vivir la vida.

Si tu argumento es que tu cónyuge no está interesado en las mismas cosas, entonces haz un esfuerzo por interesarte en lo que le interesa a tu cónyuge. Están en esta cosa llamada vida juntos y eres parte de todo lo que tu cónyuge hace, así como ellos son parte de todo lo que tu haces.

Atrévete a Exponerte

Por el bien común, pon de tu parte para ser más vulnerable viviendo una vida totalmente expuesta y dispuesta a rendirle cuentas a tu cónyuge.

No puedes mentirte a ti mismo ni guardarte secretos. Si sientes ciertas emociones, no puedes ignorarlas (puedes, pero eso no es saludable).

A veces, parte de llegar a esa "unidad" en el matrimonio es ser muy abierto. Sentirse lo suficientemente cómodo con tu cónyuge como para que no haya nada que no puedas compartir con ellos a causa de la inseguridad.

La mayoría de las personas evitan hacer esto porque los hace sentir vulnerables- expuestos a ataques o críticas. Sin embargo, tu matrimonio debe ser un lugar seguro y tu cónyuge debe ser el guardián a la puerta de ese lugar seguro, abordando todas tus inseguridades con aliento y amor en lugar de ira y juicio. Será muy difícil experimentar la seguridad de un matrimonio en completa unidad si no tratas primero contigo y con la capacidad de tu cónyuge para responder a las cosas en amor.

Tengan Desacuerdos en Amor

Esto puede sonar como una contradicción, pero vivir como "una sola carne" incluso significa ser capaz de estar en unidad cuando hay un desacuerdo. Mira sus argumentos como una oportunidad para acercarte más, no para alejarte. Estar en desacuerdo es una forma de conocer plenamente a tu cónyuge y una oportunidad para crecer juntos.

Si reflexionas sobre ti mismo, te darás cuenta que a ti también te pasa. A veces tienes una cierta percepción sobre algo, pero puedes cambiar de opinión o comenzar a ver la misma situación desde otra perspectiva. El hecho de que solo tengas una mente, no significa que no tengas desacuerdos internos contigo mismo, pero de manera ideal, esos desacuerdos internos no te separan. Te tomas el tiempo para analizar bien las cosas antes de tomar una decisión o determinar que algo simplemente no es lo suficientemente importante como para tener que pensar o tomar una determinación en absoluto.

Por ejemplo, tener un desacuerdo con tu cónyuge sobre qué casa comprar requiere una determinación absoluta, pero si Macaroni Grill es un mejor restaurante que Olive Garden podría ser una buena conversación informal, y no vale la pena que pase de ahí. Está bien si no estás de acuerdo con tu cónyuge en las cosas, pero debes tener la mentalidad de que nada puede separarlos.

Si están decididos a que son inseparables, entonces tener desacuerdos más profundos puede servir para fortalecer el matrimonio. Piensa en tu relación con Dios. Si simplemente vas a la iglesia y haces las cosas religiosas, no necesariamente te estás beneficiando de una relación íntima con Dios. Pero cuando finalmente te quebrantas ante Dios, estás exponiendo lo que hay en tu corazón a Él y, por lo tanto, proporcionando una plataforma para acercarte más a Él.

Definimos el "quebrantamiento" cómo comunicar con Dios tus decepciones, hacer las preguntas tabú que no puedes entender, confesar lo que has hecho mal en completa vulnerabilidad, pero todas estas cosas podrían verse como desacuerdos con Dios. Cuando se trata de nuestra relación con Dios, es difícil decir que "no estamos de acuerdo" con Dios porque Dios siempre tiene la razón. Sin embargo, no siempre vivimos así. Tomamos decisiones contrarias a la Palabra de Dios, las cuales están en desacuerdo con Él, lo que nos lleva a la confesión y al quebrantamiento ante Él- admitiendo que hay algo más profundo en el alma lo cual nos trae convicción.

Es lo mismo con tu cónyuge. Cuando entras en desacuerdos con tu cónyuge, es una de las pocas veces en tu relación cuando te expones totalmente: tus sentimientos, decepciones, confesiones y haces las preguntas difíciles.

Son esos momentos en los que vas más allá de la máscara superficial que usas para pasar el día y realmente profundizas en tu relación. Es en esos momentos cuando tienes la oportunidad de acercarte exponencialmente o permitir que sus diferencias los separen.

Mantener la unidad en los desacuerdos comienza por comprometerse con la unidad.

COMPROMISO

Una cosa es hablar de cómo operar como "una sola carne". Esa parte puede ser desafiante pero también es divertida. Es algo completamente diferente cuando hablamos de lo que es el compromiso, porque el compromiso, realmente no es compromiso, hasta que haya una razón para irse. El matrimonio no se trata solo de ser "una sola carne", sino que también se trata de mantenerse fiel al compromiso que hicieron cuando dieron sus votos. Incluso cuando tu cónyuge sea insoportable, aún estás comprometido.

> *"Por tanto, lo que Dios ha unido, que no lo separe el hombre."*
> *–Marcos 10:9 (NVI)*

Si se han comprometido a no separarse, entonces están comprometidos a permanecer juntos. Recuerda que "Una carne" significa literalmente "Un organismo vivo singular" y un organismo vivo singular no puede ser destrozado sin causarle un daño casi irreparable a ambas partes. Si estás en tu segundo o tercer matrimonio, no estamos diciendo que Dios no pueda bendecir tu matrimonio actual. Él puede y lo hará si caminas en obediencia a Él comenzando desde donde estás ahora.

Malaquías 2:16 dice "Yo aborrezco el divorcio —dice el SEÑOR, Dios de Israel—, y al que cubre de violencia sus vestiduras, dice el SEÑOR Todopoderoso"

El divorcio es un proceso violento y la mayoría de las veces, los mismos problemas que existían en el matrimonio anterior se llevan a las relaciones posteriores.

Como mencionamos en el capítulo seis, culturalmente, somos muy rápidos para hacer todo a un lado. Si no nos gusta lo que estamos viendo en la televisión, no esperamos a que el episodio se ponga bueno, simplemente cambiamos el canal. Si tenemos una gran discusión con un jefe o compañero de trabajo, no aplicamos ningún autocontrol para trabajar en medio de la tensión, simplemente obtenemos un nuevo trabajo. Si tenemos una pelea con nuestro cónyuge, no queremos pasar por el proceso de tomarnos el tiempo para calmarnos y discutirlo racionalmente, simplemente queremos irnos. O al menos eso es lo que yo (Gloria) hice.

Al principio de mi matrimonio con Robert, tenía la tendencia de enojarme tanto que me iba. Simplemente conducía a otra parte y luego me ponía furiosa si él no venía a buscarme. Hay que recordar que todavía éramos adolescentes cuando nos casamos, así que creo que gran parte de ese drama adolescente nos siguió en los primeros años del matrimonio.

Todo eso llegó a un final abrupto cuando tuvimos a nuestro primer hijo. Robert y yo tuvimos una pelea masiva. Me puse las zapatillas, tomé mis llaves y salí por la puerta. Me subí a mi auto, cerré la puerta de un golpe, hice chillar las llantas en lo que salía del estacionamiento y me fui por la calle hasta el final del vecindario. Y entonces un pensamiento me golpeó, "¡él tiene a mi bebé!" Frené de un golpe, di un giro peligroso en U, golpeé el auto contra el estacionamiento, subí las escaleras y grité: "¡Ni siquiera puedo irme porque mi bebé todavía está en esta casa!" Robert respondió: "Muy bien, tal vez así dejes de irte entonces". Y ese fue el final. No iba a arrastrar a los niños en medio de mi pelea y arrojarlos al auto mientras lloraban de pánico y ciertamente no iba a dejar a "mi" bebé, así que no había otra opción para mí que quedarme- en otra habitación para calmarme- pero quedarme de todos modos.

La verdad es que no debió haber requerido la llegada de un bebé para que yo no me fuera cuando peleábamos. El concepto de estar comprometidos debió haber estado intacto antes de tener a los niños, de tal manera que irme no fuera una opción.

Cuando decimos nuestros votos decimos que estamos comprometidos "en las buenas y en las malas". Cuando estamos en el altar, no podemos imaginar cuán duro podría ser nuestra temporada de "malas", pero nos comprometemos a ello de todos modos. ¿Cuál es tu temporada de "malas"? ¿Y estás comprometido con esas "malas"?

Dios Odia el Divorcio

Dios odia el divorcio. Creo que eso es de conocimiento común en la arena cristiana. Donde se filtra la confusión es cuando traducimos eso a "Dios odia a la persona que se divorcia" y eso no está bien, ni mucho menos. Dios no te odia, pero odia el divorcio por lo que este le hace a Su creación.

Nos encanta la forma en que la traducción del Mensaje pone a Malaquías 2:16:

> ""Odio el divorcio,' dice el Dios de Israel. El Dios de los ejércitos dice,
> 'Odio el desmembramiento violento de la unión
> de "una sola carne" del matrimonio…'"

Dios no solo odia el acto del divorcio porque dijo que no lo hiciéramos y quiere que todos Sus hijos le obedezcan. Él odia el acto de divorcio porque conoce el dolor y el sufrimiento que causa a Sus hijos y Su intención es que jamás tengamos que pasar por ese tipo de agonía y angustia.

Casi cualquier persona que haya pasado por un divorcio te dirá que el divorcio es una batalla muy desordenada y hay consecuencias emocionales y, a veces, logísticas, que pueden nunca desaparecer. Si vas a elegir gastar todo tu dinero y recursos, esfuerzo y lágrimas en algo, ¿por qué no abandonar la mentalidad cultural de irte y, en su lugar, verter toda esa energía de "divorcio" en luchar POR tu matrimonio? ¡Vale la pena luchar por tu matrimonio!

RESTAURACIÓN

Vimos una serie de fotografías hace unos años que fueron desgarradoras. Un fotógrafo se había topado con una golondrina que había sido atropellada por un automóvil y yacía muerta en medio de la carretera[1]. Se sabe que las golondrinas se aparean de por vida y la compañera de la golondrina herida, estaba literalmente gritando al lado de su pareja y no se retiraría a un lugar seguro sin su pareja muerta. El fotógrafo, no queriendo que el pájaro se lastimara cuando pasaran más autos, movió al pájaro muerto al costado de la carretera y continuó fotografiando imágenes. El pajarito continuó gritando y llorando la pérdida de su pareja durante casi una hora.

Nos parece interesante que incluso una criatura pequeña, aparentemente insignificante, pueda sentir el dolor de perder a su pareja. Podemos asumir que si pueden sentir el dolor de perder a su pareja, también podrían sentir la alegría de un matrimonio en unidad.

Mi suposición sería que el beneficio que un ave tiene en su relación con su pareja es que su nivel de comprensión no excede su nivel de compromiso dado por Dios con su pareja. Es decir, no pueden pensar en un divorcio. Su relación con su pareja de toda la vida opera de la manera en que Dios lo quiso sin la intervención del fracaso humano. Si tan solo tuviéramos el cerebro de los pájaros, tal vez el divorcio sería obsoleto.

Y tal vez sea así de simple. Dios nos dio un nivel más alto de inteligencia y libre albedrío, es cierto. Pero tal vez lo mejor que podemos hacer por nosotros mismos es someter nuestra inteligencia y nuestro libre albedrío a Él para que lo que Dios quiso para nuestras vidas y matrimonios pueda llevarse a cabo sin nuestra intervención errónea. En ese sentido, las aves puede que sepan más..

No Compliques Demasiado las Cosas

Tendemos a complicar demasiado las cosas. Basamos lo que creemos en lo que vemos a nuestro alrededor, pero de lo que no nos damos cuenta es de que lo que vemos es engañoso. La verdad se encuentra típicamente en el reino de lo sobrenatural y sólo el tiempo puede probar tal cosa.

La mayoría de los cristianos tienen este tipo de fe. Fe en que Dios es un Dios bueno y que es capaz de hacer milagros. Tenemos muchos cristianos diciendo un montón cosas grandes acerca de Dios, pero me pregunto si realmente creen una palabra de lo que dicen.

¿Realmente crees que Dios es el Dios de la restauración, la transformación, los nuevos comienzos, las segundas oportunidades, la sanidad, el crecimiento, la paciencia, la gracia y el perdón? ¿Crees que Él es lo suficientemente fuerte como para cambiarte, lo suficientemente fuerte como para cambiar a tu cónyuge, te ama y quiere lo mejor para ti, tus hijos y tu matrimonio? La cuestión es que, si realmente crees algo, actúas en base a ello. Si realmente creemos que Dios quiere lo mejor para nosotros y es capaz de cambiar cualquier situación, entonces seguiríamos Sus instrucciones para llegar a nuestro destino deseado. Dios tiene el mapa para ser felices para siempre, pero si no seguimos Sus instrucciones, nunca llegaremos allí.

CUATRO CLAVES PARA LA RESTAURACIÓN

Si estás pasando por una experiencia cercana al divorcio con tu cónyuge – o – si ya has experimentado la muerte de tu matrimonio, Dios aún puede traer restauración. Matrimonio Contra- Cultura es un libro centrado en los fundamentos de un matrimonio bíblico, pero hay innumerables libros increíbles, que son dedicados a la restauración matrimonial. Sin embargo, si este es el único libro que leerás respecto a tu matrimonio, nos gustaría dejarte cuatro puntos clave en los cuales vale la pena meditar con respecto a la capacidad de Dios para restaurar tu matrimonio.

Toda Temporada Pasa

La temporada en la que te encuentras en este momento no es permanente. Puede ser una temporada larga, pero no es una temporada permanente. Ya sea que se trate de una temporada grandiosa en tu matrimonio o una temporada cercana al divorcio, nuestra paz y alegría deben estar fundadas en Dios y no en nuestras circunstancias. En cualquier caso, hay esperanza en entender que si te mantienes obediente a Dios, Él te guiará a través de la tormenta. T.F. Tenny, un ministro absolutamente asombroso y muy ungido, una vez lo dijo así: "tres hombres fueron enviados al fuego, pero el rey vio a cuatro en el horno. Al final, solo salieron tres. ¿Sabes qué significa eso? El cuarto hombre ya estaba allí cuando llegaron y Él todavía estará allí la próxima vez que ellos (o tú) regreses. ¡Dios te encontrará en el fuego y te ayudará a atravesarlo!".

Sé Obediente

Esto no solo significa buscar Su mano (lo que Dios puede hacer por nosotros o lo que Él puede arreglar), sino que significa buscar Su rostro a través de la oración. Lee la Biblia y pídele a Dios que te de revelación. Ora constantemente durante todo el día acerca de tus situaciones. Agradécele constantemente por las cosas buenas en tu vida y, lo más importante, sé obediente a lo que sabes que Él te está llamando a hacer. No seas terco en rehúsarte a dejar ir algo que Dios te está llamando a sobrepasar.

Sumérgete del Todo

Como un vínculo con ser obediente a Dios, "sumérgete del todo" en tu matrimonio. Haz todo lo que sepas hacer bíblicamente para dedicarte a tu matrimonio. Dios puede restaurar tu matrimonio y llevarlo aún más allá de lo que era antes, pero Él no puede hacer eso si te niegas a ser parte de él. Nuestra relación con Dios tiene que ver con el perdón, la gracia y la reconciliación, no con el abandono. Toda nuestra existencia espiritual se basa en esas tres cosas: el perdón, la gracia y la reconciliación. Nada bueno puede suceder aparte de esas tres cosas.

Nada Se Desperdicia

Él puede usar tus fracasos para fortalecer tu matrimonio. Nada es irreparable. Nada es inutilizable. Nada es "tan malo" que Dios no pueda sacarlos en victoria. De hecho, Dios usará tu experiencia como testimonio para ayudar a otras personas. Es solo Dios quien puede tomar el desastre en el que estás ahora y usarlo como una plataforma para el propósito al que Él te ha llamado.

Dios puede restaurar cualquier matrimonio al 100% sin importar las pruebas. Pero tienes que estar dispuesto a luchar con todo, confiar en Él y hacer lo que sea necesario. Sin orgullo, sin desobediencia. Si pones la obediencia a Dios por encima de tu propia felicidad personal, la restauración vendrá y también lo hará esa felicidad que querías desde un principio. Como dice Jentezen Franklin, "cuando te determinas a no renunciar, es cuando la batalla está realmente ganada".[2]

UN PROPÓSITO MAYOR

No es suficiente con simplemente no estar divorciado. Ese no es el punto. El "punto" es poder experimentar toda la gloria que el matrimonio estaba destinado a ser y eso requiere que nos acerquemos constantemente a nuestro cónyuge. Más importante aún, requiere un acercamiento a Dios constante. Cuanto más creces en tu relación con Dios, más Él moldea tu carácter y te conviertes en un mejor cónyuge.

No se conformen con la calcomanía en el carro que dice "sólo [permaneciendo] casados". Vayan por la calcomanía en el carro que diga "felices para siempre".

Nuestro matrimonio y nuestra vida tienen un propósito mucho mayor que simplemente lidiar con nuestros propios problemas personales. Dios nos puso junto con nuestro cónyuge para cumplir un llamado mayor e influir el mundo. Dios usa nuestros matrimonios para hacer cumplir Su perfecta voluntad en nuestras vidas.

Renunciar a tu matrimonio significa retrasar el propósito final que Dios tiene para ti. No necesariamente porque hayas hecho algo "malo", sino porque pasarás los próximos años sanando de un matrimonio roto y te tomará mucho más tiempo llegar al punto de poder enfocarte exclusivamente en "lo que sigue" dentro del plan de Dios. Cuando estamos tan envueltos en nuestro propio drama, es difícil que veamos más allá de nosotros mismos.

Dios usa tu matrimonio para transformarte como individuo. Tener el "felices para siempre" en tu matrimonio no se trata solo de ti. Se trata de usar tu matrimonio para influir en el mundo. Eres un representante de Cristo – mientras una pareja permanezca casada, continuarán mostrando, aunque imperfectamente, el compromiso continuo entre Cristo y Su iglesia.

No solo eso, sino que tu matrimonio está directamente ligado a tu destino dado por Dios. Dios los unió para que tu, junto con tu cónyuge, pudieran convertirse en una entidad perfecta movilizada para Su propósito. No hay absolutamente nada más grande que un "felices para siempre" caminando en unidad con tu cónyuge hacia el destino que Dios tiene para ustedes siendo usados por Él para mostrar Su amor por los perdidos y quebrantados.

Nuestro matrimonio es metafórico en muchos sentidos. Físicamente, la unión como "una sola carne" produce frutos. Lo mismo es cierto espiritualmente. Si podemos encontrar una manera de unirnos y operar como "una sola carne" espiritualmente, podremos enfrentar cualquier obstáculo de la mano y podremos producir frutos espirituales- trayendo vida a nuestras comunidades y al mundo.

"Felices para Siempre" es absolutamente cierto y está absolutamente disponible para todo aquel que esté dispuesto a caminar en obediencia a la Palabra de Dios. "Contra- cultura" no es solo una frase contagiosa. Es una forma de vivir, intencionalmente separados del mundo que nos rodea y en busca de todo lo que Dios tiene para nosotros.

NOTAS

Capítulo 1: El Negocio del Matrimonio

1. Eileen K. Graham, Denis Gerstorf, Tomiko Yoneda, Andrea M. Piccinin, Tom Booth, Christopher Beam, Andrew J. Petkus, et al, "A Coordinated Analysis of Big-five Trait Change Across 16 Longitudinal Samples." *PsyArXiv*, December 19, 2017. https://psyarxiv.com/ryjpc/.

2. Ron Milo and Rob Phillips. *CELL BIOLOGY by the numbers*. (Garland Science, 2015), 330. http://book.bionumbers.org/how-quickly-do-different-cells-in-the-body-replace-themselves/.

3. Aimee Groth, "You're The Average Of The Five People you Spend The Most Time With." *Business Insider*, July 24, 2012. http://www.businessinsider.com/jim-rohn-youre-the-average-of-the-five-people-you-spend-the-most-time-with-2012-7.

4. Meg Selig, "How Do Work Breaks Help Your Brain? 5 Surprising Answers." *Psychology Today*, April 18, 2017. https://www.psychologytoday.com/us/blog/changepower/201704/how-do-work-breaks-help-your-brain-5-surprising-answers.

Capítulo 2: Lo que El/La quiere

1. Emerson Eggerich. *Love & Respect*. (Nashville, Nelson, Thomas, 2004).

Capítulo 3: Dictadores

1. Mark Rutland, *21 Seconds to Change the World*. (Bloomington: Bethany House, 2016), 22.

2. Robert Morris, "One Marriage Conference," (sermon, Free Chapel, Gainesville, GA, February 2017).

3. Dove Self-Esteem Fund, "Real Girls, Real Pressure: A National Report on the State of Self Esteem." *ISACS*, June 2008. http://www.isacs.org/misc_files/SelfEsteem_Report%20-%20Dove%20Campaign%20for%20Real%20Beauty.pdf.

Capítulo 4: Tapetes

1. Blue Letter Bible, s.v. "submit," November 2, 2018, http://www.blueletterbible.org.

2. "Medco Health Solutions Inc.: America's State of Mind: New Report Finds Americans Increasingly Turn to Medications to Ease their Mental Woes; Women Lead the Trend." *Market Screener*, November 16, 2011. https://www.marketscreener.com/MEDCO-HEALTH-SOLUTIONS-IN-13526/news/Medco-Health-Solutions-Inc-America-s-State-of-Mind-New-Report-Finds-Americans-Increasingly-Turn-13893442/.

3. Blue Letter Bible, s.v. "help," November 2, 2018, http://www.blueletterbible.org.

4. Ibid, "suitable"

5. Aesop, "The North Wind and the Sun." *Aesop's Fables*. http://read.gov/aesop/143.html.

Capítulo 6: Peleando Justamente

1. Chad Craig, *Divine Design for Discipleship* (Xulon Press, 2008)
2. Jentezen Franklin, *Love Like You've Never Been Hurt* (Bloomington: Chosen Books, 2018), 100.

Capítulo 7: Mas Dinero, Mi Dinero, No Dinero

1. "Financial Checklist for Newlyweds," *Consumercredit.com*, July 23, 2015. https://www.consumercredit.com/about-us/press-releases/2015-press-releases/financial-checklist-for-newlyweds
2. *Be grateful for what you have!* Produced by Igor Kalashnikov. Bright Side, 2016. YouTube. https://www.youtube.com/watch?v=Eyfa1yR8tx0

Capítulo 9: Espera Menos, Aprecia Más

1. Cynthia Sass, "Why You Really Are What You Eat." *Sass Yourself*, Accessed November 2, 2018. https://cynthiasass.com/sass-yourself/sass-yourself-blog/item/116-why-you-really-are-what-you-eat.html

Capítulo 10: Ropa Intima

1. "Leblouh." *Wikipedia*. https://en.wikipedia.org/wiki/Leblouh
2. Sara C Nelson, "Yaeba: Japanese 'Double Tooth' Trend Will Give You A Costly Crooked Smile," *Huffington Post UK*, January 2, 2013. https://www.huffingtonpost.co.uk/2013/02/01/yaeba-japanese-double-tooth-trend-expensive-crooked-smile_n_2596720.html?guccounter=1&guce_referrer_us=aHR0cHM6Ly9lbi53aWtpcGVkaWEub3JnLw&guce_referrer_cs=iR0Swe0BH12SDZxjgajuRQ.
3. Tracey R Rich, "Kosher Sex," *Judaism 101*, Access November 3, 2018. http://www.jewfaq.org/sex.htm.
4. Sinclair Intimacy Institute, "Clitoris," *How Stuff Works*, 2002. https://health.howstuffworks.com/sexual-health/female-reproductive-system/clitoris-dictionary1.htm.
5. Kara Mayer Robinson, "10 Suprising Health Benefits of Sex," *WebMD*, Accessed November 3, 2018. https://www.webmd.com/sex-relationships/guide/sex-and-health#1

    Sophia Breene, "15 Science-Backed Reasons to Have More Sex," *Greatist*, October 23, 2013. https://greatist.com/health/health-benefits-of-sex

    Stuart Brody, "The Relative Health Benefits of Different Sexual Activities," *The Journal of Sexual Medicine 7, Issue 4 Part 1* (2010) 1336-1361. https://www.jsm.jsexmed.org/article/S1743-6095(15)32977-5/fulltext.
6. "Why Don't Jews Believe in Jesus?" *Simple to Remember*, Accessed November 3, 2018. https://www.simpletoremember.com/articles/a/jewsandjesus/
7. Blue Letter Bible, s.v. "Proverbs 5:19," November 2, 2018, http://www.blueletterbible.org.

Capítulo 11: Que Tiene que Ver el Amor con Esto?

1.   Jentezen Franklin, *Fasting* (Lake Mary, FL: Charisma House, 2007)
2.   Klinck, Mary. "All Dogs Need a Job: How to Keep Your Dog Happy and Mentally Healthy," in *Decoding Your Dog*. (Mariner Books, 2015).
3.   Blue Letter Bible, s.v. "lust," November 2, 2018, http://www.blueletterbible.org.
4.   Susan Heitler, "The Deceptive Power of Love's First Moments," *Psychology Today*, July 13, 2012. https://www.psychologytoday.com/us/blog/resolution-not-conflict/201207/the-deceptive-power-loves-first-moments.
5.   *Spanglish*. Directed by James L. Brooks. Los Angeles, CA: Sony Pictures, 2004. DVD.

Capítulo 12: Tu + Yo = Uno

1.   Wilson Hsu. *Grief - Barn Swallows,* photo.net, https://www.photo.net/photo/2315290.
2.   Jentezen Franklin, *Love Like You've Never Been Hurt* (Bloomington: Chosen Books, 2018), 218.

CPSIA information can be obtained
at www.ICGtesting.com
Printed in the USA
JSHW061425180722
28231JS00002B/12